21 世纪全国高职高专财经管理类规划教材

现代商务礼仪

主　编　钟立群　王　炎

副主编　杨　晶

参　编　张丽丽　王莉芳　闫慧珍

北京大学出版社
PEKING UNIVERSITY PRESS

内 容 简 介

《现代商务礼仪》教材根据商务活动的规律和内容，共设计了 8 个项目，分别是商务人员个人形象设计、商务日常见面礼、商务通讯礼仪、商务拜访礼仪、接待礼仪、会务礼仪、宴请礼仪和商务仪式礼仪。基本上满足了各种商务活动对礼仪的需求。由于商务礼仪的复杂性和在商务活动过程中的重叠性，很少能够由一个完整的活动流程涵盖全部的礼仪知识和技能，因此，本教材是按照商务活动的类型设计的实训项目。其基本模式是：由"引导案例"作为切入点；"项目任务"明确具体要求；"学习目标"阐述学习目的；"相关知识"作为完成项目的理论知识铺垫；"实施步骤"是项目操作过程的整体安排；"项目评价"是教师对学生学习过程的考核依据；"技能训练"是有针对性的具体项目训练指导。同时，穿插"现场指导"、"学习笔记"以帮助学生把握技巧和储备必要的知识，增强学生学习的趣味性和实用性。

本书的实用性和可操作性非常强，是高职高专财经管理各专业基础课必备用书，也可作为企事业单位培训用书。

图书在版编目（CIP）数据

现代商务礼仪/钟立群，王炎主编. —北京：北京大学出版社，2010.6
（21 世纪全国高职高专财经管理类规划教材）
ISBN 978-7-301-16788-5

Ⅰ. ①现… Ⅱ. ①钟…②王… Ⅲ. ①商务—礼仪—高等学校：技术学校—教材 Ⅳ. ①F718

中国版本图书馆 CIP 数据核字（2010）第 103255 号

书　　　　名：	现代商务礼仪
著作责任者：	钟立群　王　炎　主编
策 划 编 辑：	郭　芳
责 任 编 辑：	成　淼
标 准 书 号：	ISBN 978-7-301-16788-5/G·2827
出　版　者：	北京大学出版社
地　　　　址：	北京市海淀区成府路 205 号 100871
电　　　　话：	邮购部 62752015　发行部 62750672　编辑部 62765126　出版部 62754962
网　　　　址：	http://www.pup.cn
电 子 信 箱：	zyjy@pup.cn
印　刷　者：	河北滦县鑫华书刊印刷厂
发　行　者：	北京大学出版社
经　销　者：	新华书店
	787 毫米×1092 毫米　16 开本　16.75 印张　335 千字
	2010 年 6 月第 1 版　2012 年 4 月第 3 次印刷
定　　　　价：	32.00 元

未经许可，不得以任何方式复制或抄袭本书之部分或全部内容。
版权所有，侵权必究
举报电话：010－62752024；电子信箱：fd@pup.pku.edu.cn

前　言

教育部颁发的《关于全面提高高等职业教育教学质量的若干意见》明确指出"高等职业教育课程建设与改革是提高教学质量的核心,也是教学改革的重点和难点"。为此,我们潜心研究,不断摸索,在多年的教学改革和实践中,总结出了一种适合高职教育的教学模式——"项目引领型"课程教学模式。这种教学模式通过对岗位群的职业标准进行分析,把工作需要的各种技能划分到不同的课程之中,在课程内容上进行整合,使之符合职业标准要求;教学过程中,根据工作内容设计实训项目,使实训项目能够包含完成工作所需要的理论知识和专业技能。"项目引领型"课程体系的构建可以解决课程之间的衔接问题和学生对知识的运用问题,在教学过程中,教师不只是教,而是指导学生去做,在做中发现问题,在学中解决问题,从而拓展学生的思维空间,强化了学生的创新能力和操作能力。《现代商务礼仪》教材就是我们课程改革与建设的重要成果和载体。

《现代商务礼仪》教材根据商务活动的规律和内容,设计了8个项目,基本上满足了各种商务活动对礼仪的需求。主要有以下特色:

1. 由于商务礼仪的复杂性和在商务活动过程中的重叠性,很少能够由一个完整的活动流程涵盖全部的礼仪知识和技能,因此,本教材是按照商务活动的类型设计的实训项目。

2. 为真正地培养学生的实际操作能力,每个项目均以"项目任务"的形式明确具体的项目要求。

3. 高职高专的实训教学难点是评价,本教材在这方面有了很大的突破,每个项目都做出了可参考的项目实施步骤和项目评价标准,既有利于辅助教师教学,也有利于学生自学和企业培训用书。这也是本教材的突出特色。

4. 根据内容设置"现场指导"和"学习笔记",目的是帮助学生把握技巧和储备必要的知识,同时也增强了学生学习的趣味性和实用性。

5. 教材最后附有"项目计划书"和"小组工作日志"模式,作为实训过程的辅助教学及存档资料。

本书由唐山职业技术学院钟立群、王炎老师担任主编,杨晶老师担任副主编。各章编写分工是:唐山职业技术学院钟立群老师编写项目四;唐山职业技术学院王炎老师编写项目一、项目七;唐山职业技术学院杨晶老师编写项目二;秦皇岛职业

技术学院张丽丽老师编写项目三；秦皇岛职业技术学院闫慧珍老师编写项目六；山西财贸职业技术学院王莉芳老师编写项目五、项目八。

虽然在教学改革过程中，我们经历了多次实践和不懈探讨，但是由于水平有限，希望各位同行和广大读者不吝赐教。本书在编写过程中，参阅了大量的资料，并得到了任淑艳、李允、于翠华、张秀芳等各位老师的协助及出版社和各兄弟院校的大力支持；特别是唐山国美电器公司赵来望、唐山百货大楼集团公司崔萍在本书的编撰过程中，从企业的实际工作需要角度给予了指导，在此一并表示感谢。

编 者

2010 年 3 月

目　　录

项目1　商务人员个人形象设计 1
  1.1　商务人员的仪容礼仪 2
    1.1.1　面部修饰礼仪 2
    1.1.2　肢体修饰礼仪 5
    1.1.3　发部修饰礼仪 7
    1.1.4　化妆修饰礼仪 9
  1.2　商务人员服饰礼仪 12
    1.2.1　西装的礼仪 12
    1.2.2　套装的礼仪 14
    1.2.3　制服的礼仪 17
    1.2.4　饰物选择礼仪 20
    1.2.5　办公用品选择礼仪 23
  1.3　商务人员的仪态礼仪 25
    1.3.1　站姿礼仪 25
    1.3.2　行姿礼仪 26
    1.3.3　坐姿礼仪 29
    1.3.4　手、臂势礼仪 32
    1.3.5　表情神态礼仪 36

项目2　商务日常见面礼仪 45
  2.1　称呼礼仪 46
    2.1.1　适宜的称呼 46
    2.1.2　称呼时应注意的问题 47
  2.2　介绍礼仪 50
    2.2.1　介绍自己 50
    2.2.2　介绍他人 52
    2.2.3　介绍集体 53
  2.3　名片使用礼仪 55
    2.3.1　名片的递交礼仪 55
    2.3.2　名片的接收礼仪 57
    2.3.3　交换名片的顺序 57
  2.4　握手礼仪 59
    2.4.1　握手的方法 59

		2.4.2 伸手的次序	60
		2.4.3 握手的禁忌	61
		2.4.4 其他常见见面礼节	62

项目3 商务通讯礼仪 … 71

3.1 电话礼仪 … 72
- 3.1.1 固定电话的使用礼仪 … 74
- 3.1.2 移动电话的使用礼仪 … 80

3.2 其他通讯方式礼仪 … 83
- 3.2.1 传真机的使用礼仪 … 83
- 3.2.2 礼仪电报 … 87
- 3.2.3 明信片、贺卡礼仪 … 89
- 3.2.4 电子邮件礼仪 … 92

项目4 商务拜访礼仪 … 99

4.1 居室拜访礼仪 … 100
- 4.1.1 拜访时间的选择 … 100
- 4.1.2 礼品的选择 … 100
- 4.1.3 拜访中的礼节 … 108
- 4.1.4 告辞的礼节 … 113

4.2 办公室拜访礼仪 … 114
- 4.2.1 拜访前的准备 … 114
- 4.2.2 拜访中的礼节 … 115
- 4.2.3 告辞的礼节 … 117

4.3 宾馆拜访礼仪 … 117
- 4.3.1 时间的选择 … 117
- 4.3.2 仪容仪表 … 118
- 4.3.3 拜访中应注意的问题 … 118

项目5 商务接待礼仪 … 123

5.1 办公室接待礼仪 … 124
- 5.1.1 办公室的布置 … 124
- 5.1.2 办公室人员的举止 … 125
- 5.1.3 接待工作中的礼仪 … 126

5.2 会议接待礼仪 … 130
- 5.2.1 会前的筹备 … 130
- 5.2.2 会议的位次排列 … 136
- 5.2.3 会议进行中的服务礼仪 … 139
- 5.2.4 会后服务 … 140

目 录

  5.3 检查团及考察团的接待···140
    5.3.1 接待准备工作···140
    5.3.2 正式接待···144

项目6 会务礼仪···153

  6.1 洽谈会礼仪···154
    6.1.1 洽谈会的准备···154
    6.1.2 洽谈中应注意的问题···157
  6.2 新闻发布会···159
    6.2.1 新闻发布会的筹备···160
    6.2.2 会议进行中的服务···164
    6.2.3 会后工作···165
  6.3 展销会···166
    6.3.1 展销会的组织···166
    6.3.2 参加展销会的礼仪···170
  6.4 茶话会···172
    6.4.1 茶话会的筹备···172
    6.4.2 茶话会的议程···174

项目7 商务宴请礼仪···185

  7.1 宴请的类型···186
    7.1.1 宴会···186
    7.1.2 招待会···187
    7.1.3 茶会···188
    7.1.4 工作餐···188
  7.2 宴请的礼仪···188
    7.2.1 宴请准备的礼仪···188
    7.2.2 宴会进行时的礼仪···198
    7.2.3 宴会结束时的礼仪···201
  7.3 参加宴会的礼仪···201
    7.3.1 参加宴会前的准备···201
    7.3.2 宴会间的礼仪···202
    7.3.3 告别···207

项目8 商务仪式礼仪···211

  8.1 签约仪式礼仪···212
    8.1.1 签约仪式的准备工作···212
    8.1.2 签约仪式的程序···215
  8.2 开业仪式···218
    8.2.1 开业仪式的筹备···218

8.2.2　开业仪式程序 221
8.3　剪彩仪式 229
　　　8.3.1　剪彩的准备 231
　　　8.3.2　剪彩人员 231
　　　8.3.3　剪彩仪式的程序 233
8.4　交接仪式 235
　　　8.4.1　交接仪式的准备 236
　　　8.4.2　交接仪式的程序 237
　　　8.4.3　参加交接仪式的礼仪 239
8.5　庆典仪式 240
　　　8.5.1　拟定出席庆典人员名单 240
　　　8.5.2　庆典的基本程序 241
　　　8.5.3　参加庆典仪式的礼仪 244

附录1 249

附录2 253

参考文献 257

项目 1
商务人员个人形象设计

引导案例

某公司的写字间内,三男三女正在忙于工作。甲男,西装配布鞋;乙男,花T恤;甲女,无袖超低空上装;乙女,透视装;丙男,短裤;丙女,紧身装。

一个西服革履男士敲门,进入,环视之后,愕然,又退出门外,看写字间标牌,自言自语:"这是一家公司吗?怎么人人穿着打扮不伦不类?"

请问,敲门进入的男士为什么会产生这样的疑问?请你从着装的角度考虑这一问题。

(资料来源:金正昆. 商务礼仪. 北京:北京大学出版社.)

项目任务

1. 设计并演示商务人员的仪容(男女各一款)。
2. 设计并演示商务人员的服饰(男女各一款)。
3. 设计并演示商务人员的站、坐、走等姿态及初次与客户见面时的表情神态。

学习目标

1. 能够掌握商务人员在工作岗位上的仪容礼仪规范,包括面部、肢体、头发的修饰步骤、方法和注意事项以及化妆的方法和技巧。

2. 能够掌握商务人员在工作岗位上的服饰礼仪规范,包括西装、套装的穿着技巧及饰品、办公用品的选择技巧。

3. 能够掌握商务人员的仪态礼仪规范,包括站、坐、走的规范要求及表情神态的注意问题。

1.1 商务人员的仪容礼仪

1.1.1 面部修饰礼仪

面部的修饰首先要做到面容整洁，面部干净清爽，无灰尘、污垢、汗渍、分泌物等不洁之物。要做好这一点，必须养成平时勤于洗脸的良好习惯。除早上起床后洗脸外，还应注意在外出后、午休后、出汗后及接触灰尘之后均应及时洗脸。洗脸时，要耐心细致，完全彻底，面面俱到。

1. 眉部的修饰

眉部的修饰，首先要求眉型美观大方。眉型不仅应形态自然优美，而且还应又黑又浓，对于那些不够美观的眉型，如残眉、断眉、竖眉、八字眉或是过淡、过稀的眉毛，必要时应该采取措施进行适当的美化修饰。

商务人员每天上班前应梳理一下眉毛，使其眉清目秀。在洗脸，化妆及其他可能的情况下，要特别留意一下自己的眉部是否整洁，以防止在眉部出现诸如灰尘，死皮或是脱落的眉毛等异物。

2. 眼部的修饰

眼部的修饰首先就应该重视眼部的保洁问题。在这方面最重要的是要及时除去眼角出现的分泌物。眼部卫生还要特别注意眼病的预防和治疗，如"红眼病"、"沙眼"等，都必须及时地治疗，休息，决不可直接与顾客接触。

商务人员佩戴眼镜时应注意眼镜不仅要美观、舒适，而且还应坚持每天擦拭眼镜以保持镜片的清洁，有必要还应定期对镜架进行清洗。墨镜，主要适合室外活动时佩戴，以防紫外线伤害眼睛。（商务人员在工作岗位上不宜佩戴墨镜，以免让他人产生不易亲近之感。）

3. 口部的修饰

口部除了口腔之外，还包括它的周边地带。口部修饰首先要注意口腔卫生，坚持每天刷牙。

正确有效的刷牙要做到"三个三"：即每天刷三次牙，每次刷牙宜在餐后三分钟进行，每次刷牙的时间不应少于三分钟。

【现场指导】

正确的刷牙方法

我们每天都要刷牙，然而许多人并不知道正确的刷牙方法。牙科专家给我们列出了以下的方法：

（1）选择刷毛软、刷头小、刷毛是磨毛的牙刷，并且每三个月更换一把。

（2）含氟牙膏含有氟化物成分，既有普通牙膏的去污洁净功能，又有防龋功能，应作为首选和基础牙膏。也可以搭配使用洗必泰牙膏、叶绿素牙膏或中药牙膏。

（3）刷牙时牙刷放在牙齿与牙龈交界处，牙刷与牙面成45℃角，刷毛向着牙龈的方向，原地水平颤动8-10次，顺着牙缝刷5-6次（上牙从上往下刷，下牙从下往上刷）。外面和里面都要刷到。

（4）每次刷牙时间不要少于3分钟。

（5）建议每天餐后刷牙：早晨起床后一次，早午晚三餐后各一次。如果中间加餐，在餐后也要刷一次牙。

（资料来源：http://news.qq.com/a/20090918/001061.htm.）

为防止因为饮食的原因而产生的口腔异味，应避免食用一些气味过于刺鼻的饮食，主要包括葱、蒜、韭菜、腐乳、虾酱、烈酒以及香烟。

口部修饰除了做到无异物，无异味之外，还要注意保持牙齿洁白。最佳的办法就是定期去口腔医院洗牙，一般情况下，成人半年左右即应洗牙一次。

商务人员平时应有意识地呵护自己的嘴唇，尽量避免使自己的唇部干裂，爆皮或生疮。

男性商务人员应坚持每日上班之前剃须，这样既令自己显得精明强干，又充满阳刚之气。切忌胡子拉碴地在工作岗位上抛头露面。

4. 鼻部的修饰

鼻部的修饰，首先应注意保持鼻腔的清洁。有必要去除鼻垢时，宜在无人场合以手帕或纸巾辅助轻声进行。不要当众擤鼻涕，挖鼻孔或者乱抹，乱弹鼻垢，同时男士要注意及时修剪鼻毛。

5. 耳部的修饰

商务人员务必每天进行耳部除垢，但一定要注意，此举不宜在工作岗位上进行。有的人因生理原因，耳孔周围会长出一些浓密的耳毛，如有此类情况应及时进行修剪。

【现场指导】

面部护理小常识

1. 洁面

面部皮肤清洁是面部保养的基础，可以彻底地去除脸上的化妆品、表面油渍和污垢。

清洁的方法：将清洁霜或洗面奶均匀地涂抹在脸上，然后用中指和无名指的指腹由下向上、由内向外地轻柔面部，避开眼周。然后用温水冲洗，用干毛巾或者化妆棉轻轻吸干面部。如果面部有彩妆，在洁面前还应该先用卸妆液卸除残妆。

2. 去除角质

角质层过厚，肌肤失去通透感，变得粗糙晦暗，而且会阻碍护肤营养品的吸收。这就需要养成定期去除面部肌肤角质的习惯，让肌肤恢复通透柔嫩。一周敷两次面膜，可以帮助去除表面干燥细胞，使皮肤纹理光华，呈现清新光彩，并促进对营养品的吸收。

涂抹及清洗面膜的方法：以向上、向外的手势将面膜平敷在洁净的脸部，避开眼周和唇部。静待 10 分钟，然后用清水洗去。注意，如果是敏感肌肤可相应减少次数和时间。

3. 肌肤保养

喷涂爽肤水或保湿液可以补水保湿,平衡 pH 值,增加肌肤的柔软感和湿润度,还可以帮助收缩毛孔。

爽肤水的使用方法:将爽肤水喷涂在脸部,避开眼部,用手轻拍面部直至爽肤水全部被皮肤吸收。

4. 均衡滋养

使用眼霜及乳液或面霜可以锁住水分及营养。它是保养的重要步骤,能给肌肤补充必需的水分和养分,充分滋润皮肤,保持肌肤柔润光滑。

均衡滋润的方法:首先用食指或无名指指腹取少量眼霜均匀涂抹眼周部位,手法要轻柔。然后用中指和无名指的指腹,取适量乳液或面霜均匀地涂抹在面部,并轻轻晕开。然后用手轻拍面部,直至乳液或面霜被全部吸收。

5. 防晒隔离

使用隔离霜,避免粉尘和污染物与皮肤直接接触,保护皮肤,并给予皮肤光滑、匀称的光彩。

方法:取适量隔离霜,先用五点法,点在额头、鼻子、两颊和下巴处。然后用中指、无名指指腹或海绵,将粉底轻点,分散开,然后轻轻将霜向外向下推开、抹匀。

6. 颈部保养

颈部与头部相连,属于面容的自然延伸部分,也是人体最易显现年龄的部位,因此应重视修饰颈部。从年轻时就应对颈部进行营养护理,以防止皮肤老化,与面容产生较大反差。

(资料来源:李欣. 现代交际礼仪. 北京:北京交通大学出版社.)

1.1.2 肢体修饰礼仪

1. 手臂的修饰

手臂是工作中运用最为频繁的身体部位,手臂通常被视为"第二脸面",手作为仪容的一部分,充当着友谊的使者。

(1) 手臂的保洁。

手是常常露在服饰之外的,比较容易受到细菌和污垢的污染,所以要注意手臂的保洁和清洗。清洗手臂,要真正保持无泥垢,无污痕,除了手部的烟迹必须根除之外,其他一切碍眼的痕迹,如手上所沾的墨水、印油、油渍等污垢,均应清洗干净。

商务人员还要注意用手的卫生，在工作岗位上不可乱用双手，例如用手揉眼睛、掏耳孔、抠鼻孔、搔头发、剔牙、抓痒痒、脱鞋或是抓捡地上的物品等，都是极不卫生的。

（2）手臂修饰。

为了增添美感，对手部、手臂在注意清洁保养的同时需进行必要的修饰。

第一，勤剪指甲。勤剪指甲是讲卫生的表现，商务人员的手指甲，通常不宜长过其指尖，因此要养成"三日一修剪，一日一检查"的良好习惯。从卫生角度讲，留长指甲有弊无利，在修剪指甲时还应注意剪除指甲周围因手部接触肮脏之物后而形成的死皮。

第二，不使用醒目的指甲油。无色和自然肉色指甲油，能增强指甲的光洁度和色泽感，可以适当涂抹一点，一般商务人员不宜在手指甲上涂抹彩色指甲油，或者进行艺术美甲，也不宜在手背、胳膊上使用帖饰，刺字或者刻画纹绣等。

第三，不外露腋毛。一般而言，商务人员上班前最好剃去腋毛，如让腋毛外露则极不雅观。女士尤其要特别注意这一点。另外，个别人手臂上往往长有较为浓密的汗毛，此种现象，不符合我国传统的审美标准，必要时应采取有效办法将其去除。

【现场指导】

护手的小妙方

★ 用醋或淘米水等洗手

双手接触洗洁精、皂液等碱性物质后，用食用醋水或柠檬水涂抹在手部，可去除残留在肌肤表面的碱性物质。此外，坚持用淘米水洗手，可收到意想不到的好效果。煮饭时将淘米水贮存好，临睡前用淘米水浸泡双手10分钟左右，再用温水洗净、擦干，涂上护手霜即可。

★ 用牛奶或酸奶护手

喝完牛奶或酸奶后，不要马上把装奶的瓶子洗掉，一定要记得对"废品"进行充分的利用。将瓶子里剩下的奶抹到手上，约15分钟后用温水洗净双手，这时你会发现双手嫩滑无比。

★ 鸡蛋护手

用一只鸡蛋去蛋黄取蛋清，加入适量牛奶、蜂蜜调和均匀后敷在手上，15分钟左右洗净双手，再抹护手霜。每星期做一次对双手有去皱、美白的功效。

（资料来源：瑞丽女性网．2006年01月13日．）

2. 腿脚的修饰

（1）保持下肢的清洁。

下肢的清洁，应特别注意三个方面，一是要勤洗脚。人的双脚不但易出汗，而且容易产生异味，必须坚持每天洗脚。二是要勤换鞋袜。一般要每天换洗一次袜子，才能避免脚臭，还要注意尽量不穿不透气、吸湿性差、易产生异味的袜子。三是要定期擦鞋。在穿鞋前，务必细心清洁鞋面、鞋跟、鞋底等处，使其一尘不染，定期擦油，使其锃亮光洁。

（2）腿脚的适度掩饰。

在商务活动中，为了体现自己的文明程度，对于下肢的有关部位要进行适度掩饰和修饰。具体说，应注意四点。

① 不裸腿。男性光腿，往往会令他人对其"飞毛腿"产生反感，女性光腿有卖弄性感之嫌。因此，商务人员在工作岗位上不宜裸露双腿。若因气候过于炎热或工作性质比较特殊而光腿，则必须注意选择长过膝盖的短裤或裙子。

② 不赤脚。在比较正式的场合，不允许赤脚，也不宜赤脚穿鞋，这不仅是为了美观，而且还是一种礼貌。

③ 不露趾及不显跟。商务人员在工作场合，不能穿凉鞋和拖鞋，即使穿了袜子露趾、显跟会显得过于散漫，令人反感。

④ 勤剪脚趾甲并慎用彩妆。脚趾趾甲要勤于修剪，至少要每周一次。商务人员特别是女性，不宜在脚趾甲上涂用有色甲油。

1.1.3 发部修饰礼仪

头发位于人体的"制高点"，头发是一个人被注视的重点，因此，修饰仪容应从头做起。商务人员的发部修饰应依据自己的审美习惯，工作性质和自身特点，而对头发所进行的清洁、修剪、保养和美化。

1. 发部清洁梳理

（1）头发的清洁。

要保持头发的整洁，首先要勤于清洗，每周至少清洗头发两三次，并且要自觉坚持。

（2）头发的修剪。

商务人员要定期理发，在正常情况下，通常应当每半个月左右修剪一次头发，至少，也要保持每月修剪一次。

（3）头发的梳理。

商务人员的头发要注意勤于梳理。特别是在出门上班前、换装上岗前及摘下帽子时更应及时梳理头发。梳发时还应注意：首先梳头不宜当众进行，应避开外人；其次，梳头不宜直接用手，最好随身携带一把梳子，再次是梳理的断发和头屑不可随手乱扔和乱拍洒。

2. 发部的造型

商务人员在选择发型时必须考虑本人的职业、性别、年龄、脸型和体形等因素。

（1）发型与性别相适宜。

商界男士的头发不能过长，要求前发不覆额，侧发不掩双耳，后发不及衣领，不留大鬓角，也不能剃光头，人们不喜欢的就是那种不男不女的"二混头"，绝不允许为追求时尚在工作时留长发或梳起发辫。

商界女士最好剪短发，这样做既方便梳理，符合时尚，又会给人以精明伶俐之感。头发不宜长于肩部，不宜挡住眼睛。如果是长发，应长发过肩者最好采取一定的措施，在上岗之前，将长发盘起，束起来或编起来，不可披头散发。

（2）发型与脸型相协调。

发型与脸型关系特别密切，人的脸型有长、方、圆、尖、凹、鼓、凸等，发型的好坏，关键在于对人的脸型是否适合。

【学习笔记】

脸型与发型

★ 鹅蛋脸型

鹅蛋脸更适合采用中分头缝，左右均衡的发型，可增强端庄的美感。圆脸型可选择垂直向下的发型。顶发若适当丰隆，可使脸型显长。宜侧分头缝，以不对称的发量与形状来减弱脸型扁平的特征。面颊两侧不宜隆发，不宜留头发帘。

★ 方脸型

方脸型人要尽量用发型缩小脸部的宽度，可采用不对称的发缝、翻翘的发帘来增加发式变化，并尽量增多顶发。但勿理寸头，耳旁头发不宜变化过大，额头不宜暴露，不宜采用整齐平整的发廓线。

★ 长方脸型

长方脸型可适当地保留发帘，在两侧增多发容量，削出发式的层次感，顶发不可高隆，垂发不宜笔直。

★ 菱形脸型

菱型脸作发时，避免直发型，并遮掩颧骨。在作短发时，要强化头发的柔美，并挡住太阳穴。作长发时，则应以"波浪式"为主，发廓轻松丰满。

★ 心形脸型

心形脸不宜留短发，前顶部的头发不宜吹高，要让头发紧贴头顶和太阳穴部位，以减小额角的宽度。下宽上窄脸型头前部的头发应向左、右两侧展开，以表现额部的宽度。

总之，选择发型，应根据自己脸型的特点，扬长避短显美藏拙，而不要生搬硬套。

（3）慎选发型，风格庄重。

商界人士在选择发型时，除了要考虑性别及脸型外，还应考虑体形、年龄等因素，切勿"以不变应万变"。

3．发部的美化

美发通常包括护发、烫发、染发和佩戴假发、发饰、帽子等，不论采用哪种方法，都要注意美观大方，自然得体。

（1）正确护发。要正确地护发，一是要长期坚持，二是要选择好的护发用品，三是要采用正确的护发方法。

（2）慎重染发。中国人历来以黑发为美，假若自己的头发不够油黑，特别是早生白发或长者有杂色的头发，将其染黑通常是必要的。但是商务人员不宜将头发染成红、黄等各色或是将其染成数色并存的彩色。

（3）烫发。商务人员在烫发时，切记不要将头发烫得过于繁乱、华丽、美艳。

（4）假发。只有在头发出现掉发、秃发之时，才适于佩戴假发，以弥补自己的缺陷。其他场合商务人员不适宜佩戴假发。

（5）帽子。一般情况下，商界人士在工作岗位上是不允许戴帽子的。各种意在装饰的帽子或是裹头巾等均不适宜戴在商界人士的头上。

（6）发饰。商界女士在工作中以不戴或少戴发饰为宜，即使允许戴发饰，也仅仅是为了用以"管束"头发之用，而不是意在过分打扮。

1.1.4　化妆修饰礼仪

商务人员在工作岗位上，为了体现自己的敬业精神，为了更好地维护自己所在单位的形象，同时也是为了对自己的交往对象表现应有的友好与敬重之意，必须做到化妆上岗。

1. 化妆原则

（1）淡妆上岗。

商务人员在工作岗位上应当化淡妆，其主要特征是：简约、清丽、素雅，具有鲜明的立体感。它既要给人以深刻的印象，又不容许显得脂粉气十足。总的来说，就是要清淡而又传神。

男士所化的工作妆，包括美发定型；清洁面部与手部，并使用护肤品进行保护；使用无色唇膏与无色指甲油，保护嘴唇与手指甲；使用香水，等等几项内容。女士所化的工作妆，在此基础上，还要使用相应的化妆品略施粉黛、淡扫蛾眉、轻点红唇，恰到好处地强化可以充分展现女性光彩与魅力的面颊、眉眼与唇部。

【学习笔记】

化妆的步骤及方法

★ 第1步 施粉底。选择与肤色较接近的粉底，用海绵块或手指从鼻子处向外均匀涂抹，尤其不要忽视细小部位，在头与脖子衔接处要渐淡下去，粉底不要太厚，以免像戴上一个面具。粉底抹完后要达到调整肤色，掩盖瑕疵，使皮肤细腻光洁的目的。

★ 第2步 修眉型。首先用眉刷自下而上将眉毛梳理整齐，然后用眉笔顺眉毛生长方向一道道描画，眉毛从眉头起至三分之二处为眉峰，描至眉峰处应以自然弧度描至眉尾，眉尾处渐淡。最后用眉刷顺眉毛生长方向刷几遍，使眉道自然圆滑。

★ 第3步 画眼影。眼影用什么颜色，用多少种颜色，如何画，因人因事而异的。一般深色眼影刷在最贴近上睫毛处，中间色刷在稍高处向眼尾处晕染，浅色刷在眉骨下。

★ 第4步 画眼线。眼线要贴着睫毛根画，浓妆时可稍宽一些，淡妆时可稍细一些。上眼线内眼角方向应淡而细，外眼角方向则应加重，至外眼角时要向上挑一点，把眼角向上提，显得眼角上翘。

★ 第5步 夹睫毛。先将睫毛用睫毛夹子夹得由内向外翻卷，然后用睫毛刷从睫毛根到睫毛尖刷上睫毛液，为了使睫毛显得长些浓些，可在睫毛液干后再刷第二遍，第三遍，最后再用眉刷上的小梳子将粘在一起的睫毛梳开。

★ 第6步 刷腮红。腮红应抹在微笑时面部形成的最高点，然后向耳朵上缘方向抹一条，将边缘晕开。可用腮红和阴影粉做脸形的矫正。如在宽鼻梁正中抹上白色，使鼻子立体感增强。

★ 第 7 步　定妆。用粉扑蘸上干粉轻轻地、均匀地扑到妆面上，只需薄薄一层，以起到定妆作用，使妆面柔和，吸收粉底过多的光泽。扑好粉后，用大粉刷将妆面上的浮粉扫掉。

★ 第 8 步　涂唇彩。先用唇线笔画好唇廓，再用唇膏涂上唇廓内，可用唇刷涂，也可用棒式唇膏直接涂。口红的颜色应与服装及妆面相协调。为了使口红色彩持久，可用纸巾轻抿一下口红，然后扑上透明粉饼，再抹一次唇膏。

（资料来源：唐树伶，王炎. 服务礼仪. 北京：清华大学出版社，北京交通大学出版社.）

（2）避免过量地使用芳香型化妆品。

在工作岗位上，使用任何化妆品都不能过量。尤其是香水，更应当铭记这一点。实际上，当人们过量地使用香水，不但有可能使人觉得自己表现欲望过于强烈，而且还有可能因此"摧残"他人的嗅觉，并引起对方的反感或不快。

一般来说，与他人相处时，自己身上的香味在一米以内能被对方闻到，不算是过量。但是如果在三米以外，自己身上的香味依旧能被对方闻到，则为过量使用香水了。

【现场指导】

香水的使用技巧

要使自己在工作岗位上使用的香水恰到好处，应注意两个问题：一方面，应选择适当类型的香水。像淡香型、微香型的香水，都比较合适。另一方面，使用香水的剂量不宜过大。正确使用香水的位置是脉搏离皮肤比较近的地方，如手腕、耳根、颈侧、膝部、踝部等处。凡身上容易出汗的地方，例如发际、腋窝、脊背、膝弯等处，不可涂抹香水，否则汗味与香味混合掺杂在一起，使气味更加难闻。

（资料来源：金正昆. 商务礼仪教程. 北京：中国人民大学出版社.）

（3）避免当众化妆或补妆。

尽管商务人员的时间并不宽松，尽管商务人员对自己的化妆应当认真对待、一丝不苟，但是这不等于说，商务人员可以随时随地都为自己化妆或补妆。如果不分场合，在工作岗位上当众表演化妆术，则是很不庄重的，并且还会使人觉得她们对待工作用心不专。

商务人员在工作岗位上进行必要的化妆或补妆，要到专门的化妆间进行。特别需要提到一点，女性商务人员千万不要当着异性的面，为自己化妆或补妆，否则会使人误解为搔首弄姿。

（4）避免与他人探讨化妆问题。

商务人员在工作岗位上，不允许介绍自己化妆的心得或技巧，也不允许评价、议论他人化妆的得失。每个人的审美观未必一样，所以不值得在这方面替别人"忧心忡忡"，否则很可能"费力不讨好"。

（5）避免自己的妆面出现残缺。

在工作岗位上，假如自己适当地化了一些彩妆，那么就要有始有终，努力维护其妆面的完整性。一般在用餐之后、饮水之后、休息之后、出汗之后、沐浴之后，发现妆面出现残缺后，要及时采用必要的措施，重新进行化妆，或者对妆面重新进行修补。要是妆面一时深浅不一、残缺不堪，必然会给他人留下十分不好的印象。

妆面一旦出现残缺，不仅仅会直接地有损于自身的形象，更重要的是，它还会使自己在他人眼中显得做事缺乏条理、为人懒惰、邋里邋遢、不善自理。所以，商界人士尤其是白领丽人必须努力避免这种现象。

1.2　商务人员服饰礼仪

1.2.1　西装的礼仪

西装的造型典雅高贵，是最为常用的男士正装，也是商界男士在正式场合下着装的优先选择。下面主要介绍一下西装作为商务人员所选择的正装时的穿着方法（如图1-2所示）。

1. 西装的选择

（1）西装的外套必须合体。

合体的西装外套要求：上衣应过臀部；手臂伸直时，袖子的长度应达到手心处；领子应紧贴后颈部；衬衫的领子应露出西装上衣领子约半寸；衬衫的袖口应长出外衣袖口约半寸。

（2）西裤的选择。

西裤的腰围应是裤子穿好拉上拉链后、扣好裤扣后，裤腰处能正好伸进一只五指并拢的手掌。西裤穿好后，裤脚的下沿正好触及地面，并确保裤线的笔直。

（3）衬衫的选择。

配西装的衬衫最正规的是白色无花纹衬衫，另外也可配浅色的、细条子或细格子花纹的衬衫。大小合适的衬衫领子应是以扣上衬衫领子扣以后还能自由插进自己的一个食指为标准。衬衫袖子的长度与领子的高度都应比西装上衣的袖子稍长、稍高。

（4）领带的选择。

领带的款式、颜色应与西装和衬衫的颜色相协调。服务人员的领带主要是为了使整个服饰看起来更为庄重、严肃，因此，素色无花纹的领带是比较好的选择。若西装里穿着羊毛背心，则应将领带放在背心里面。服务人员在穿着西装时最好夹上领带夹。因为，它使整个服饰穿着显得更规范，也使服务人员显得更谦恭。领带夹应以美观大方为好，不宜过于花哨（如图 1-1 所示）。

【现场指导】

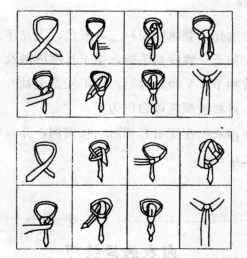

图 1-1 领带的系法图

（资料来源：北京市教育委员会．礼仪．北京：同心出版社，2003 年．）

（5）鞋与袜子的选择。

穿西装时一定要穿皮鞋，皮鞋的颜色一般应与西装的颜色相近，配深色的西服以黑色皮鞋为最佳。袜子的颜色应与皮鞋的颜色相近，或者是西装颜色与皮鞋颜色的过渡色。

2. 西装的穿着要领

（1）西装要干净、平整，裤子要熨出裤线。

（2）穿西装，衬衫领头要硬扎挺括，要保证7～8成新。衬衫更要十分清洁，内衣要单薄，衬衫里一般不要穿棉毛衫，如果穿了，则不宜把领圈和袖口露在外面。天气较冷，衬衫外可穿羊毛衫，但只可穿一件。衬衫的下摆要均匀地塞在裤内。

（3）穿单排扣的西装可以不系扣，但服务人员在正规场合需系扣，可系风纪扣或系一个扣。把扣子都系上，其实并不符合西装穿着规范。

（4）为保证西装不变形，上衣袋只作为装饰，包括必要时装折好花式的手帕。裤兜也与上衣袋一样，不可装物，以保证裤形美观。

（5）无论衣袖还是裤边，皆不可卷起。

（6）皮鞋一定要上油擦亮。

1.2.2 套装的礼仪

1. 女士套裙的选择

（1）上衣与裙子的选择。套裙的面料应以素色、无光泽为好。上衣和裙子的面料与颜色应相同。上衣袖子一般应到手腕，裙子长度应触及小腿。即使是比较随便的套裙，其上衣也应有袖子（至少是短袖，而不应是无袖），裙子长度应到膝盖。

（2）衬衫的选择。衬衫的颜色以白色为主。

（3）内衣的选择。内衣，在穿着套裙时，按惯例，亦须对同时所穿的内衣慎加选择，并注意其穿着之法。

【现场指导】

内衣选择技巧

一套内衣往往由胸罩、内裤以及腹带、吊袜带、连体衣等构成。它应当柔软贴身，并且起着支撑和烘托女性线条的作用。选择内衣时，最关键的是要使之大小适当，既不能过于宽大晃悠，也不能过于窄小而夹人。穿上内衣以后，不应当使它的轮廓一目了然地在套裙之外展现出来，这样是极其不雅观的行为。

(4)衬裙的选择。衬裙,特指穿在裙子之内的裙子。穿套裙时,尤其是穿丝、棉、麻等薄型面料或浅色面料的套裙时,假如不穿衬裙,就很有可能会使自己的内裤为外人所见,那样是很丢人的。

(5)鞋袜的选择。鞋袜在与套裙搭配穿着时,其款式有一定之规。与套裙配套的鞋子,宜为高跟、半高跟的船式皮鞋或盖式皮鞋。系带式皮鞋、丁字式皮鞋、皮靴、皮凉鞋等,都不宜采用。袜子最好是肉色的高统袜与连裤袜。因为肉色最正统,最没有个性,因而也最适合商界女士。中统袜、低统袜,绝对不宜与套裙同时穿着。

2. 套裙的穿着方法

商界女士在穿着套裙时,需要注意的主要问题有以下几点(如图1-3所示):

(1)穿着到位。在穿套裙时要注意:上衣的领子要完全翻好,衣袋的盖子要拉出来盖住衣袋;不允许将上衣披在身上,或者搭在身上;裙子要穿着端端正正,上下对齐。

一般规定,商界女士在穿套裙时,上衣的衣扣必须一律全部系上,不允许将其部分或全部解开,更不允许当着别人的面随便将上衣脱下。

(2)衬衫。穿衬衫时,须注意下述事项:一是衬衫的下摆必须掖入裙腰之内,不得任其悬垂于外,或是将其在腰间打结;二是衬衫的纽扣要一一系好,除最上端的一粒纽扣按惯例允许不系外,其他纽扣均不得随意解开,在他人面前露出一抹酥胸,乃是不雅之态;三是衬衫在公共场合不宜直接外穿。

按照礼貌,不可在外人面前脱下上衣,直接以衬衫面对对方。身穿紧身而透明的衬衫时,须特别牢记这一点。

(3)衬裙。穿衬裙时,有两条主要的注意事项:一是衬裙的裙腰切不可高于套裙的裙腰,从而暴露在外,二是应将衬衫下摆掖入衬裙裙腰与套裙裙腰二者之间,切不可将其掖入衬裙裙腰之内。

(4)鞋袜。穿套裙时,鞋袜有下列五点注意之处:

① 鞋袜应当完好无损。鞋子如果开线、裂缝、掉漆、破残,袜子如果有洞、跳丝,均应立即更换,不要打了补丁再穿。

② 鞋袜不可当众脱下。有些女士喜欢有空便脱下鞋子,或是处于半脱鞋状态。还有个别人经常将袜子褪下去一半,甚至当着外人的面脱去袜子。此类做法,都是极其有失身份的。

③ 袜子不可随意乱穿。不允许同时穿两双袜子,也不许将健美裤、九分裤等裤装当成袜子来穿。

④ 袜口不可暴露于外。袜口,即袜子的上端。根据服务礼仪规范的要求,穿套裙时要求在裙子下摆和袜口之间不能露出一截皮肤,也就是说,在任何时候的任

何姿势（无论是站着、坐着或蹲着）都应确保袜口始终在裙子下摆里面。

在工作过程中，如出现袜口下滑的情况，应及时加以处理，但应注意不要在他人面前堂而皇之地拉袜子，这既不雅观也不尊重对方。女士还应当在穿开衩裙时注意，即使在走动之时，也不应当让袜口偶尔出现于裙衩之处。

【现场指导】

商界男士在工作岗位上西装的穿着要求

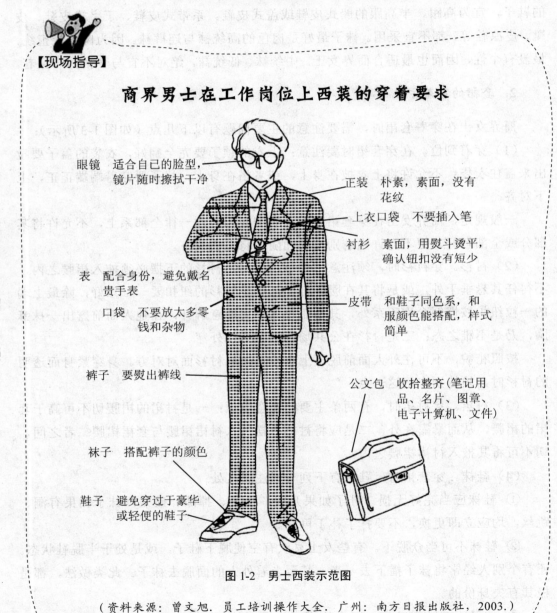

眼镜　适合自己的脸型，镜片随时擦拭干净

正装　朴素，素面，没有花纹

上衣口袋　不要插入笔

衬衫　素面，用熨斗烫平，确认钮扣没有短少

表　配合身份，避免戴名贵手表

口袋　不要放太多零钱和杂物

皮带　和鞋子同色系，和服颜色能搭配，样式简单

裤子　要熨出裤线

公文包　收拾整齐(笔记用品、名片、图章、电子计算机、文件)

袜子　搭配裤子的颜色

鞋子　避免穿过于豪华或轻便的鞋子

图 1-2　男士西装示范图

（资料来源：曾文旭. 员工培训操作大全. 广州：南方日报出版社，2003.）

项目1 商务人员个人形象设计

【现场指导】

图1-3 女士套裙示范图

（资料来源：曾文旭．员工培训操作大全．广州：南方日报出版社，2003．）

1.2.3 制服的礼仪

对商界人士而言，所谓制服，指的是商界人士在工作岗位上按照规定所必须穿着的，由其所在单位统一制作下发的，面料、色彩、款式整齐划一的服装，即工作服。

1. 基本要求

要使正装在工作之中发挥其应有的作用，商务人员在自己的工作岗位之上身着正规的制服时，必须要在以下四个方面加以特别的注意。

（1）制作精良。

商务人员所身着的制服，通常是组织形象的重要标志，因此在本单位财力、物

力允许的前提下,为商务人员所统一制作的制服,务必要力求精益求精。只有这样,才有可能发挥其正常作用。

(2) 外观整洁。

商务人员所身着美观、整洁的制服,不仅能体现本单位的企业形象,还能充分展示全体员工积极进取、奋发向上的精神风貌,使员工增添对工作的信心。

① 保证制服无褶皱。商务人员在穿着制服前,要进行熨烫;在暂时不穿时应认真把它悬挂起来。

② 保证制服不出现残破。商务人员如果穿着外观有明显的残破的制服,如其被挂破、扯烂、磨透、烧洞,或者纽扣丢失等,就会给人以工作消极,敷衍了事的印象。

③ 保证制服无污渍。有不少时候,商务人员在工作之中难免会使自己身着的制服沾染上一些污渍。例如,油渍、泥渍、汗渍、雨渍、水渍、墨渍、血渍,等等。这些污渍,往往会给人以不洁之感,必须及时清洗干净。

④ 保证制服无异味。制服充满异味,比如汗酸味、体臭,等等,就等于表明,着装者疏于换洗服装。

(3) 文明着装。

商务人员的制服务必要讲究文明着装。制服穿着雅观,是对商务人员的一项最基本的要求。根据商务礼仪的基本规定,商务人员在身着制服上岗时要使之显示出自己文明高雅的气质。

商务人员需要避免在穿着制服时触犯下述四个方面的禁忌。

① 忌过分裸露。商务人员在工作岗位上穿着的制服,不宜过多地暴露身体。一般来说,凡可以展示性别特征、个人姿色的身体部位,或者令人反感、有碍观瞻的身体隐私部位,均不得在身着制服时有意暴露在外。胸部、腹部、背部、腋下、大腿,是公认的身着制服时不准外露的五大禁区。在特别正式的场合,脚趾与脚跟同样也不得裸露。

② 忌过分透薄。如果身着的制服过于单薄或透亮,弄不好就会让自己的内衣甚至身体的要害部位"公布于众",会使人十分难堪。女士尤其需要高度重视这一方面的问题。

③ 忌过分瘦小。一般来说,商务人员在工作中所穿着的制服,肥瘦大小必须合身。制服若是过于肥大,会显得着装者无精打采,过于随意、懒散。制服若是过于瘦小,不仅会让人觉得拘谨、小气和不自然,还会给工作带来很多不便。特别是女士如果制服过于瘦小,会使得自己凹凸毕现,甚至连内衣的轮廓也突显在外。这

种做法，未免过于招摇。

④ 忌过分艳丽。商务人员在选择制服时，服装的色彩种类尽量要少，在突出企业形象的同时还要注意色彩及图案的使用。色彩少会显得庄重典雅，色彩多则容易给人以轻薄、浮躁之感，有损企业形象。通常最保险的做法是，商务人员所选择的制服的颜色应多采用中性、调和的颜色，而应尽量避免过于艳丽和夸张的色彩。

（4）穿着得当。

要求广大商务人员在身着正装时必须注意穿着得当，就是说规定他们不但要身穿正装，还要把正装穿好。详细一些来说，广大商务人员要穿好正装，还要有两大问题应予重视。

① 必须按规定穿着正装。要求全体员工必须身着正装上岗的单位，在这一方面通常都会有许多详尽的规定。例如，什么时候应当穿正装，穿正装时有何具体注意事项，等等。对于这一类规定，商务人员应当严格遵守。再一个按规定统一着装，尤其是要求员工身着制服上岗的单位里，假如有个别员工不穿正装，或者不按有关规定着装，那么除说明其自身纪律性较差之外，往往还意味着其所在的单位管理不严。所以此类单位一定要有令必行，既然规定了全体员工统一着装，就要严格督促检查，不允许任何人有所例外。

② 必须自觉地穿好正装。所谓穿好正装，在这里是特指在穿着正装时，必须遵守约定俗成的穿着方法。如果做不到这一点的话，还不如不穿正装为妙。

【学习笔记】

我国古代的穿衣礼仪

我国古代，穿衣强调不露形体，所以无论男女服装，都宽松肥大。《礼记·内则》还强调"女子出门，必拥蔽其面"，连脸都要遮盖上。袒胸露体见人，不仅是轻亵自己而且是不讲礼节的举止，也是对对方的不尊敬。官方礼制在这方面的限制尤其严厉。

古人穿着不仅要宽大不露体，而且要齐整。北宋太祖赵匡胤，一次晚间宣翰林学士陶穀入宫议事。陶穀进宫后，见宋太祖只穿着便衣内服，几次进去又忙退出来，左右催宣甚急，他始终彷徨不进。太祖发觉后，忙令人取袍带来，陶穀等宋太祖穿好袍服束完腰带，才急忙进去。陶穀所以徘徊不前，是因为他恪守君臣礼法，免得宋太祖衣冠不整有失君王的风度仪容，君臣相见后出现尴尬局面。皇帝穿戴齐整见官员，也是对臣下的礼敬，明朝天顺年间，薛瑄入朝，英宗正"小帽短衣，闻先生奏事，为更长衣"，（《玉堂丛语》卷三）赶快穿好长

衣见他，以示敬重。士大夫在交际场合，尤为讲究穿戴的齐整，以保持自己的仪度，不失礼数。清代的英和，为翰林世家出身，一次拜谒翰林院前辈窦东皋，当时正是三伏天，两人在厅中自早饭后即交谈，"正衣冠危坐两三时许"，可谁也不敢襟脱衣，以至"汗如雨下"，直到中午，英和才"乘间告退"。（《恩福堂笔记，卷下》）

（资料来源：朱鹰. 礼仪. 北京：中国社会出版社.）

1.2.4 饰物选择礼仪

饰品的佩戴主要作用在于美化自身、体现情趣，反映自身财力和区分地位。其主要规范是：符合身份，以少为佳，区分品种，佩戴有方。由此可知，商务人员在自己的工作岗位之上，并非不能佩戴任何饰物。

1. 符合身份

在工作岗位之上，商务人员所佩戴的饰物不宜过度地张扬。工作中，不宜佩戴珠宝饰品。一般而言，珠宝饰品价格昂贵，它更适合在社交场合佩戴。在工作中，通常商务人员只宜选戴简单的金银饰品，而绝对不宜佩戴珠宝饰品或仿真的珠宝饰品，使自己浑身上下珠光宝气。

2. 以少为佳

商务人员在自己的工作岗位上佩戴饰物时，一定要牢记以少为佳。在选择、佩戴饰物时，一般不宜超过两个品种。佩戴某一具体品种的饰物，则不应超过两件。

一般来说，商务人员在其工作岗位上佩戴饰物时可以不佩戴任何一种、任何一件首饰。对于男士来讲，尤其有必要如此。因为在一般情况下，男性佩戴饰物往往更难为人们所接受。

3. 区分品种

商务人员在自己的工作岗位上佩戴饰物时，一定要注意区分品种。

在日常生活里，人们所佩戴的饰物有多种多样。目前，最为常见的就有戒指、项链、耳环、耳钉、手链、手镯、胸针、发饰、脚链，等等。

商务人员在其工作岗位之上选戴饰物时，因其具有特殊身份的缘故，并不可以对上述各种饰物自由地进行选择。所以，当商务人员为自己选戴饰物时，应当对其不同的具体品种，分别予以不同的对待。

项目1 商务人员个人形象设计

【现场指导】

几种常见饰品的佩戴方法及要求

★ 戒指

戒指，又称指环。它是一种戴在手指上的环状饰物。一般情况下，商务人员皆可佩戴戒指。对商界男士来讲，戒指可以说是在其工作岗位上唯一被允许佩戴在衣外的饰物。

戒指的佩戴，已形成了一套的约定俗成的戴法。它是一种无声的语言，可以反映出佩戴者的婚姻状况。除大拇指外，双手各个手指都可以佩戴，不过戴在不同的手指上有不同的含义：戴在食指上，表示求婚；戴在中指上，表示处在热恋中；戴在无名指上，表示已经订婚或结婚；戴在小指上表示独身，或表示终身不嫁或不娶。

★ 项链

项链，有时又叫颈链。它指的是一种戴于脖颈之上的链状饰物。在其下端，往往还带有某种形状的挂件。在工作之中，一般允许女士佩戴项链，但一般不宜佩戴过于粗大或是挂件过大的项链。男士通常在其工作岗位之上不宜佩戴项链。即便佩戴的话，也只能将其戴在衣内，而不宜令其显露在外。

★ 耳环、耳钉

耳环，一般是指戴在耳垂之上的环状饰物。有时，它又名耳坠。通常，耳环被视为最能显示女性魅力的饰物。正因为如此，它宜女性佩戴。但是，商界女士在自己的工作岗位上，是不宜佩戴耳环的。商界男士不允许佩戴耳环。

耳钉，指的多是戴在耳垂上的钉状饰物。与耳环相比，耳钉小巧而含蓄。所以，在一般情况之下，允许商界女士佩戴耳钉。

★ 手链、手镯

手链，指的一般是戴在手腕上的链状饰物。由于商务人员在工作岗位之上动手的机会较多，在手上佩戴手链，既可能使其受损，又可能妨碍自己的工作，故此佩戴手链被公认为不妥。

手镯，又叫手环。它指的通常是人们佩戴在手腕上的环状饰物。出于与手链佩戴相似的原因，商务人员在其工作岗位之上不宜佩戴手镯。

★ 胸针

胸针，往往又叫做胸花。它一般是指人们佩戴在上衣左侧胸前或衣领之上的一种饰物，男女皆可佩戴。对工作之中的商务人员来讲，佩戴胸针，大多都会被允许。但若被要求佩戴身份牌或本单位证章、徽记上岗的话，则一般不宜再同时佩戴胸针。不然的话，胸针很可能就会"大出风头"，而令前者"相形见绌"。

★ 发饰

发饰，多是指女性在头发之上所采用的兼具束发、别发功能的各种饰物，常见的有头花、发带、发箍、发卡等等。商界女士在工作之时，选择发饰应强调其实用性，而不宜偏重其装饰性。通常，头花以及色彩鲜艳、图案花哨的发带、发箍、发卡，都不宜在工作之时选用。

★ 脚链

脚链，又叫足链。它指的是佩戴在脚腕之上的一种链状饰物，多受年轻女性的青睐。通常认为，佩戴脚链，可以吸引他人对佩戴者腿部及步态的关注。正因为这一原因，一般不提倡商界女士在工作之中佩戴脚链。除上述几种最为常见的饰品外，时下社会上还流行佩戴鼻环、脐环、指甲环、脚戒指等。它们多为标榜前卫、张扬个性的选择，尚未形成社会主流，所以商务人员在工作之时均不宜佩戴。

（资料来源：金正昆．服务礼仪教程．北京：中国人民大学出版社．）

4. 协调得体

商务人员在自己的工作岗位上佩戴饰物时，一定要注意协调得体。在佩戴饰物之时，商务人员除去要对以上各点多加注意之外，还应当同时注意掌握一些基本的佩戴技巧。

商务人员在自己的工作岗位之上佩戴饰物时，特别有必要谨记并遵守下列三点。

（1）穿制服的要求。

穿制服时，一般不宜佩戴任何饰物。在正装之中，制服不仅表示正在工作，而且代表着正统、保守。因此，在穿制服时，商务人员不宜佩戴任何饰物。

（2）穿正装的要求。

着正装时，通常不宜佩戴各种工艺饰物。工艺饰物，在此特指那些经过精心设计、精心制作，具有高度的技巧性、艺术性，在造型、花色、外观上别具一格的饰物。一般来说，正装的特色是正统、庄重，不突出个性，所以商务人员在身着正装时通常不宜佩戴工艺饰物，特别是不宜佩戴那些被人们视为另类的工艺饰物，如造型为骷髅、刀剑、异形、人体造型的饰品，等等。

（3）协调性的要求。

佩戴饰物，不宜彼此失调。商务人员在工作之中佩戴饰物，要力求少而精。如果佩戴两种饰物或两件饰物时,一定要尽力使之彼此协调,相互统一。

在这一问题上,重要的是应当关注以下三点:①要使二者在质地上大体相同,②要使二者在色彩上保持一致,③要使二者在款式上相互协调。简言之,就是要使多种、多件饰物在质地、色彩、款式上统一起来、协调起来。

1.2.5 办公用品选择礼仪

工作性用品,一般是指商务人员在工作中,往往不可缺少的日常用品。它们的最大特点,就是可以替商务人员在其工作之中发挥各种各样的实际作用。因此,商务人员平时必须对其加以重视。

在工作之中,商务人员使用最广泛的工作性用品主要有身份牌、书写笔、计算器、记事簿,等等。在使用时,应注意其各自不同的具体要求。

1. 身份牌

身份牌,又称姓名牌、姓名卡,简称名牌。它所指的是商务人员在其工作岗位之上佩戴在身,用以说明本人具体身份的,经由单位统一制作的,有着一定规格的,专用的标志牌。在工作岗位上佩戴身份牌,有助于商务人员表明自己的身份,进行自我监督,同时也方便来公司的客户更好地寻求帮助,或是对其进行监督。

在使用身份牌时,主要有四点注意事项。

(1) 规格统一。商务人员所佩戴的身份牌,应当由其所在单位统一负责订制、下发。其基本要求是耐折、耐磨、轻巧。身份牌的色彩宜淡、宜少,其尺寸不应过大或过小。

(2) 内容标准。身份牌的具体内容,一般应包括部门、职务、姓名等三项。上述内容,均应打印,而不宜手写。必要时,还可贴上本人照片,以供他人"验明正身"。

(3) 佩戴到位。凡单位有佩戴身份牌上岗要求者,商务人员必须自觉遵守。

【现场指导】

身份牌的佩戴方法

佩戴身份牌的常规方法有三种:

1. 将其别在左侧胸前;
2. 将其挂在自己胸前;
3. 将其先挂在本人颈上,然后再将它夹在左侧上衣兜上。这是一种"双保险"的做法。

> 除此三种做法，若无特别的规定，商务人员不宜将其乱戴于他处。随意把它别在帽子上、领子上、裤子上，或是将其套在手腕上，都是不允许的。
>
> （资料来源：金正昆．服务礼仪教程．北京：中国人民大学出版社．）

（4）完整无缺。在工作岗位上，身份牌乃是商务人员的个人形象的重要组成部分之一。所以在对其进行佩戴时，应认真爱护，保证其完好无损。凡破损、污染、折断、掉角、掉字或涂改的身份牌，均应及时更换，否则会有损形象。

2. 书写笔

在工作之中，商务人员往往需要书写文本或签字等。因此，必须随身携带专用的书写笔。如果在必须进行书写时，找不到笔具，或者赶忙去向他人借用，都是工作失职的表现。

商务人员在工作之中随身携带的笔具，最好别在上衣左侧衣袋上，或是别在上衣内侧衣袋上。将其放在裤袋之中，一般并不合适。有时，为方便使用，可将圆珠笔以绳、带缚住，挂在脖上后，令其垂于胸前。但是，切不可这样携带钢笔。

3. 计算器

在买卖活动之中，价格的计算通常是必不可少的。商务人员在工作中必要时，若能够取出随身携带的一只计算器来，既方便必要的计算，又能节省时间。

4. 记事簿

在工作之中，商务人员如果要真正做到恪尽职守，则凡事就要勤观察，细思量。在工作之中有许多重要信息需要记忆在心，诸如资料、数据、人名、品名、地址、电话、传真、线索、思路、建议，等等。要是没有掌握正确的信息处理手段，有时极有可能会耽误自己的工作。

应当指明的是：千万不要随手抓到什么东西，便把自己所要记的东西写在那里。将重要的资讯记录在商品上、报纸上、碎纸上、烟壳上、钱币上或者自己的手掌上，不仅容易使之面目全非，而且内容丢失。也不要轻易开口向同行或者客户讨要可作记录之物，更不要当着外人的面四处乱翻，随便乱撕显得极不正规。

得体的做法是商务人员应当人人郑重其事地为自己准备上一本可以随身携带的小型记事簿。使用记事簿时，特别要注意书写清晰与妥善保存两大问题。千万不要乱记、乱丢，不然就很可能会劳而无功。在进行记录时，最好分门别类，并且定期予以归纳、小结。

1.3 商务人员的仪态礼仪

1.3.1 站姿礼仪

站姿是一个人全部仪态的核心,"站有站相"是对一个人礼仪修养的基本要求,良好的站姿能衬托出美好的气质和风度,能全面体现一个人的精神面貌,不同的站姿有着截然不同的效果。训练符合礼仪规范的站姿,是培养仪态美的起点,如果站姿不够标准,其他姿势就谈不上优美。

1. 标准站姿

标准的站姿是:
(1) 头正,双目平视,嘴角微闭,下颌微收,面容平和自然;
(2) 双肩放松,稍向下沉,人有向上的感觉;
(3) 躯干挺直,挺胸,收腹,立腰;
(4) 双臂自然下垂于身体两侧,中指贴拢裤缝,两手自然放松;
(5) 双腿立直、并拢,脚跟相靠,两脚尖张开约60°,身体重心落于两脚正中。

【现场指导】

站姿的训练要求

① 站姿的基本要求是"直"。从下面看,身体两侧对称,从侧面看,脑后、背心、后腰、臀尖、腿肚和脚跟应在一个垂直平面上。

② 站姿的要点是挺胸抬头,双肩张开,头正目平,微收下额,挺胸收腹,顶腰,双臂自然下垂。站立后,竖看要有直立感,即以鼻子为中线的人体大体成直线,横着要有开阔感,即肢体及身体给人舒展之感,侧看要有垂直感,即从耳与颈相接处至脚踝骨前侧应成直线。

③ 呼吸的方法很重要,基本要求是自然舒缓:吸气时,用意念把气息引向头顶,自我感觉躯干有被伸长的感觉;呼气时,用意念把气息沉向肾区,补足肾气,使人看上去精力旺盛,这点对男士尤为重要。

④ 站立时,重心应稍前移至前脚掌,这样站可以站得稳而且不累。女性两腿相靠站直,肌肉略有收缩感,大腿部不要留缝。男士两腿自然张开,但切莫宽过两肩。

2. 常见的站姿

（1）侧放式。

也称肃立，其要领是：头部抬起，面部转向正前方，双眼平视，下颌微微内收，颈部挺直，双肩放松，呼吸自然，腰部直立。双臂自然下垂，处于身体两侧，中指指尖对准裤缝，手部虎口向前，手指少许弯曲，呈半握拳状，指尖向下，双腿立正并拢，双膝与双脚跟部紧靠于一起，双脚呈"V"字形分开，二者相距约一个拳头的宽度，注意提起髋部，身体重量应平均分布在两腿上。

此种站姿常用于较为庄重严肃的场合，例如，参加升降国旗仪式或参加遗体告别仪式应该用肃立站姿。

（2）前腹式。

这是女士常用的站立姿势，其要领是：身体立直，脚跟靠拢，两膝并拢，右手搭在左手上，自然贴在腹部，双臂稍曲，有"端"着的感觉。

（3）后背式。

这是男士常用的站立姿势。其要领是：身体立直，双手轻放在后背腰处轻握，贴在臀部，两腿分开，两脚平行，比肩宽略窄些。

（4）丁字式。

女士穿旗袍时，常用的站姿。其要领是：身体立直，一脚在前，将脚跟靠在另一脚内侧，双脚尖向外略展开，形成斜写的一个"丁"字，双手在腹前相交，笼置于肚脐位置上，身体重心在两脚上。

站的太累时，可自行调节，双腿微微分开，将身体重心移向左脚或右脚。礼貌的站姿给人舒展俊美，精神饱满，信心十足，积极向上的好印象。

商务场合站立时切记：双手不可叉在腰间，也不可抱在胸前；驼着背、弓着腰、眼睛不断左右斜视，一肩高一肩低，双腿不停地抖动。不宜将手插在裤袋里，更不要下意识地做小动作，如：摆弄打火机、香烟盒，玩弄皮带、发辫、咬手指甲等，这样不但显得拘谨，给人以缺乏自信和经验的感觉，而且也有失庄重。

1.3.2 行姿礼仪

行姿指的是一个人在行走时所采取的具体姿势，是人体行进中所呈现出的一种动态，它是以站立姿势为基础，是立姿的延续动作。行姿是展示人的动态美的重要形式，无论是日常生活还是工作场合，走路都是"有目共睹"的肢体语言，往往能表现出一个人的风度和韵味。

1. 规范的行姿

（1）以站姿为基础，双目向前平视，微收下颌，面容平和自然，不左顾右盼，不回头张望，不盯住行人乱打量。

（2）双肩平稳，双臂前后自然地，有节奏地摆动，摆幅以 30°～35°为宜，双肩及双臂都不应过于僵硬。

（3）上身自然挺拔，头正、挺胸、收腹、立腰，重心稍向前倾。

（4）行走时，两只脚两侧行走的线迹为一条直线。

【现场指导】

男女行进时的姿态差别

男性与女性在行进时，具有不同的风格。男性在行进时，走平行线，即左右脚踏出的应是平行线，两脚尖稍外展，通常速度稍快，脚步稍大，步伐奔放有力，充分展示着男性的阳刚之美。女性在行进时，两脚尖正对前方，两脚内侧交替走在一条直线上，这样可展示女性腰肢、体现轻盈、雅致、优美，自然。

（5）步幅要适当。男性步幅（前后脚之间的距离）约 25 厘米，女性步幅约 20 厘米。或者说，前脚的脚跟与后脚尖相距约为一脚长。

步幅与服饰也有关，如女士穿裙装，特别是穿旗袍、西服裙、礼服和穿高跟鞋时步幅应小些，穿长裤时步幅可大些。

（6）跨出的步子应是全部脚掌着地，膝和脚腕不可过于僵直，应该富有弹性，膝盖要尽量绷直，双臂应自然轻松摆动，使步伐因有韵律节奏感而显优美柔韧。

【学习笔记】

几种不良的行走姿态

（1）走路最忌内八字、外八字。

（2）弯腰驼背，摇头晃脑，扭腰摆臀。

（3）膝盖弯曲。

（4）左顾右盼，走路时抽烟，双手插裤兜。

（5）身体松垮，无精打采。

（6）摆手过快，幅度过大或过小。

2. 不同场合的行姿

（1）陪同引导。

陪同，指的是陪伴别人一同行走。引导，则是指在行进中带领别人，有时又叫做引领，引路或带路。

商务人员在陪同引导时，应注意四点：

① 所处方位。若双方并排行进时，陪同或引导人员应处于左侧；若双方单独行进时，则陪同或引导人员应居于客人左前方约一米左右的位置；当客人不熟悉行进方向时，一般不应请其先行，同时也不应让其走在外侧。

② 协调行进速度。在陪同引导客人时，本人行进的速度须与对方相协调，切勿我行我素，走得太快或太慢。

③ 及时关照提醒。陪同引导时，一定要处处以对方为中心。经过拐角、楼梯或道路坎坷、昏暗之处时，须关照提醒对方留意。

④ 采取正确的体态。陪同引导客人时，有必要采取一些特殊的体态，如请对方开始行进时，应面向对方，稍许欠身，在行进中与对方交谈或答复其提问时，头部和上身应转向对方。

（2）上下楼梯。

上下楼梯时要减少在楼梯上的停留，坚持"右上右下"的原则，以方便对面上下楼梯的他人。另外，还要注意礼让客人，上下楼梯时，出于礼貌，可请对方先行。陪同引导客人时，则应上楼梯时行在后，下楼梯时行在前面。

若上下楼梯时，陪同引导的客人为女士时，当女士穿着短裙时，上楼时应请女士走在后面，避免其"走光"。

（3）进出电梯。

① 牢记"先出后进"。一般乘电梯规矩是：里面的人出来之后，外面的人方可进去。

② 照顾好客人。若乘的是无值班员的电梯，主人须自己先进后出，以便为客人控制电梯。乘的若是有值班员的电梯，则主人应当后进后出。进出电梯时，应侧身而行，以免碰撞，踩踏别人，进入电梯后，应尽量站在里边。

（4）出入房门。

① 先通报。进入别人办公室或进入房门时尤其是在进入饭店客房门之前，一定要先叩门、按门铃向房内之人进行通报，即使门是虚掩敞开的，也应先敲门以示尊敬。

② 以手开关。出入房门时，务必要用手轻轻开门或关门，而不可用身体其他部位，如用肘部顶、用膝盖拱、用臀部撞、用脚尖踢、用脚跟蹬等不良方式开门。

③ 面向他人。出入房门，特别是在出入一个较小的房间，而房内又有自己熟悉的人时，最好是反手关门，反手开门，并且始终注意面向对方，而不可以背部对着对方。

④ 要"后入后出"。与他人一起出入房门时，礼貌的做法是：一般应自己后进门、后出门，而请对方先进门、先出门。

⑤ 为他人开门。尤其是在陪同引导他人时，要注意在出入房门时替对方开门。

（5）变向行走。

① 后退。先面向对方退几步，再转体离去。通常面向他人至少后退两三步，对交往对象越尊重，后退的步子则越多。后退时步幅宜小，脚宜轻擦地面。转体时宜身先头后。

② 侧行。当与同行者交谈时，上身应正面转向交谈对象，身体与对方保持一定距离。与他人狭路相遇时，应两肩一前一后，胸部正面转向对方。而不可背向对方。

③ 前行转身。在向前行进中转身而行，一是前行右转。以左脚掌为轴心，在左脚落地时，向右转体90度，同时迈出右脚。二是前行左转。与前行右转相反，在前行中向左转身，应以右脚掌为轴心，右脚落地时，向左转体90度，同时迈出左脚。

④ 后退转身。即在后退之中转身而行。一是后退右转。先退行几步后，以左脚掌为轴心，向右转体90度，同时向右迈出右脚。二是后退左转。先退几步后，以右脚掌为轴心向左转体90度，同时向左迈出左脚。

（6）与客人对面相遇。

客人从对面走来时，员工应向客人行礼，同时应注意：

① 放慢步伐。离客人约2米处，目视客人，面带微笑轻轻点头致意，并且说："您好！您早！"等礼貌用语。

② 行鞠躬礼。应停步，躬身15度～30度，眼往下看，并致问候，切忌边走边看边躬身，这是十分不雅观的。

③ 员工在工作中，可以边工作，边致礼，如果能暂停手中的工作行礼，更会让客人感到满意。

1.3.3 坐姿礼仪

1. 坐姿

（1）要求与标准。

标准坐姿是指人在就座以后身体所保持的一种姿态，也是一种静态的身体造型，是人际交往和工作中采用较多的一种姿势。

坐姿要根据凳面的高低及有无扶手与靠背来调整，并注意两手、两腿、两脚的正确摆法。

① 两手摆法。有扶手时，双手轻搭或一搭一放；无扶手时，两手相交或轻握或呈八字形置于腿上；或右手搭在右腿上，左手搭在右手背上。

② 两腿摆法。凳面高度适中时，两腿相靠或稍分，但不能超过肩宽；凳面低时，两腿并拢，自然倾斜于一方；凳面高时，一腿略搁于另一腿上，脚尖向下。

③ 两脚摆法。脚跟脚尖全靠或一靠一分，也可一前一后（可靠拢也可稍分），或右腿放在左腿外侧。

（2）几种常见的坐姿。

① 正襟危坐式。适用于最正规的场合，这种坐姿要求入座者上身与大腿、大腿与小腿均成直角，并使小腿与地面垂直，双膝双脚完全并拢。此式男女皆宜，在尊长面前不宜坐满椅面，以占 2/3 左右为宜。

② 叠腿式坐姿。两腿膝部交叉，一脚内收与前腿膝下交叉，两脚一前一后着地，双手稍微交叉于腿上，起立时，右脚向后收半步，离开时，再向前走一步，自然转身退出房间。

③ "S"型坐姿。上体与腿同时转向一侧，面向对方，形成一个优美的"S"型坐姿。

④ 垂腿开膝式。其主要要求与前一种坐姿相同，只是双膝稍许分开，但不超过肩宽，此式多为男士所用。

⑤ 双脚交叉式。双膝并拢，然后双脚在踝部交叉，但不宜远伸。此式男女皆宜。

⑥ 双腿叠放式。双腿一上一下完全交叠在一起，叠放在上的那只脚的脚尖应垂向地面，双脚的置放视座椅高矮而定，可以垂放，亦可以与地面呈 45 度角斜放。采用此种坐姿，切勿双手抱膝。此适合于穿短裙的女士。

⑦ 双腿斜放式。双腿并拢后，双脚同时向右侧或左侧斜放，并与地面形成 45 度左右的夹角，适用穿短裙的女士在较低的座椅就座。

⑧ 前伸后曲式。先将大腿并拢，然后向前伸一条腿，同时把另外一条腿后曲。两脚脚掌着地，前后要保持在一条直线上。

（3）入座与离座礼仪。

① 入座礼仪

在入座时，出于礼貌可与对方同时入座。但应当注意位的尊卑，应主动将上座让于来宾或客人，一定要先让对方入座，切勿自己抢先入座。

在大庭广众之前就座时，一定要坐在椅、凳等常规位置，而坐在桌子上、窗台上、地板上等处，往往是失礼的。条件若允许，在就座时最好从座椅的左侧接近它，这样做既是一种礼貌，而且也易于就座。在就座时，若附近的坐着熟人，应主动跟对方打招呼，若不认识身边的人，亦应向其先点头示意，在公共场合要想坐在别人身旁，则须先征求对方同意。

就座时，要减慢速度，放轻动作，尽量不要弄得座椅乱响，噪音扰人。

在他人面前就座时，最好背对着自己的座椅入座，这样不会背对着对方，做法是：先侧身走近座椅，背对其站立，右腿后退一点，以小腿确认一下座椅的位置，然后随势坐下。

坐下后调整体位。为了使自己坐得端正舒适，或为了方便整理衣服，可在坐下后调整一下体位，但这动作不可在与就座同时进行。

② 离座礼仪

离座指的是采用坐姿的人起身离开座椅，离座时应遵循的礼貌规范是：

离座时身旁如有人在座，需以语言或动作向其行示意，随后方可起身，一蹦而起会令邻座或周围人受到惊扰。与他人同时离座，须注意起身的先后次序，地位低于对方时，应稍后离座。地位高于对方时，则可首先离座，双方身份相似时，才允许同时起身离座。起身离座时，最好动作轻缓，无声无息，尤其要避免"拖泥带水"，弄响座椅、或将椅垫弄得掉在地上。

离开座椅后，先要采用"基本站姿"，站定后，方可离去。若是起身便跑，或者离座与走开同时进行，则会是显得过于匆忙有失稳重。

（4）不雅的坐姿。

① 双腿叉开过大。面对外人时，双腿如果叉开过大，或双腿拉开成八字形，都极其不雅。

② 架腿方式欠妥。将一条小腿架在另一条大腿上，在两者之间还留出大大的空隙，成为所谓的"架二郎腿"或架"4"字形腿，甚至将腿搁在桌椅上，就更显得过于放肆了。

③ 双腿过分伸张。坐下后，将双腿直挺挺地伸向前方，这样不仅可能会妨碍他人，而且也有碍观瞻。因此，身前若无桌子，双腿尽量不要伸到外面来。

④ 腿部抖动摇晃。与人交谈时，双腿不停地抖动，甚至鞋跟离开脚跟在晃动，是不礼貌的，缺乏教养的表现。

⑤ 坐下后脚后跟接触地面，而且将脚尖翘起来，脚尖指向别人，使鞋底在别人眼前"一览无余"。另外以脚蹬踏其他物体，以脚自脱鞋袜，都是不文明的陋习。

【学习笔记】

古人的坐姿

我国的古人对坐姿比较讲究。席地而坐时期，平时不与人接触交往时，坐姿可以比较随便，但如果与尊长坐在一起，或与友人交谈，以及在聚会议事、宴会、招待宾客等场合，就要讲究坐姿了。礼貌的坐姿是"跽"坐，即跪坐，臀部压在后曲的腿、脚之上，而且讲究"正襟危坐"。危坐，是指坐时腰身端正。

古人讲究坐有坐相，即使平时自己闲坐，也端正姿势，以保持其士大夫的风度，如东晋的陶侃便是"职事之暇，终日敛膝危坐"。（《人谱类记》卷上）三国时魏国的管宁，50年来常坐一木榻，且跽坐，以致着膝之处都磨出了深坑。

箕踞，即两腿前伸而坐，全身形似簸箕。箕踞是一种不礼貌的举止，所以《礼记·曲礼上第一》说："坐毋箕"。对妇女的这种坐姿尤为严禁。据《韩诗外传》卷九记载，孟子回家，进屋看到他的妻子正箕踞而坐，立刻出来对他的母亲说，这个妇人应该休掉。他母亲说，你进门也没有出声示意，她怎么会知道有人进来而坐端庄了呢？孟子这才没有再说什么。只有在不拘礼节的朋友之间，箕踞才被视为是无所谓之举。

古人在席子的摆设及入席等方面也有许多礼节讲究。如"席不正不坐"，说的是席在摆设时要与室内四边平行而不斜，否则就不应该坐。席正而坐，体现坐者的端庄，也是一种礼数。《礼记·曲礼上》对入席的礼法有如下规定："毋踖（ji吉）席，抠衣趋隅"，即入席时，不要从席子的上首即前边踏席越过，应该提起衣裳走向下角再进入自己的席位。"坐不中席"是指席的正中是尊者独坐时的位置，所以卑者即使独坐也不能居中而坐，而应该坐在边上。"异席"，古代一席一般坐4人，如果有5个人，应让长者另外坐席。"敬无余席"，说的是与尊长坐在一起时，中间不要留太大的空隙，应该靠近尊长而坐，以便服侍、请教。另外，《礼记·曲礼上》还有几个不同席的规矩：如父子不同席，以区别尊卑；女子出嫁后回娘家，不与她们的兄弟同席，为的是人伦男女之防。

（资料来源：朱鹰. 礼仪. 北京：中国社会出版社.）

1.3.4 手、臂势礼仪

手臂姿势，通常称作手势或手姿，指的是人们在运用手臂时，所出现的具体动作与体位，即以手的动作态势示意。手是传情达意的重要手段和工具，它有着极强的表现力和吸引力，引用得适度规范，可增强感情的表达，起到锦上添花的作用。

1. 使用手势应注意的问题

（1）使用规范化手势。使用的手势应符合国际规范，国情规范和大众规范，这样才不致引起交往对象的误解。

（2）注意区域性差异。有些手势在使用时应注意区域和各国不同习惯，不可以乱用。因为各地习俗迥异，相同的手势表达的意思，不仅有所不同，而且甚至大相径庭。比如，伸出右臂，掌心向下，手臂反复向内侧挥动，其含义在中国主要是招呼别人，而在美国则是叫宠物跑过来。使用手势时注意不同国家、地区、民族的风俗习惯。

（3）手势宜少不宜多。手势的使用应该有助于表达自己的意思，但不宜过于单调重复，也不能做得过多。与他人交谈时，随便乱做手势，不住地做手势，都会影响别人对你说话内容的理解。

（4）注意手势的力度和幅度。使用手势应注意其力度的大小和幅度，大小力度适中，不宜单调重复，上界不超过头顶，下界不低于胸部，左右不超过肩宽。

（5）禁用手指指点他人。在任何情况下，不要用拇指指自己的鼻尖和用手指点他人，谈到自己时应用手掌轻按自己的左胸，那样会显得端庄、大方、可信。用手指点他人的手势是不礼貌的。

2. 常用手势

（1）引领手势。

引领客人，常见于在会议、宴请、客人拜访时，出于对客人热情周到的接待，主人常常会给重要客人亲自带路或安排专门人员负责将客人带领到指定地点或座位处。在这种情形下，通常主人应走在客人的左斜前方，在拐弯或有楼梯台阶的地方，应用明确的手势指出前行方向并提醒客人"这边请"，等等。

引领的手势要求是：掌心向上，四指并拢，大拇指微微张开，以肘关节为轴，前臂自然上抬伸直。指示方向时，上身稍向前倾，面带微笑，以指尖方向表示前行方向，自己的眼睛看着目标方向，待客人明白后，再前行。

（2）递接物品。

递物与接物是常用的一种动作，应当双手递物，双手接物，表现出恭敬与尊重的态度。不方便双手并用时，也应尽量采用右手，以左手递接物品，通常被视为失礼之举。递给他人的物品，应直接交到对方手中为好，不到万不得已，最好不要将所递的物品放在别处。若双方相距过远，递物者应主动走近接物者，假如自己坐着的话，还应尽量在递物时起身站立。在递物时，应为对方留出便于接取物品的地方，不要让其感到接物时无从下手，将带有文字的物品递交他人时，还须使之正面朝向对方。

将带尖、带刃或其他易于伤人的物品递于他人时，切勿以尖、刃直指对方。合乎礼仪的做法是应使尖、刃朝向自己，或是朝向他处。

（3）招呼别人。

在招呼别人时，必须牢记两点：一是要使用手掌，而不能使用手指；二是掌心向上，而不宜掌心向下。

（4）致意手势。

致意是一种不出声的问候礼节，常用于相识的人在社交场合打招呼。它是已经相识的友人之间在相距较远或不宜多谈的场合用无声的动作语言相互表示友好与尊重的一种问候礼节。

一般来说，致意时要求与对方的距离不能太远，以 2～5 米为宜，也不能在对方的侧面或背面。在社交场合里，人们往往采用招手致意、欠身致意、脱帽致意等形式来表达友善之意。

举手致意时，应全身直立，面向对方，举起右手，掌心朝向对方，面带笑容。致意时应手臂自下而上向侧上方伸出，手臂既可略有弯曲，亦可全部伸直。

（5）握手。

握手是世界上通行的一种礼节，也是人际交往中最常见的礼仪之一。通常情况下，和人初次见面、熟人久别重逢、告辞或送行都可以用握手来表示自己的善意。握手的力量、姿势与时间的长短往往能够表达出握手对对方的不同礼遇与态度，显露自己的个性，给人留下不同的印象。

握手的正确姿态应该是：距离对方约一步，两足站正，面向对方，上身稍稍前倾，双目注视对方，微笑着伸出右手，四指并拢，拇指张开，握住对方的手时可略略用些力，给对方一种自信的有力量的感觉，姿态要优雅些。如果对方地位十分尊贵，你应用双手握住对方的手，以示尊敬。

握手时双方伸出手来的先后顺序应为"尊者在先"。即地位高者先伸手，地位低者后伸手。握手时力量应适当，用力过重与过轻，同样都是失礼的。与人握手时，一般握三秒钟至五秒钟即可。没有特殊的情况，不宜长时间的握手。通常，应以右手与人相握。握手时应当先走进对方，右手向侧下方伸出，双方互相握住对方的手掌。被握住的部分，应大体上包括手指至虎口处。双方手部相握后，应目视对方的双眼。

（6）挥手道别。

与人挥手道别时，身体应站直。尽量不要走动，乱跑，更不要摇晃身体。应目送对方远去直至离开，若不看道别对象，便会被对方理解为"目中无人"或敷衍了事。

道别时，可用右手，也可双手并用。但手臂应尽力向前伸出。注意手臂不要伸得太低或过分弯曲。挥手道别时要保持掌心向外，否则是不礼貌的。要将手臂向左右两侧轻轻来回挥动，但尽量不要上下摆动。

【现场指导】

日常生活中应该避免出现的手势

手势是人的第二面孔，具有抽象、形象、情意、指示等多种表达功能。商务人员在使用手势语时，以下几种手势是值得特别重视的，否则，将会给对方传达出不良的信息：

（1）工作中绝不可随意用手指对他人指指点点，与人交谈更不可这样做。

（2）工作时，不可将一只手臂伸在胸前，指尖向上，掌心向外，左右摆动。这些动作的一般含义是拒绝别人，有时，还有极不耐烦之意。

（3）双臂抱起然后端在胸前这一姿势，往往暗含孤芳自赏、自我放松、或是置身度外，袖手旁观，看他人笑话之意。

（4）用双手抱头，这一体态的本意是自我放松，但在服务时这么做，则会给人以目中无人之感。

（5）工作中无聊时反复摆弄自己的手指，活动关节或将其捻响，打响指，要么莫名其妙地攥、松拳，或是手指动来动去，在桌面或柜台不断敲扣，这些往往会给人不严肃很散漫之感，望而生厌。

（6）工作时将手插入口袋，这种表现会使人觉得悠闲散漫，在工作中并未尽心尽力。

（7）在工作中搔首弄姿，这会给人以矫揉造作，当众表演之感。

（8）在工作之时，有人习惯抚摸自己的身体，如摸脸、擦眼、搔头、剜鼻、剔牙、抓痒、搓泥，这会给别人缺乏公德意识，不讲究卫生，个人素质极其低下的印象。

（9）请他人向自己这边过来时，用一支食指或中指竖起并向自己怀里勾，其他四指弯曲，示意他人过来，这种手势有唤宠物过来之嫌，对人极不礼貌。

【学习笔记】

几种常见手势符号在不同国家、地区的不同含义

★ "OK" 手势

"OK" 手势是指将拇指和食指相接成环形,其余三个指头伸直,掌心向外。在不同的国家有不同的含义,例如,在我国和世界其他一些地方,伸手示数时该手势表示零或三;在美国、英国表示 "赞同"、"顺利"、"很好"、"了不起" 的意思;在法国,表示 "零" 或 "没有" 的意思;在泰国表示 "没问题"、"请便" 的意思;在日本、缅甸、韩国表示金钱;在印度表示 "正确"、"不错" 的意思;在突尼斯则表示 "傻瓜" 的意思。

★ "V" 形手势

"V" 形手势是指食指和中指上伸成 "V" 形,拇指弯曲压于无名指和小指上。在不同的国家有不同的含义,在欧洲的大多数国家中,用它表示 Victory(胜利),据说是第二次世界大战时期英国首相丘吉尔发明的。不过,表示胜利时,手掌一定要向外,如果手掌向内,就是贬低人侮辱人的意思了;在希腊做这一手势时,即使手心向外,如手臂伸直,也有对人不恭之嫌。在我国,此手势则表示数字 "2" 或 "剪刀" 的意思。

★ 竖起大拇指手势

竖起大拇指,一般表示顺利或夸奖。在我国,右手或左手握拳,伸出大拇指,表示 "好"、"了不起" 等,有赞赏、夸奖之意;在德国表示数字 "1";在希腊,拇指上伸表示 "够了",拇指下伸表示 "厌恶"、"坏蛋";在美国、英国和澳大利亚等国,拇指上伸表示 "好"、"行"、"不错",拇指左、右伸则大多是向司机示意搭车方向。

(资料来源:唐树伶、王炎. 服务礼仪. 北京:清华大学出版社、北京交通大学出版社.)

1.3.5 表情神态礼仪

表情是表现在面部或姿态上的思想感情。神态则是指在人的面部所表现出来的神情态度。商务人员在工作中,要注意自己的表情神态,因为,在他人看来,商务人员的表情代表了对待他人的态度。

1. 面部的表情

面部是人心灵的镜子,面部表情是一个人内心情绪的外在表现,常常体现一个人的个性。

一般认为，面部表情对人的语言起着解释、澄清、纠正和强化作用，在反映人内心的真实性上具有相当的可靠性。

（1）眼睛。

眼睛是"心灵的窗户"，是大脑在眼眶的延伸。眼神，指的是人们在注视时，眼部所进行的一系列活动以及所显现的神态。

商务人员在工作时，眼神的运用应兼顾以下几点。

① 注视的部位。在人际交往中，可以注视对方的常规部位有：第一，对方的双眼。注视对方的双眼，既可表示自己对对方全神贯注，也表示对对方所讲的话正在洗耳恭听。第二，对方的面部。与交往对象较长时间交谈时，可以将对方的整个面部作为注视区域。注视他人的面部时，最好是对方的眼鼻三角区，而不要聚集于一处，以散点柔视为宜。第三，对方的全身。同交往对象相距较远时，商务人员一般应当以对方的全身为注视点。第四，对方的局部。工作中，往往会因为实际需要，面对他人身体的某一部分多加注视。例如，在递接物品时，应注视对方的手部。

② 注视的角度。注视对方的角度，是与交往对象关系亲疏和对人态度的大问题。在社交场合，宜采取正视、平视、仰视、环视（与多人交往时），而不能扫视、斜视、蔑视、无视。仰视表示崇拜和尊敬，正视、平视、环视，体现平等、公平或自信，俯视虽有爱护、宽容之意，又有轻蔑、傲慢之嫌。

③ 注视的时间。注视对方时间的长短也很讲究，看的时间少或不屑一顾，表示对对方的冷落、轻视或反感；长时间盯着对方，特别是对异性的凝目盯视和对初识者的上下打量，也是不礼貌的行为。

【学习笔记】

眼神的类型

眼神的传情达意也有许多类型，概括起来有如下几种：

（1）情爱型——含情脉脉、频传秋波。

（2）凝视型——目光凝滞、若有所思。

（3）思考型——不眨其眼、凝视一处。

（4）忧虑型——双眉不展、目光下视。

（5）欢快型——目光明快、喜形于色。

（6）愤怒型——双眉紧蹙、怒目而视。

（7）惊恐型——双目圆睁、惊恐万状。

（8）暗示型——目光严肃、寓意深切。

（9）轻蔑型——目光冷淡、虚眼斜视。

（10）风流型——挤眉弄眼、目光轻佻。

（资料来源：唐树伶，王炎. 服务礼仪. 北京：清华大学出版社、北京交通大学出版社.）

（2）嘴。

在人的五官中，嘴的表现力仅次于眼睛。嘴的开合，嘴角的向上或向下，都传递一定的信息，而且嘴的动作还是构成面部笑容的主要因素。

【学习笔记】

嘴的主要动作及含义

嘴巴微微张开，上牙微露形成轻笑；双唇紧闭表示认真思考；张嘴露齿表示高兴；咬牙切齿表示愤怒；撇嘴表示蔑视；咬唇表示自省；嘴角向上表示愉快；嘴角向下表示敌意；撅嘴表示生气；咂嘴表示怂恿嘲讽；咂嘴表示赞成或惋惜。

（3）鼻子。

耸鼻表示厌恶，嗤之以鼻表示看不起，皱鼻表示好奇或吃惊，摸鼻表示亲切或重视。

（4）眉毛。

俗话说"眼睛会说话，眉毛会唱歌"。眉语也很丰富，光眉毛的表情动作即有20多种，表示出不同的语义。例如，扬眉——表示喜悦；展眉——表示宽慰；飞眉——表示兴奋；喜眉——表示欢愉；竖眉——表示愤怒；横眉——表示轻蔑；皱眉——表示为难；锁眉——表示忧愁；挤眉——表示戏谑；低眉——表示顺从。

从眉的动作还可察知人的身份与雅俗：如恋人相见，眉目传情，眉来眼去，暗送秋波；情人相见，眉飞色舞；仇人相见，横眉冷对；忠厚长者，慈眉善目；奸诈小人，贼眉鼠眼等。

2. 微笑

在人的面部表情中，除眼神以外，最动人、最有魅力的是微笑。在人际交往中，微笑是人际关系的黏合剂，是"参与社交的通行证"，也是待人处世的法宝。在社会交往中，微笑有一种天然的吸引力，能使人相悦，也能消除误解和隔阂，有效地缩短双方的心理距离，营造融洽的交往氛围。

项目1 商务人员个人形象设计

（1）微笑动作要领。

一要额肌收缩，眉位提高，眼轮匝肌放松；二要两侧颊肌和颧肌收缩，肌肉稍隆起；三要面部两侧笑肌收缩，并略向下拉伸，口轮匝肌放松；四要嘴角含笑并微微上提，嘴角似闭非闭，以不露齿或仅露不到半牙为宜；五要面含笑意，但笑容不显著，使嘴角微微向上翘起时，让嘴唇略显弧形；六要注意不要牵动鼻子，不发出笑声。

（2）微笑时应注意的问题。

① 必须注意整体配合。除了要注意口形之外，还须注意面部其他部位的相互配合。微笑其实是面部各部位的一种综合运动，并且要注意声情并茂，气质优雅，表现和谐，使眉、眼、神情、姿势能协调行动。整体配合协调的微笑，应当目光柔和发亮，双眼略为睁大；眉头自然舒展，眉毛微微向上扬起。也就是人们通常所说的"眉开眼笑"。

② 必须注意力求表里如一。尽管人常说"面含微笑"，实际上微笑并非仅只挂在脸上，而是需要发自内心，做到表里如一，否则就成了"皮笑肉不笑"，同时，笑更要禁忌：假笑、阴笑、冷笑、怪笑、窃笑……所以，必须强调指出，微笑一定要有一个良好的心境与情绪作为前提，否则，将会陷入勉强尴尬而笑的境地。

③ 必须注意兼顾场合。微笑也应注意与场合相协调。在下列情况下，微笑是不允许的：进入气氛庄严的场所时；交往对象满面哀愁时；他人有某种先天的生理缺陷时；交往对象出了洋相而感到极其尴尬时。在以上情况，如果面露笑意，往往会使自己陷于十分不利、十分被动的处境。

微笑应该是员工内心情感的自然流露。上岗前，要求员工全力排除一切心理障碍和外界的干扰，全身心地进入角色，从而把甜美真诚的微笑与友善热忱的目光，训练有素的举止，亲切动听的话语融为一体，以最完美的神韵，出现在交往对象面前。

实施步骤

1. 确定项目任务

（1）根据引导案例，教师提出项目名称：设计商务人员个人形象。

（2）教师提出项目任务设想，学生根据教师提出的项目设想进行讨论，最终确定具体的项目任务。

① 设计并演示商务人员的仪容（男女各一款）。

② 设计并演示商务人员的服饰（男女各一款）。

③ 设计并演示商务人员的站、坐、走等姿态及初次与客户见面时的表情神态。

可以根据具体的课时及教学条件选择适合的项目任务。

2. 明确学习目标

学生根据具体的项目任务，与教师一起讨论本项目的学习目标。

① 能够掌握商务人员在工作岗位上的仪容礼仪规范，包括面部、肢体、头发的修饰步骤、方法和注意事项以及化妆的方法和技巧。

② 能够掌握商务人员在工作岗位上的服饰礼仪规范，包括西装、套装的穿着技巧及饰品、办公用品的选择技巧。

③ 能够掌握商务人员的仪态礼仪规范，包括站、坐、走的规范要求及表情神态的注意问题。

3. 相关知识学习

学生与教师一起讨论要达到学习目标，所需的相关知识点。由学生对已学过的旧知识进行总结回顾，教师对学生尚未掌握的新知识进行讲授。

教师在相关知识学习的过程中应该成为学生选择学习内容的导航者。

4. 制订工作计划

建议本项目采用小组工作方式。由学生制订项目工作计划，确定工作步骤和程序，并最终得到教师的认可。

此步操作中，教师要指导学生填写项目计划书（项目计划书样表参见附录）。

5. 实施工作计划

学生确定各自在小组中的分工以及合作的形式，然后按照已确立的工作步骤和程序工作。

在实施工作计划的过程中，教师是学习过程的咨询者和参谋。教师应从讲台上走下来，成为学生的学习伙伴，解除不同特点的学生在学习遇到的困难和疑惑并提出学习建议。

项目实施过程中，教师要指导学生填写小组工作日志（小组工作日志样表参见附录）。

项目1 商务人员个人形象设计

6. 成果检查评估

先由学生对自己的工作结果进行自我评估,再由教师进行检查评分。师生共同讨论、评判项目工作中出现的问题、学生解决问题的方法以及学习行动和特征。通过对比师生评价结果,找出造成结果差异的原因。

项目评价

<任务一> 设计并演示商务人员的仪容(男女各一款)。

1. 商界女士化妆技巧评分表

表1-1 商界女士化妆技巧规范评分表

评价项目	评价标准	分值	得分	评语
束发	将头发束好,使脸部轮廓更加清晰明净	10分		
洁面	面部干净清爽	10分		
护肤	选择膏霜类,对皮肤进行保护	10分		
打粉底	调整面部肤色,使之柔和美化	10分		
画眼线	眼睛生动有神,并且更富有光泽	10分		
施眼影	面部具有立体感,双眼明亮传神	10分		
描眉形	突出或改善个人眉形以烘托容貌,眉形具有立体感	10分		
上腮红	使面颊更加红润,轮廓更加优美,显示健康活力	10分		
涂唇彩	改变不理想唇形,使双唇更加娇媚	10分		
喷香水	掩盖不雅体味,使之清新怡人	10分		
	合计	100分		

2. 仪容评分表

表1-2 商务人员仪容评分表

评价项目	评价标准	分值	得分	评语
头发	健康、秀美、干净、清爽、卫生及整齐。	25分		
面部	干净清爽,无汗渍和油污等不洁之物。	25分		
手部	手部清洁美观。	25分		
腿脚	保持下肢的清洁,适当修饰。	25分		
	合计	100分		

<任务二> 设计并演示商务人员的服饰（男女各一款）。

1. 商务人员的服饰设计评分表（女士）

表1-3　商务人员服饰设计评分表（女士）

评价项目		评价标准	分值	得分	评语
女士套裙的穿着	女士套裙的选择	（1）上衣与裙子要选择适当	5分		
		（2）衬衫及内衣的选择也很重要	5分		
		（3）衬裙的选择	5分		
		（4）鞋袜要与套裙相配	5分		
	女士套裙的穿着规范	（1）套裙穿着要符合规范	10分		
		（2）衬衫的穿着要符合规范	5分		
		（3）衬裙的穿着要符合规范	5分		
		（4）鞋袜要穿好	10分		
		合计	50分		

2. 商务人员的服饰设计评分表（男士）

表1-4　商务人员服饰设计评分表（男士）

评价项目		评价标准	分值	得分	评语
西装的穿着	西装的选择	（1）西装的外套必须合体	10分		
		（2）西裤要合体	5分		
		（3）衬衫要合适	5分		
		（4）领带要与西装相协调	5分		
		（5）鞋与袜要与西装相配	5分		
	西装的穿着要领	西装的穿着要符合规范要求，服务人员切忌触犯禁忌	10分		
		领带的系法符合规范	10分		
		合计	50分		

<任务三> 设计并演示商务人员的站、坐、走等姿态及初次与客户见面时的表情神态。

表1-5　商务人员仪姿评价标准

评价项目	评价标准	分值	得分	评语
站姿	站得端正、自然、亲切、稳重，即要做到"立如松"	20分		
坐姿	坐姿规范，端庄而优美，给人以文雅、稳重、自然大方的美感	20分		

项目1 商务人员个人形象设计

(续表)

评价项目	评价标准	分值	得分	评语
行姿	方向明确、抬头、不晃肩摇头，两臂摆动自然两腿直而不僵，步伐从容，步态平衡，步幅适中均匀，两脚落地成两条直线	20分		
手势	手势使用正确，能够恰当地运用手势表情达意	20分		
眼神	目光友善热忱	20分		
微笑	甜美真诚	20分		
合计		100分		

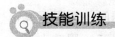

技能训练

1. 站姿训练

（1）贴墙站立。要求后脚跟、小腿、双肩、后脑勺都紧贴墙。这种训练是受训者感受到身体上下处于一个平面的感觉。每次训练20分钟左右。

（2）背对背站立。要求两人一组，背对背站立，双人的小腿、臀部、双肩、后脑勺都贴紧。两人的小腿之间夹一张小纸片，不能让其掉下，每次训练20分钟左右。

站姿训练可结合微笑进行，强调微笑的准确、自然、始终如一，可配上悠扬、欢乐的音乐以调整受训者的心情。

2. 坐姿的训练

（1）练习入座起立。入座时，教师说"请坐"，受训者说"谢谢"，女士双手掠一下裙子，按规范动作坐下。起立时，速度适中，既轻又稳。

（2）练习坐姿。按规范的坐姿坐下，放上音乐。练习在高低不同的椅子、沙发，不同交谈气氛下的各种坐姿。训练时，重点强调上身挺直，双膝不能分开，用一张小纸片夹在双膝间，从始至终不能掉下来。

3. 走姿的训练

应着西服或西服裙和半高跟鞋进行练习。

（1）走直线：在地上画一直线，行走时双脚内侧稍稍碰到这条线。即证明走路时两只脚几乎是平行的。配上节奏明快的音乐，训练行走时的节奏感。强调眼睛平视，不能往地上看，收腹、挺胸、面带微笑，充满自信和友善。

（2）顶书而行。这是为了纠正走路时摆头晃脑的毛病，而保持在行走时头正、颈直的训练。

（3）练习背小包、拿文件夹、公文包穿旗袍时的行走。

4．手势的训练

（1）训练介绍某人，为某人指示方向，请坐、让路、送客的手势。

（2）练习行进中迎客、送客"请"的手势。还可以通过小品表演，进行走姿、坐姿、介绍、握手、鞠躬、接物送物、手势等的综合练习。

5．微笑的训练

（1）微笑规范练习。每人将一面小镜子放在桌上，面对镜子坐下。对着镜子做如下练习：嘴唇微闭，嘴角略略往上拉，带动面颊肌肉往上提。同时，两眼吸光，眼光要虚，眼睛自然张大，而且亮丽有神。这个过程中眉头自然展开，眉毛上扬。形成规范的微笑面容。保持微笑 10 秒钟，然后恢复自然状态。重复这样练习，能体会到微笑时的感觉，训练面部肌肉更灵活，微笑更自然。

（2）保持微笑的练习。每人站着或坐着，面带微笑，眼睛平视，目光略高 15 度。同时，放一些轻松、愉快的音乐，配合练习。用联想法不断调整自己的心境，保持微笑自然，而且始终如一。每次练习 10～20 分钟。

（3）练习聆听时，与人谈话时面带微笑。

（4）练习在各种社交场合中面带微笑。

项目 2

商务日常见面礼仪

引导案例

袁小姐到外地出差,入住一家宾馆。因对周围的环境不了解,就到前台向一位工作人员打招呼,希望其能介绍一下周围的人文情况。这位工作人员很热情地带她到大门口,做了详细的介绍。袁小姐很是感动,接下来,工作人员对她说:"袁小姐,很高兴您入住我们酒店",袁小姐更是惊叹,问她是怎么知道自己的称呼的,工作人员说因入住的时候看到袁小姐的资料记住了,袁小姐因此对该工作人员大为赞赏。然后,该工作人员表示欢迎袁小姐下次再来入住他们的酒店,说着便从裤兜里掏出一叠名片,像打扑克牌一样拢了拢,拿出其中一张发给袁小姐(单手的),并说道:"很高兴认识您,请问小姐贵姓?",见袁小姐一愣,才想起刚才已经称呼过"袁小姐"了……

尽管现在的商务人士对使用名片的礼仪有了越来越多的了解,但是会发现很多人在生活及工作中使用名片时,依然会出现一些问题,刚才这位工作人员能够很熟练地帮助客人介绍宾馆周围的人文环境,并且能够用心地记住客户的姓名,非常值得称道,但是由于没有注意细节问题,使顾客最终还是不能满意。

请问,这位宾馆的工作人员在日常见面礼仪中还应注意哪些问题呢?

项目任务

1. 设置一个日常见面场景。
2. 制作日常见面礼仪的教学录像。

学习目标

1. 掌握商务交往中称呼的礼仪知识,学会不同场合下称呼的技巧。
2. 掌握自我介绍的内容、他人介绍和集体介绍的程序和内容。
3. 掌握握手礼的方式和禁忌。
4. 熟悉日常见面礼仪的动作姿势要求,熟悉递送、接受名片时要注意的礼仪。

相关知识

2.1 称呼礼仪

2.1.1 适宜的称呼

1. 一般性称呼

在商务场合中,按照国际惯例,对于男士普遍使用的称呼是"先生"。对于已婚女性可尊称"夫人(太太)",不了解婚姻情况的可称"小姐"或"女士",绝不要以为对方年纪大就肯定结婚了而乱称"夫人",弄得对方不愉快。

2. 外事活动中的称呼

在外事活动中常见的称呼除"先生"、"小姐"、"女士"外,特别是在一些政务活动中还有两种方法,一是称其职务,二是对地位较高者称"阁下"。如称"部长阁下"、"总理先生阁下"、"主席先生阁下"、"大使先生阁下"等。

要注意在美国、德国、墨西哥等国,没有称"阁下"之习。

【学习笔记】

打招呼的差异

美国人在日常交往中除非是正式场合使用正规的问候语外,平时通用的问候方式是使用"Hello"一词,但在介绍时不能用它来招呼对方。

日本人相互见面时最常用的招呼语是"您早"、"您好"、"再见"、"晚安"、"拜托了"、"请多关照"等,体现了他们良好的礼貌修养。

在巴基斯坦等阿拉伯国家,因多信奉伊斯兰教,打招呼时多使用"真主保佑",以示祝福。而在缅甸、泰国、斯里兰卡等信奉佛教的国家里,人们见面常用的招呼语则是"愿菩萨保佑"。

3. 职业性称呼

称呼职业，即直接以被称呼者的职业作为称呼。例如，将从事文化教育工作的人士称为"老师"、将教练员称为"教练"，将专业辩护人员称为"律师"，将警察称为"警官"，将会计师称为"会计"，将医生称为"医生"或"大夫"，等等。

在一般情况下，在此类称呼前，均可加上姓氏或姓名。

4. 职务性称呼

在商务活动中，以交往对象的职务相称，以示身份有别、敬意有加，这是一种最常见的称呼方法。具体的方法有三种：①仅称职务，例如："部长"、"经理"、"主任"，等等；②在职务之前加上姓氏，例如："张总经理"、"李处长"，等等；③在职务之前加上姓名，这仅适用极其正式的场合。例如："胡锦涛主席"、"温家宝总理"，等等。

5. 职称性称呼

对有职称的人，可以直接称其职称或在职称前冠以姓氏，如"教授"、"张研究员"、"吴工程师"，等等；也可以在职称前加上对方的全名，如"黄涛教授"、"刘华主任医师"，等等。

6. 学衔性称呼

对于享有学位的人，只有"博士"才能作为称谓来用，而且只有在工作场合或是与工作有关的场合使用。

7. 姓名性称呼

一般同事或朋友之间，关系较为密切的人之间，可以直呼其名，如"张华"、"李跃"，等等。但要注意长辈对晚辈也可以这么做，但晚辈对长辈却不能这样做。一般讲称呼越简单，关系越密切。对年长者应尊称"老王"、"老赵"等，对年轻人或晚辈则可称呼为"小李"、"小张"等。

对于老前辈或师长，为表示尊敬还可以称"张老"、"李老"等。对一般的老人称"大爷"、"大娘"、"老人家"；对学生可称"小朋友"、"小同学"。

2.1.2 称呼时应注意的问题

1. 称呼老师、长辈要用"您"而不用"你"。不可直呼其名，一般可在其姓氏后面加限制语。

2. 初次见面或相交未深，用"您"而不用"你"，以示谦虚与尊重。

3. 称呼任何人都要尽可能了解其民族习惯、地域习惯，做到尊重对方，不损伤对方的感情。

【学习笔记】

姓名称呼有差异

★ 英、美等国

在英国、美国、加拿大、澳大利亚、新西兰等讲英语的国家里，人们的姓名一般由两个部分构成：通常名字在前，姓氏在后。例如，在"布莱德·皮特"这一姓名之中，"布莱德"是名字，"皮特"才是姓氏。

在英美诸国，女子结婚前一般都有自己的姓名。但在结婚之后，通常姓名由本名与夫姓所组成。例如，有一个叫"玛丽·琼斯"的女子，嫁给了"约翰·史密斯"先生，她就成了"史密斯太太"。这时她的姓名有两种称呼：对没有深交的人被称为"约翰·史密斯太太"；对比较熟识的亲友，保留了自己的闺名玛丽，被称为"玛丽·史密斯太太"。

有些英美人士的姓名前会冠以"小"字，例如："小罗斯福"、"小洛克菲勒"。这个"小"字，与其年龄无关，而是表明他沿用了父名或父辈之名。

与英美人士交往，一般应称其姓氏，并加上"先生"、"小姐"、"女士"或"夫人"。例如："鲍威尔先生"，"肯尼迪夫人"。在十分正式的场合，则应称呼其姓名全称，并加上"先生"、"小姐"、"女士"或"夫人"。例如，"比尔·克林顿先生"、"伊丽莎白·泰勒小姐"。

对于关系密切的人士，往往可直接称呼其名，不称其姓，而且可以不论辈分，如"吉米"、"约翰尼"、"莉比"，等等。在家人与亲友之间，还可称呼爱称。例如："珍妮"、"莉齐"，等等。但与人初次交往时，却不可这样称呼。

★ 俄罗斯

俄罗斯人的姓名由三个部分构成。首为本名，次为父名，末为姓氏。例如，"亚历山大·巴甫洛维奇·彼得罗夫"这一姓名中，"亚历山大"为本名，"巴甫洛维奇"为父名，"彼得罗夫"方为姓氏。

俄罗斯妇女的姓名同样也由三个部分组成，本名与父名通常一成不变，但其姓氏结婚前后却有所变化：婚前使用父姓，婚后则使用夫姓。对于姓名为"叶莲娜·尼古拉耶夫娜·伊万诺娃"的女士而言，其姓氏"尼古拉耶夫娜"与其婚否便关系甚大。

在俄罗斯,人们口头称呼中一般只采用姓氏或本名。比如:对"亚历山大·巴甫洛维奇·彼得罗夫",可以只称"彼得罗夫"或"亚历山大"。在特意表示客气与尊敬时,可同时称其本名与父名,如称前者为"亚历山大·巴甫洛维奇",这是一种尊称。对于长者表达敬意时,方可仅称其父名,如称前者为"巴甫洛维奇"。

俄罗斯人在与亲友、家人交往时,习惯使用由对方本名化来的爱称。例如,可称"安娜"为"阿妮娅"。

在俄罗斯,"先生"、"小姐"、"女士"、"夫人"亦可与姓名或姓氏连在一起使用。

★ 日本

日本人的姓名均用汉字书写,而且姓名的排列与中国人的做法也一样,即姓氏在前,名字居后。所不同的是,日本人的姓名往往字数较多,且多为四字组成。其读音,与汉字也大相径庭。

为了避免差错,与日本人交往时,一定要了解在其姓名之中,哪一部分为姓,哪一部分为名。在进行书写时,最好将其姓与名隔开一格来书写,例如,"黑田 俊雄"、"山本 一郎"、"和田 英松",等等。

日本妇女婚前使用父姓,婚后使用夫姓,本名则一直不变。在日本,人们进行日常交往时,往往只称其姓。只有在正式场合,才使用全称。

称呼日本人,"先生"、"小姐"、"女士"、"夫人"皆可采用。一般可与其姓氏,或全称合并使用。例如,"佐藤先生"、"酒井小姐",等等。

★ 阿拉伯国家

在阿拉伯各国,人们的姓名由四个部分组成。其排列顺序由前而后为:本人名字,父亲名字,祖父名字,家族姓氏。如沙特阿拉伯前国王费萨尔的姓名为:"费萨尔·伊本·阿卜杜勒·阿齐兹·伊本·阿卜杜勒·拉赫曼·沙特"。其中费萨尔为本人名,阿卜杜勒·阿齐兹为父名,阿卜杜勒·拉赫曼为祖父名,沙特为姓。

在正式场合应用全名,但有时可省略祖父名,有时还可以省略父名,简称时只称本人名字。但事实上很多阿拉伯人,特别是有社会地位的上层人士都简称其姓。如:"穆罕默德·阿贝德·阿鲁夫·阿拉法特",简称"阿拉法特","加麦尔·阿卜杜勒·纳赛尔",简称"纳赛尔"。

★ 西班牙语与葡萄牙语国家

在西班牙与广大拉丁美洲国家里,人们的姓名也可分为三个部分。但是其正常顺序则为名字在前,父姓居中,母姓在后。

在葡萄牙和巴西，人们的姓名亦由本名、父姓与母姓三部分组成。其正常排列顺序是：名字居前，母姓居中，父姓居后。

在称呼西班牙语、葡萄牙语国的人士姓名时，正式场合宜用其全称，而在一般情况下，则可只使用其简称，即其父姓，或是其本名加上父姓。

★ 缅甸

在缅甸，人们却只有名字，并无姓氏，所以在称呼对方时，可在其名字之前冠以某种尊称。如意为"先生"的"吴"，意为"主人"的"德钦"，意为"兄长"的"哥"，意为"弟弟"的"貌"，意为"女士"的"杜"，意为"姐妹"的"玛"，意为"军官"的"波"，意为"老师"的"塞耶"，等等。

★ 越南与泰国

在越南与泰国，在一般场合中称呼一个人时，通常可只称其名，而不道其姓。而在称呼越南人的名字时，一般情况下均可只称其中最末的一个字。如，可称"阮文才"为"才"。

（资料来源：金正昆. 涉外礼仪. 北京：中国人民大学出版社.）

4. 称呼他人时，还应注意不要随便使用别人的小名称呼，不要使用绰号称呼。

总之，在日常交往和商务活动中，正确使用称呼用语非常重要。这是礼仪的要求，也是尊重他人，尊重自己的表现。礼貌的称呼最能显示一个人的教养。

2.2 介绍礼仪

2.2.1 介绍自己

在商务交际场合，由于人际沟通或业务上的需要，时常要作自我介绍。

1. 自我介绍的方式

（1）应酬式。

这种自我介绍较为简洁，往往只包括姓名一项即可，适用于某些公共场合和一般性的社交场合。如：

"您好，我叫刘英。"

"您好，我是刘英。"

（2）工作式。

适用于工作场合，它包括单位、部门、职务或从事的具体工作及姓名等。如：

"您好，我叫刘英，是××公司的公关部经理。"

"我叫刘英，我在××大学管理学院教管理学。"

（3）社交式。

适用于社交活动中，希望与交往对象进一步交流与沟通。它大体应包括介绍者的姓名、职业、籍贯、学历、兴趣及与交往对象的某些熟人的关系。如：

"您好，我叫刘英，我在××公司上班。我和您夫人是大学同学。"

"张教授您好，我叫刘英，咱们是同行，我在××大学管理学院，我教经济学。"

（4）礼仪式。

适用于讲座、报告、演出、庆典、仪式等一些正规而隆重的场合。它包括姓名、单位、职务等，同时还应加入一些适当的谦词、敬辞。如：

"各位来宾，大家好！我叫刘英，我是××公司的公关部经理。我代表本公司对各位的到来表示最热烈的欢迎！"

"很高兴见到大家，我是本公司公关部经理刘英，我代表公司的董事长在这里迎候各位，欢迎各位光临。"

2. 自我介绍的顺序

自我介绍的标准化顺序是位低者先行，即地位低的人先做介绍。如：主人和客人在一块儿，主人先做介绍；长辈和晚辈在一块儿，晚辈先做介绍；男士和女士在一块儿，男士先做介绍。

3. 自我介绍的基本程序

先向对方点头致意，得到回应后再向对方介绍自己的姓名、身份和单位，同时递上事先准备好的名片。自我介绍时表情要自然、亲切，注视对方，举止庄重、大方，态度镇定而充满信心，表现出渴望认识对方的热情。

4. 自我介绍的注意事项

（1）详略得当。

自我介绍总的原则是简明扼要，一般以半分钟为宜，情况特殊时也不宜超过 3 分钟。如对方表现出有认识自己的愿望，则可在报出本人姓名、工作单位、职务的基础上，再简略地介绍一下自己的籍贯、学历、兴趣、专长及与某人的关系等。

（2）态度诚恳。

进行自我介绍，态度一定要自然、友善，语气要自然，语速要正常，语音要清

晰。在进行自我介绍时,应该实事求是,既不能把自己拔得过高,也不要自卑地贬低自己。介绍用语一般要留有余地,不宜用"最"、"极"、"特别"、"第一"等表示极端的词语。

(3)借助外力。

自我介绍除了用语言之外,还可借助介绍信、工作证或名片等证明自己的身份,作为辅助介绍,以增强对方对自己的了解和信任。

(4)注意时机。

进行自我介绍,最好选择在对方有兴趣、有空闲、情绪好、干扰少、有要求之时。如果对方兴趣不高、工作很忙、休息用餐或正忙于其他交际之时,则不太适合进行自我介绍。

2.2.2 介绍他人

介绍他人即为他人作介绍,就是介绍不相识的人或是把一个人引荐给其他人相识沟通的过程。

1. 介绍人的选择

为他人作介绍,在不同场合由不同人承担。

(1)专业人士。如办公室主任,领导的秘书,前台接待,礼仪小姐,公关人员。他们是专业人士,他们的工作职责中有一项就是迎来送往。

(2)客人所要找的人或是双方都熟悉的人。

(3)本单位地位、身份最高者。这种情况适用于接待贵宾。

2. 介绍顺序

介绍的顺序应该遵循"尊者居后"的原则,即先把身份、地位较低的一方介绍给身份、地位较高的一方,让尊者优先了解对方的基本情况,以表示对尊者的敬重之意。如:介绍晚辈和长辈时,一般要先介绍晚辈;介绍上级和下级时,一般要先介绍下级;介绍主人和客人时,一般要先介绍主人;介绍职务低的一方和职务高的一方时,一般要先介绍职务低的;介绍个人和团体时,一般要先介绍个人;在口头表达上,则是先称呼尊者,然后再介绍。介绍的顺序已是国际通用惯例,如果颠倒了顺序是令人不愉快的事情。

3. 介绍人的姿态

作为介绍人在为他人作介绍时,应面带微笑,目视对方,态度要热情友好,语言要清晰明快。手的正确姿势是掌心向上，五指并拢，胳膊向外微伸，斜向被介绍者。但要注意不能用手拍被介绍人的肩、胳膊和背等部位，更不能用手指指点被介绍的任何一方。

4. 介绍人的语言

介绍人在作介绍时要先向双方打招呼，使双方有思想准备。介绍人的介绍语宜简明扼要，较为正规的介绍，应该使用敬辞，如"尊敬的刘英女士，请允许我向您介绍一下……"较随便一些的话，可以这样说："张先生，我来介绍一下，这位是×××。"在介绍中要避免过分赞扬某个人，不可以对一方介绍得面面俱到，而对另一方介绍得简略至极，给人留下厚此薄彼的感觉。

介绍人在介绍后，不要随即离开，应给双方交谈提示话题，可有选择地介绍双方的共同点，如相似的经历、共同的爱好和相关的职业等，待双方进入话题后，再去招呼其他客人。当两位客人正在交谈时，切勿立即给其介绍别的人。

2.2.3 介绍集体

介绍集体是指，被介绍者其中一方或者双方不止一人，甚至是许多人。在介绍集体时，要特别注意介绍的时机、顺序与内容三方面的问题。

1. 介绍的时机

在商务活动中如遇到大型的公务活动、涉外活动、正式的大型宴会、举行会议或接待参观、访问者，参加者或来宾不止一人或双方均不止一人时，作为主人或东道主一方应当为双方进行介绍。

2. 介绍的顺序

在正式、大型的商务活动中，要特别注意介绍集体的顺序，千万不可马虎。介绍集体的顺序，除按照介绍他人的顺序进行还要注意以下几点：

（1）地位、身份高者为尊。

当被介绍者双方地位、身份之间存在明显差异，特别是年龄、性别、婚否、师生以及职务有差异时，即便地位、身份高的一方人数较少，甚至仅为一人，也应被置于尊贵的位置，最后加以介绍，而需先介绍另一方人员。

如双方人员均较多时，在介绍时，均须由尊而卑，依次进行。进行此种介绍时，可参考介绍他人时位次尊卑的顺序，如先长后幼，先女后男，等等。不过，这一顺

序的标尺一定要正规、单一，且为众人所认可。

（2）人数多者为尊。

当被介绍者双方地位、身份大致相当，或者难以确定时，应当使人数较多的一方为尊，先介绍人数较少的一方或个人，后介绍人数较多的一方。

对于人数多的一方进行介绍时，有时为了简便，可采取笼统的方法进行介绍，例如，可以说："这是我的家人"，"他们都是我的同事"，等等。但是，最好还是要对其一一进行介绍，笼统的介绍显得很不正规。

（3）单方介绍。

在演讲、报告、比赛、会议，会见时，往往只需要将主角介绍给广大参加者，而没有必要——介绍广大参加者，因为这种可能性实际上并不存在。

（4）多方的介绍。

有时，被介绍者不止两方，有可能是多方。进行多方介绍时，顺序应由尊而卑。如无法确定各方的尊卑时，则需要对被介绍的各方进行位次排列。排列的具体方法：①以各方的负责人身份为准；②以各方单位的规模为准；③以各方单位名称的英文字母或汉语拼音字母顺序为准；④以各方抵达的时间的先后顺序为准；⑤以各方的座次顺序为准；⑥以各方距介绍者的远近为准。

如时间允许，应在介绍各方时以由尊而卑的顺序，依次介绍其各个成员。若时间不允许，则不必介绍其具体成员。

3．介绍人的语言

介绍集体时的集体语言，基本上与介绍他人时的语言要求相同，不过要求更认真、更准确、更清晰。

【现场指导】

介绍集体要注意

在介绍集体时有两点需要特别注意：①尽量不要使用被介绍方单位的简称。比如，将"上海吊车厂"简称为"上吊"、将"怀来运输公司"简称为"怀运"，等等。这样听上去容易使人产生歧义，甚至于哗然大笑。至少，要在首次介绍时使用准确的全称，然后方才采用简称。②在介绍时要庄重、亲切，切勿随意拿被介绍者开玩笑，或为是成心出对方的洋相。

项目2 商务日常见面礼仪

2.3 名片使用礼仪

2.3.1 名片的递交礼仪

朋友相见、相识,互换名片早已成为人们互作介绍并建立联系的一个重要做法。在商务活动中,名片的使用更频繁、更普遍。使用名片有两大好处:一是自我介绍方便,这是名片的基本功能;二是便于保持联系,且印象深刻。

递交名片时应注意:

1. 做好递交前的准备

应将名片放在容易拿出的地方,以便需要时迅速拿取。一般男士可以将名片放在西装内的口袋或公文包里,女士可将名片置于手提包内。

2. 递交名片要讲究场合

商务场合的横向联系和交际、社交场合中的礼节性拜访以及表达情感或祝贺场所可以递交。

作为营销人员应准备两种名片。一种是背面印有邮政业务种类的广告型名片,用于与用户初次业务往来时使用。另一种是背面空白的名片,用于上面提到的场合,必要时可以在背面写上祝福和问候的话,使用这种名片,可以使人感到亲切和富有人情味,有助于加深感情。

3. 掌握递交名片的时机

如果是初次见面,应在介绍之后递送名片。在没有弄清对方身份时不要急于递送名片,更不要把名片视同传单随便散发。若是比较熟识的朋友间,可在告辞的时候递过去。

4. 递名片给他人时,应郑重其事

最好是起身站立,走上前去。为表达对对方的尊敬,一般应双手递过去,上身稍向前倾,特别是下级递给上级、晚辈递给长辈时,更应如此。眼睛应注视对方,面带微笑,同时还要说些友好礼貌的话语,比如:"这是我的名片,请多关照","今

现代商务礼仪

后保持联系","我们认识一下吧",或是先作一下自我介绍。态度要从容自然,表情要亲切谦恭。

5. 递送名片时应使用双手或者右手,切勿以左手递交名片

将名片正面面向对方,即名片上印有姓名的一面朝向对方,以方便对方观看。若对方是少数民族或外宾,则最好将名片上印有对方所认得的文字的那一面面对对方。不要将名片背面面对对方或是颠倒着面对对方,不要将名片举得高于胸部,更不要以手指夹着名片给人,这样会显得傲慢无礼。

【学习笔记】

入国要问讳

刘小姐是一名白领丽人,她机敏漂亮,待人热情,工作出色。有一次,刘小姐所在的公司派她和几名同事一道前往东南亚某国洽谈业务。可是,平时向来处事稳重、举止大方的刘小姐,在访问那个国家期间,竟然由于行为不慎,招惹了一场不大不小的麻烦。事情的经过是这样的:刘小姐和她的同事一抵达目的地,就受到了东道主的热烈欢迎,在随之为他们特意举行的欢迎宴会上,主人亲自为每一位来自中国的嘉宾递上一杯当地特产的饮料,以示敬意。轮到主人向刘小姐递送饮料之时,一直是"左撇子"的刘小姐不假思索,自然而然地抬起自己的左手去接饮料,见此情景,主人却神色骤变,重重地将饮料放回桌上,扬长而去。

原来,在那个国家里,人们的左右手有着明显的分工。正规情况下,右手被视为"尊贵之手",可用于进餐、递送物品以及向别人行礼。而左手则被视为"不洁之手",用左手递接物品,或是与人接触、施礼,在该国被人们公认为是一种蓄意侮辱。刘小姐在这次交往中违规犯忌,说到底是由于她不了解交往国的习俗所致。

(资料来源:韦克俭. 现代礼仪教程. 北京:清华大学出版社.)

6. 与多人交换名片,应讲究先后次序

或由近而远,或由尊而卑,一定要依次进行。切勿挑三拣四,采用"跳跃式"。双方交换名片时,最正规的做法,是位卑者应当首先把名片递给位尊者。不过,在一般情况下,也不必过分拘泥于这一规定。

项目2 商务日常见面礼仪

【学习笔记】

我国古代的名片

我国古代，官僚士大夫等有身份地位之人互相拜谒，在礼节上非常讲究。通常是先投递"名帖"，名帖上写上自己的姓名、身份、籍贯、与对方关系、拜谒目的等，交给门人进去通报。主人通过名帖了解来访者的情况，以便以相应的礼节去迎接。拜访名帖在很早就已出现，最早是用竹片、木片，与竹简、木牍类似，所写内容也极简单，叫做"刺"或"名刺"，也叫"谒"。后来纸的应用广泛了，开始用纸做名帖，又称之为"名纸"。明清时期，名帖不仅制作考究，而且种类很多，拜谒什么人使用什么样的名帖，名帖的书写形式等，都有诸多礼俗讲究。由于社交活动的频繁，名帖的广泛使用，使之用量非常大，出现专门制作、出售名帖者，官僚士人以及工商业经营者，多购置名帖，以备拜谒时使用。

（资料来源：朱鹰．礼仪．北京：中国社会出版社．）

2.3.2 名片的接收礼仪

接收名片时应注意：

（1）接收他人名片时，应立即停止手中所做的一切事情，起身而立，面带微笑，目视对方。接收名片宜双手捧接，或以右手接过，切勿单用左手接过，并轻声说："谢谢！……能得到您的名片十分荣幸！"如对方地位较高或有一定知名度，则可道一句"久仰大名"之类的赞美之词。当对方说"请多多指教"时，可礼貌地应答一句"不敢当，……"。

（2）接过名片后，应从上到下、从正到反、认真观看，加深印象以示尊重。如遇到不认识的字应主动向对方请教，以防搞错。

（3）名片看完后应郑重地将其放在名片夹里，并表示谢意。如果是暂放在桌子上，切忌在名片上放其他物品，也不可漫不经心地放置一旁。如果接过他人名片后一眼不看，或漫不经心地随手向口袋或手袋里一塞，是对人失敬的表现。

（4）最后应回敬一张自己的名片，当自己身上未带名片时，应向对方表示歉意。若需要当场将自己名片递过去，最好在收好对方名片后再作，不要左右开弓，一来一往同时进行。

2.3.3 交换名片的顺序

交换名片体现了双方感情的沟通，表达了愿意交往下去的意愿。交换名片的礼

现代商务礼仪

节,主要体现在交换名片的顺序上。一般是地位低者、晚辈或客人先向地位高者、长辈或主人递上名片,然后再由后者予以回赠。若上级或长辈先递上名片,下级或晚辈也不必谦让,礼貌地用双手接过,道声"谢谢",再予以回赠。

【学习笔记】

名片的种类

1. 社交式名片

```
            杨   晶

                电   话:1234567
                邮政编码:100096
```

2. 公务式名片

名片正面

```
××美容化妆品有限公司

     杨   晶  总经理


      地   址:××市××区文明路40号
      电   话:(0300)1234567
      邮政编码:100096
```

名片背面

```
产品系列
..........

粉刺系列   防晒系列   美白美体系列
柔敏系列   特殊精油系列   温灸系列
```

3. 单位式名片

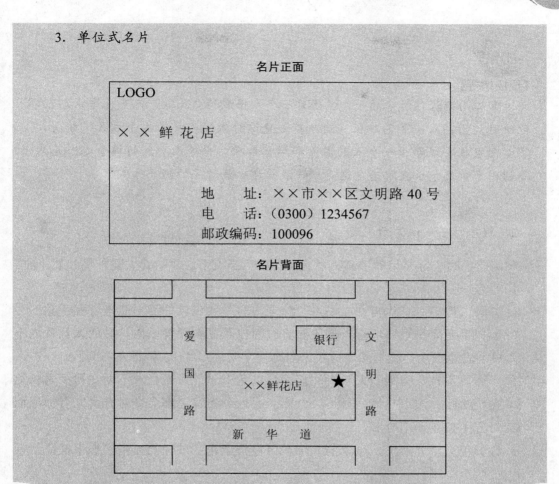

2.4 握手礼仪

2.4.1 握手的方法

1. 正确的握手方式

正确的握手方式是在介绍之后、互致问候的同时，双方各自伸出右手，彼此之间保持 1 米左右的距离，手掌略向前下方伸直，拇指与手掌分开，其余四指自然并拢，两人手掌平行相握，同时注意上身稍向前倾，头略低，面带微笑地注视对方的眼睛，以示认真和恭敬。伸手的动作要稳重、大方，态度要亲切、自然。

现代商务礼仪

【现场指导】

  掌心向下握住对方的手,显示着一个人强烈的支配欲,无声地告诉别人,他此时处于高人一等的地位。应尽量避免这种傲慢无礼的握手方式。相反,掌心向里握手显示出一个人的谦卑和毕恭毕敬。平等而自然的握手姿态是两手的手掌都处于垂直状态。这是一种最普通也最稳妥的握手方式。

  2. 握手时还应注意的问题

  (1)握手时一定要用右手与人相握,左手应当空着,并贴着大腿外侧自然下垂,以示用心专一。

  (2)与人握手时身体为站立姿态,除老、弱、残疾者外,不能坐着握手。

  (3)握手时间长短要适宜,一般要将时间控制在3秒钟以内。时间太长使人不安,太短则表达不出热烈情绪。初次见面时握手时间以1～3秒钟左右为宜。在多人相聚的场合,不宜只与某一人长时间握手,以免引起他人误会。不要在握手时长篇大论,点头哈腰,滥用热情,显得过分客套。过分的客套不会令对方受宠若惊,而只会让对方不自在,不舒服。

  (4)握手力量要适度,过重的握手显得粗鲁无礼;过轻的抓指尖握手又显得妄自尊大或敷衍了事。

  (5)为了表示尊敬,握手的同时还应开口致意,如说"您好"、"见到您很高兴"、"欢迎您"、"恭喜您"、"辛苦啦",等等。

  (6)握手时可以上下微摇以示热情,但不宜左右晃动或僵硬不动。与尊敬的长者握手可用双握式,即右手紧握对方右手时,再用左手加握对方的手背和前臂。

  (7)当自己的手不洁净时,应亮出手掌向对方示意声明,并表示歉意。

2.4.2 伸手的次序

  见面时握手是向对方表示友好,但在有些情况下,先向对方伸手虽说明你热情友好,却也表示你在礼仪方面有欠缺之处。在商务交往中,握手时伸手的先后顺序讲究颇多,要视身份、地位而定,不可贸然伸手。

  1. 握手的一般顺序

  一般性商务场合中,握手时标准的伸手顺序,应该是地位高的人先伸手,如:

长辈和晚辈之间,长辈先伸手;师生之间,老师先伸手;上下级之间,上级先伸手;男士和女士之间,女士先伸手。但是,当男士为长者或上级时,则应由男士先伸手。

2. 特殊情况

(1)在接待来访者时应注意,当客人抵达时,应由主人首先伸出手来与客人相握,表示欢迎。而在客人告辞时,就应由客人首先伸出手来与主人相握,表示"请留步"或"再见"之意。如果顺序颠倒,很容易让人发生误解。

(2)如果需要和多人握手,握手时要讲究先后次序。通常的顺序是由尊而卑,从地位高的人开始,即先年长者后年幼者,先长辈而晚辈,先老师后学生,先女士后男士,先已婚者后未婚者,先上级后下级,先职位、身份高者后职位、身份低者。依次往下而走。如果无法分清地位的尊卑,则可以采用由近而远的握手次序。

(3)握手的先后次序不必处处苛求于人。如果自己是尊者或长者、上级。而位卑者、年轻者或下级抢先伸手时,最得体的就是立即伸出自己的手,进行配合。而不要置之不理,使对方当场出丑。

2.4.3 握手的禁忌

(1)在任何情况下都不要拒绝与他人握手。

(2)握手时东张西望,漫不经心,表情呆板,不言不语。心不在焉地握手,是很不礼貌的行为。

(3)不要用左手与他人握手,尤其是在与阿拉伯人、印度人打交道时要牢记此点,因为在他们看来左手是不洁的。

(4)不要戴着手套与他人握手。按国际惯例,只有女士在社交场合穿着无袖礼服时,可戴着薄纱的手套与他人握手。其他情况均应先摘掉手套再与他人握手,摘掉手套握手表示一种礼节。

(5)多人相见时,不要交叉握手。所谓交叉握手,即当两人正在握手时,第三者把胳膊从上面架过去急着和另外的人握手。在国际交往中,尤其是西方国家,此举被认为是不吉利的,所以握手时要避免所谓交叉握手。

(6)不要戴着墨镜与他人握手。只有患有眼疾或眼部有缺陷者方可例外。

(7)要一只手插在衣袋里时用另一只手与他人握手,或是握手时另外一只手依旧拿着东西而不肯放下。

2.4.4 其他常见见面礼节

1. 拱手礼

拱手礼又叫作揖,是我国特有的传统见面礼。现在多用于过年的团拜,向长辈祝寿,向友人恭贺结婚、生子、晋升、乔迁或向亲朋好友表示感谢等场合。

行拱手礼时要求上身挺直,两臂前伸,双手在胸前高举抱拳,自上而下,或自内而外,有节奏地晃动两三下。

2. 鞠躬礼

鞠躬,意思是弯身行礼。是表示对他人敬重的一种郑重礼节。鞠躬礼目前在国内主要适用于向下级对上级、学生向老师、晚辈向长辈、服务人员向宾客表达由衷的敬意,同时也适用于领奖或讲演之后,演员谢幕、参加庄严肃穆或喜庆欢乐的仪式,等等。

行鞠躬礼时,应脱帽立正,面向受礼者,上身弯腰前倾。视线由对方脸上落至自己的脚前 1.5 米处(15 度礼)或脚前 1 米处(30 度礼)。男士双手应贴放于身体两侧裤线处,女士的双手则应下垂搭放在腹前。下弯的幅度越大,所表示的敬重程度就越大。一般的问候、打招呼行 15 度鞠躬礼,迎客、送客表示诚恳之意时行 30 度鞠躬礼,对最尊敬的师长要行 90 度鞠躬礼。

鞠躬时,弯腰速度适中,之后抬头直腰,动作可慢慢做,这样令人感觉很舒服。鞠躬时应将帽子摘下,因为戴帽子鞠躬既不礼貌,也容易滑落,使自己处于尴尬境地。鞠躬时目光应向下看,表示一种谦恭的态度,不要一面鞠躬,一面试图翻起眼睛看对方。

目前在日本、韩国、朝鲜等国,鞠躬礼的运用十分广泛。

3. 拥抱礼

拥抱礼是流行于欧美的一种见面礼与道别礼。在人们表示慰问、祝贺、欣喜时,拥抱礼也十分常用。

行礼时,通常是两人相对而立,各自举起右臂,将右手搭在对方左肩后面;左臂下垂,左手扶住对方右腰后侧。首先各向对方左侧拥抱,然后各向对方右侧拥抱,最后再一次各向对方左侧拥抱,一共拥抱 3 次。

欧洲人非常注重礼仪,他们不习惯与陌生人或初次交往的人行拥抱礼、亲吻礼、贴面礼等,所以初次与他们见面,还是以握手礼为宜。

项目2 商务日常见面礼仪

4. 亲吻礼

亲吻礼,也是一种西方国家常用的会面礼。有时,它会与拥抱礼同时采用,即双方会面时既拥抱,又亲吻。

行此礼时,往往与一定程度的拥抱相结合。在行礼时,双方关系不同,亲吻的部位也会有所不同。长辈吻晚辈,应当吻额头;晚辈吻长辈,应当吻下颌或吻面颊;同辈之间,同性应当贴面颊;异性应当吻面颊。一般而言,夫妻、恋人之间,互相亲吻嘴唇,即接吻,但仅限于夫妻与恋人之间,而不宜滥用,更不宜当众进行。

亲吻礼,在欧美许多国家广为盛行。美国人尤其受行此礼,法国人不仅在男女间,而且在男子间也多行此礼。法国男子亲吻时,常常行两次,即左右脸颊各吻一次。比利时人的亲吻比较热烈,往往反复多次。

5. 吻手礼

吻手礼是流行于欧美上层社会的一种礼节。英法两国喜欢"吻手礼",不过在英国和法国,行这种礼的人也仅限于上层人士。吻手礼的受礼者,只能是女士,而且应是已婚女士。手腕及其能上能下部位,是行礼时的禁区。

此礼的做法是,男士行至已婚妇女面前,首先垂首立正致意,然后以右手或双手捧起女士的右手,俯首以自己微闭的嘴唇,去象征性地轻吻一下其手背或是手指。行吻手礼的地点,宜在室内为佳。

各国吻手礼的方式略有不同。如英国的上层人士,表示对女士们敬意和感谢时,往往行"吻手礼"。在法国一定的社会阶层中"吻手礼"也颇为流行。不过施吻手礼时,嘴不应接触到女士的手,也不能吻戴手套的手,不能在公共场合吻手,更不得吻少女的手。在德国,正式场合,仍有男子对女子行吻手礼,但多是做个吻手的样子,不必非要吻到手背上。在波兰民间,吻手礼十分通行。

6. 合十礼

合十礼,也叫合掌礼,即双手十指相合为礼,是流行于泰国、缅甸、老挝、柬埔寨、尼泊尔等佛教国家的见面拜礼。此礼源自印度,最初仅为佛教徒之间的拜礼,后发展成全民性的见面礼。其具体做法,是双掌十指在胸前相对合,五指手指并拢向上,掌尖与鼻尖基本持平,手掌向外侧倾斜,双腿立直站立,上身微欠低头。一般而论,行此礼时,合十的双手举得越高,越体现出对对方的尊重,但原则上不可高于额头。

行合十礼时,可以口颂祝词或问候对方,亦可面含微笑,但不可手舞足蹈,反复点头。

7. 点头礼与举手礼

点头礼与举手礼所适用的情况主要有：相识的双方远距离见面，如路遇熟人，在会场、剧院、歌厅、舞厅等不宜与人交谈之处，在同一场合碰上已多次见面者，遇上多人而又无法一一问候之时。点头礼与举手礼经常一并使用。

行点头礼时，一般应不戴帽子。具体做法是头部向下轻轻一点，同时面带笑容，不宜反复点头不止，也不必点头的幅度过大。它最适合向距离较远的熟人打招呼。

行举手礼的正确做法，是右臂向前方伸直，右手掌心向着对方，其他四指并齐、拇指叉开，轻轻向左右摆动一两下。不要将手上下摆动，也不要在手部摆动时用手背朝向对方。

8. 注目礼

注目礼一般适用于升国旗、游行检阅、剪彩揭幕、开业挂牌等场合。

注目礼的具体做法，是起身立正，抬头挺胸，双手自然下垂或贴放于身体两侧，笑容庄重严肃，双目正视于被行礼对象，或随之缓缓移动。

行注目礼时，应脱帽立正，不可东斜西靠、嬉皮笑脸、大声喧哗或打打闹闹。

【学习笔记】

古人拱手作揖论身份

★ 拱手礼

古人行礼讲究双方之间的等级身份，需要尊卑合体，卑者行较重之礼，尊者答礼略表回敬，常行拱手礼。拱手礼最简单，只是双腿站直，两手抱拳稍拱，所表达的敬意最轻。路遇不相识的人问路，直接询问显得不太礼貌，因而拱手示敬，然后发问。街头卖艺之人，为了表示对周围观众的尊敬，希望众人多多关照，也多行拱手礼。

★ 作揖礼

作揖礼，是两手合抱拱起再按下去，同时低头，上身略微前屈。作揖礼因为需要双手向受礼者举起而且要向对方低头弯腰，所以比拱手礼要重。地位相当的有身份人互相拜访，见面行礼应庄重一些，多行作揖礼。进门时主人让进，客人回礼示敬，进入堂室主人让座，客人再客气一番，也都作揖互相谦让，这些礼节即所谓"揖让"。宴会上主宾之间的让座、敬酒，尤其是官场上官员之间，有身份的士大夫之间，在酒席上可以说是互相作揖不断，一般平民百姓之间可能不习惯于繁文缛节的礼数，较随便一些。作揖虽然比拱手礼重，但比起其他礼还是较轻的礼节，行礼动作也比较简单，在很多场合中，没有必要施过重的礼，而且在谦让时若行礼较重，也给对方答礼带来不便，所以在人们的日常交往中，它是最平常的、使用次数最频繁的礼节。

★ 长揖礼

长揖礼，是拱手高举，并做个自上而下的动作，上身也随着稍微弯曲，类似于现在的鞠躬的动作。长揖礼比作揖礼庄重，但比跪拜礼要轻，尤其是它不需屈膝下跪。长揖礼在清代还用作师生之间的礼节。清代皇子入学的头一天，先向老师行长揖礼，老师以长揖还礼。这种礼节形式只行于拜师那天，平时，老师见皇子则先行拱手礼，即"以捧手为礼而不跪"。另外，内阁中的属官自侍读（正六品）至中书（从七品），在内阁大堂见长官大学士（正一品），也是"长揖不跪"，行这种"师生礼"，这一点与其他衙署部院的属员司官见长官尚书、侍郎等不同，后者要行半跪礼。

★ 打躬礼

打躬礼，也叫打恭，是深深地弯下腰而作揖，与长揖一样，都属揖礼中的重礼。二者的区别在于，长揖虽然躬身，但是曲度小，它是着重于揖时臂的动作，由上而下幅度大，以此表示对对方的敬意。而打躬是侧重于上身弯曲的深度，主要以深鞠躬表示敬意。打躬由于不仅作揖，而且上身深度弯曲，是对对方比较敬意或表示深忱谢意时所行的礼节。

★ 叉手礼

唐宋时期的礼节中，还有一种"叉手礼"，即双手手指交叉放在胸部而示敬，这种叉手礼无论男女老幼都施行。叉手礼多在站立时施用，尤其是回话时，常加上这种礼节动作。叉手礼不像拱手、作揖那样行完礼后手部动作即结束，而是放在胸前继续这一动作，手并不放下，类似后来的扪心俯身以示敬的动作，所以又有"叉手不离方寸"之说，方寸即"心"，这里指的是胸部。

（资料来源：朱鹰. 礼仪. 北京：中国社会出版社.）

实施步骤

1. 确定项目任务

（1）根据引导案例，教师布置项目：商务日常见面礼仪。

（2）教师提出项目任务设想，学生根据教师提出的项目设想进行讨论，最终确定具体的项目任务。

① 设置一个日常见面场景。
② 制作日常见面礼仪的录像。

可以根据具体的课时及教学条件选择适合的项目任务。

2. 明确学习目标

学生根据具体的项目任务，与教师一起讨论本项目的学习目标。

（1）掌握商务交往中称呼的礼仪知识，学会不同场合下称呼的技巧；

（2）掌握自我介绍的内容、他人介绍和集体介绍的程序和内容；

（3）掌握握手礼的方式和禁忌；

（4）熟悉日常见面礼仪的动作姿势要求，熟悉递送、接受名片时要注意的礼仪。

3. 相关知识学习

学生与教师一起讨论要达到学习目标，所需的相关知识点。由学生对已学过的旧知识进行总结回顾，教师对学生尚未掌握的新知识进行讲授。教师在相关知识学习的过程中应该成为学生选择学习内容的导航者。

4. 制订工作计划

建议本项目采用小组学习方式。由学生制订项目工作计划，确定工作步骤和程序，并最终得到教师的认可。

（1）教师指导学生设计一个商务日常见面的场景。

（2）学生根据自己设计的见面场景，在教师的指导下分析场景中所需人物角色。

（3）学生在教师的指导下根据自己设计的见面场景及涉及人物编写出模拟演示角本。

（4）学生根据自身的特点选择适合自己的角色并按照角本运用已掌握的相关知识进行演练。

此步操作中，教师要指导学生填写项目计划书（项目计划书样表参见附录）。

5. 实施工作计划

学生确定各自在小组中的分工以及合作的形式，然后按照已确立的工作步骤和程序工作。

在实施工作计划的过程中，教师是学习过程的咨询者和参谋。教师应从讲台上走下来，成为学生的学习伙伴，解除不同特点的学生在学习遇到的困难和疑惑并提出学习建议。

项目2 商务日常见面礼仪

（1）学生根据设计好的日常见面场景在教师的指导和帮助下布置场景。

（2）学生根据角本进行模拟演示，并将演示过程用摄像机记录下来。

（3）学生在教师的帮助下对演示录像带进行剪辑，并最终制作成教学录像。

项目实施过程中，教师要指导学生填写小组工作日志（小组工作日志样表参见附录）。

6. 成果检查评估

（1）学生对自己的制作的教学录像进行发布，并提交小组工作日志。

（2）教师对学生所发布的教学录像根据评分标准进行评价。

（3）教师对根据小组工作日志对各小组的工作过程进行评价。

（4）教师将评价结果反馈给学生，并与学生共同查找项目完成过程中及项目成果存在的不足，讨论解决办法。

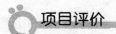 项目评价

表2-1 商务日常见面礼仪教学录像带评价标准

评价指标	评价标准	得分
知识性	1. 主题明确、内容积极向上。（10分）	
	2. 知识点涵盖全面，能够反映称呼、介绍、名片使用及握手四项基本内容。（10分）	
	3. 内容切合商务活动的实际。（10分）	
创造性	1. 场景布置合理，具有想象力。（10分）	
	2. 角色表演真实，具有个性表现力。（10分）	
	3. 录像带内容、结构设计独特、巧妙。（10分）	
艺术性	1. 准确、合理运用场景及演员表达主题，角本设计完整。（10分）	
	2. 画面清晰，构图美观，光线运用合理。（10分）	
	3. 能够反映作者一定的审美能力。（5分）	
技术性	1. 能够熟练运用摄像机，拍摄角度得当。（5分）	
	2. 画面衔接流畅，视听效果好。（10分）	
总分		
评价等级	优秀：100～90分，良好：89～80分，一般：79～60分，差：59～0分	
教师评语（特点及不足）		

现代商务礼仪

技能训练

1. 握手礼

（1）训练项目：握手训练。

（2）训练目的：熟练掌握并运用商务人员在工作场合的标准握手姿态，熟悉与各种不同身份人士的握手要求。

（3）训练内容及方法：

学生训练时每两人一组，要求站立姿态，面带微笑。

动作要领：双方各自伸出右手，彼此之间保持1米左右的距离，手掌略向前下方伸直，拇指与手掌分开，其余四指自然并拢，两人手掌平行相握，同时注意上身稍向前倾，头略低，面带微笑地注视对方的眼睛，以示认真和恭敬。伸手的动作要稳重、大方，态度要亲切、自然。

① 训练使用标准的握手方式；

② 训练与不同身份、不同性别的人握手，注意握手的顺序、时间与力度；

③ 与微笑等其他礼仪动作进行综合训练。

2. 鞠躬礼

（1）训练项目：鞠躬礼训练。

（2）训练目的：熟练掌握并运用鞠躬礼。

（3）训练内容及方法：

学生训练时每两人一组，要求站立姿态，面带微笑。

动作要领：行鞠躬礼时，应脱帽立正，面向受礼者，上身弯腰前倾。视线由对方脸上落至自己的脚前1.5米处（15度礼）或脚前1米处（30度礼）。男士双手应贴放于身体两侧裤线处，女士的双手则应下垂搭放在腹前。下弯的幅度越大，所表示的敬重程度就越大。一般的问候、打招呼行15度鞠躬礼，迎客、送客表示诚恳之意时行30度鞠躬礼，对最尊敬的师长要行90度鞠躬礼。

① 训练使用标准的鞠躬礼；

② 训练不同程度的鞠躬礼，包括15度、30度及90度鞠躬礼；

③ 与微笑等其他礼仪动作进行综合训练。

3. 拥抱礼

（1）训练项目：拥抱礼训练。

（2）训练目的：熟练掌握并运用拥抱礼。

（3）训练内容及方法：

学生训练时每两人一组，要求站立姿态，面带微笑。

动作要领：行礼时，两人相对而立，各自举起右臂，将右手搭在对方左肩后面；左臂下垂，左手扶住对方右腰后侧。首先各向对方左侧拥抱，然后各向对方右侧拥抱，最后再一次各向对方左侧拥抱，一共拥抱3次。

① 训练使用标准的拥抱方式；

② 与微笑等其他礼仪动作进行综合训练。

4. 合十礼

（1）训练项目：合十礼训练。

（2）训练目的：熟练掌握并运用合十礼。

（3）训练内容及方法：

学生训练时每两人一组，要求站立姿态，面带微笑。

动作要领：双掌十指在胸前相对合，五指手指并拢向上，掌尖与鼻尖基本持平，手掌向外侧倾斜，双腿立直站立，上身微欠低头。一般而论，行此礼时，合十的双手举得越高，越体现出对对方的尊重，但原则上不可高于额头。

① 训练使用标准的合十礼；

② 训练不同程度的合十礼；

③ 与微笑等其他礼仪动作进行综合训练。

5. 点头礼与举手礼

（1）训练项目：点头礼与举手礼训练。

（2）训练目的：熟练掌握并运用商务人员在工作场合的标准握手姿态，熟悉与各种不同身份人士的握手要求。

（3）训练内容及方法：

学生训练时每两人一组，要求站立姿态，面带微笑，双方距离较远，不宜用语言沟通。

点头礼动作要领：将头部向下轻轻一点，同时面带笑容，不宜反复点头不止，也不必点头的幅度过大。

举手礼动作要领：将右臂向前方伸直，右手掌心向着对方，其他四指并齐、拇指叉开，轻轻向左右摆动一两下。不要将手上下摆动，也不要在手部摆动时用手背朝向对方。

① 训练使用标准的点头礼；

② 训练使用标准的举手礼；

③ 将点头礼与举手礼动作进行综合训练，要求训练时要面带微笑。

项目 3

商务通讯礼仪

引导案例

一位总经理在电话里与他的一位客户商谈一项买卖合同的制定,经理使用的是扬声电话,并且礼貌地告诉对方自己用的是扬声电话,并且还要两位助手在旁边听着。这位经理在谈话的中间发现缺了一些资料,所以,向那位客户建议稍等一会儿给他打过去,对方同意了。这位经理到销售经理那儿去拿资料,销售部的经理要求与他一起去商谈这件事情,进入办公室后,总经理又用扬声电话打给那位客户,告诉他自己没有找到要找的资料,希望客户原谅,客户有点儿不高兴,说着将话题转移到销售部,并开始批评这个合同,批评销售部的一些行为。此时,销售部的经理实在忍不住了,直接通过这部扬声电话来解释事情的来龙去脉。

请问:本案例中在礼仪上有哪些不妥的地方?

(资料来源:吕维霞,刘彦波. 现代商务礼仪第 2 版. 北京:对外经济贸易大学出版社,2006.)

项目任务

1. 设计并演示商务人员打、接固定电话、移动电话的礼仪。
2. 设计并演示商务人员收发、书写传真的礼仪。
3. 设计并演示商务人员使用礼仪电报的礼仪。
4. 设计并演示商务人员收发、书写电子邮件的礼仪。

学习目标

1. 能够掌握商务人员接、打固定电话的礼仪规范。
2. 能够掌握商务人员使用移动电话的礼仪规范。
3. 能够掌握商务人员收、发传真、电报的礼仪规范。
4. 能够掌握商务人员收发、书写电子邮件的礼仪规范。
5. 了解使用明信片、贺卡的礼仪规范要求。

现代商务礼仪

3.1 电话礼仪

在所有电子通讯手段中,电话出现得最早。迄今为止,它也是使用最广的。因此,电话礼仪是商界人士所要掌握的重点。对于商界人士来讲,电话不仅仅是一种传递信息、获取信息、保持联络的寻常工具,也是商务人员所在单位或个人的形象载体。

在商务交往中,普普通通的接打电话,实际上是在为通话者所在的单位、为通话者本人绘制一幅给人以深刻印象的电话形象。所谓电话形象,即人们在通电话的整个过程之中的语言、声调、内容、表情、态度、时间感等的集合。它能够真实地体现出个人的素质、待人接物的态度以及通话者所在单位的整体礼仪规范水平。电话形象在现代社会中无处不在,而商务交往又与电话"难解难分",因此凡是重视维护自身形象的单位,必须对电话礼仪的使用给予高度的关注。

【学习笔记】

电话的发展历程

电话在这颗星球上约有亿万只电话,随处可见。人们把电话装在汽车里、飞机上、高尔夫球场上、庭院里以及家里的每个房间里,用它来订购服装、请大夫、了解球赛战况,电话使人们更易于与他人沟通联系。如今,电话已经成为我们生活中的一部分,没有电话已是不可想象的了。

1876年3月7日至今仍被认为是最有价值的发明专利NO.174,456判给了亚历山大·格兰汉姆·贝尔,但假如贝尔稍迟几个小时申请他发明专利权的话,那么埃力夏·葛雷将得到电话发明者的殊荣。今天我们所熟悉的贝尔电话系统,也许就该称葛雷系统了。

1877年4月4日,第一部私人电话安装在马萨诸塞州的一个叫查理斯·威廉姆斯家里。电话线一直架到了他在波士顿的办公室里。

1877年5月17日,爱德文·蒙迈士这位波士顿防盗装置行的业主,首次使用电话总机系统。总机的五路线分别接到5个办公室,当然电话铃用的是蒙迈士防盗警铃。

1878年9月1日,埃玛·M.娜特成为世界上第一位女性接线员。在这以前曾有过男性接线生,但不久证明他们不适合这项工作,原因是他们言语粗鲁且喜欢恶作剧。

1878年11月13日,纽约股票交易所装上了第一部电话。这称得上是华尔街上的一场革命。不消几年经纪人们都相继在交易所与他们的办公室之间架起了电话线。

1879年,电话号码出现。第一代电话接线员需要熟记用户的姓名。但自从马萨诸塞州卢湾城流行起麻疹后,一位内科医师提出了给用户编上号码的建议。因为他担心假如哪一天有一位接线员病倒了,城里的电话通讯系统就会全面瘫痪。不久这种电话号码就风靡全美国。

1884年5月1日,世界上第一幢摩天大楼房产保险公司的十层楼在芝加哥建成。正是电话使摩天大楼在大城市中相继涌现。因为如果没有电话这种通讯工具,大楼里的信息都要靠人工来传递,那么供通讯员使用的电梯是远远不够的。

1889年8月13日,威廉·葛雷在康涅狄格州哈特福德市发明了投币电话。这种电话使任何人都能打电话了。不久,第一批用橡木和布帘子搭成的电话亭出现在街头。

1891年3月10日,直拨电话发明。阿曼·斯乔格,一位堪萨斯城的收尸人,取得了第一架直拨电话机的专利权。因为斯乔格始终怀疑当地的电话接线员(她的丈夫是斯乔格的同行)把给斯乔格的业务电话转到了她的丈夫那里。谁知这种猜疑居然促使了直拨电话的产生。

1929年3月27日,赫伯特·胡佛成为第一位在办公室桌上装电话机的美国总统。他结束了美国总统在他们椭圆形办公室外的电话亭子里打电话的年代。

1963年11月18日,发明了按钮电话,但弗雪帕拉斯玩具公司的圆盘拨号电话机仍保持着良好的销售形势,人们似乎留恋这种旋转的玩意。这家公司售出了几百万台这类电话机,使它成为美国历史上最流行的玩具之一。

1965年6月14日,电报电话公司推出了一种销售自动收费服务项目。这大大地促进了电话销售服务业的发展。人们不分白天黑夜,在家中可免费拨一个800号,就能采购到你需要的物品。到1989年共有800万个电话拨的是800号码。

现代商务礼仪

> 1980年10月29日，美国广播公司首次启用电报电话公司的900号码服务系统。在里根和卡特这两位总统候选人竞选辩论后，收集民众的意见。
>
> 今天电话的革命仍在进行着。两种新的电话技术，传真和分立式电话正在改变市场。办公人员可以用图文传真机给附近餐馆里的传真机发一份午餐订单，尺寸仅如计算器般大小的袖珍无线电话也已经投放市场。通讯变得更简便易行，在这个进程中，世界似乎变得越来越小。
>
> （资料来源：http://www.dzwx.net/Article/2005/20050927005100.html.）

3.1.1 固定电话的使用礼仪

固定电话是当今公司电话中使用频率最高的，是目前商界对外信息交流和沟通的最主要工具。电话形象不仅受通话内容的影响，更重要的是受到接、打电话的语音、语气、表达方式等方面的影响。

1. 打电话礼仪

在商务交往中，需要商务人员"先发制人"，首先打电话给别人的情况极多。

（1）通话前的准备。

当商务人员准备拨打电话时，率先考虑的问题共有三个：

① 这个电话该不该打。需要通报信息、祝贺问候、联系约会、表示感谢等时候，都有必要利用一下电话。而毫无意义、毫无内容的"没话找话"式的电话，最好不要打。不要在单位打私人电话。

② 这个电话应当何时去打。按照惯例，商务通话的时间有两种选择：一是双方约定的时间，双方约定的通话时间，轻易不要更动；二是对方方便的时间。商务场合对方方便的时间，应该可以理解为对方在工作的时间，而且是比较方便接电话的时间。通话应选择在周一至周五，对方刚上班半小时后、下班前半小时前；午休或快吃午饭时，最好不要打电话。打海外电话，还应考虑到此地与彼地的时差。

③ 这个电话的内容应当如何准备。电话被称为"无形造访的不速之客"。在很多情况下，它都有可能"出其不意"地打扰别人的正常工作或生活。因此，每次打电话的时间不应超过三分钟。通话之前一定要条理清晰地准备好提纲。

为了获得最佳的通话效果，每次打电话之前要做的准备是：受话人的姓名、电话号码、通话要点、时间、语言类别、可能出现的问题、应急处理的方式等。

【现场指导】

需要打电话的情况

电话，是人们日常生活不可或缺的通讯工具。在工作中，打电话常作为联系、沟通的重要方式，以下几种情况会经常使用到电话。

① 迟到、请假由自己打电话。

② 外出办事，随时与单位联系。

③ 外出办事应告知去处及电话。

④ 延误拜访时间应事先与对方联络。

⑤ 借用他人单位电话应注意，一般不要超过十分钟。遇到特殊情况，非得长时间接打电话时，应先征求对方的同意和谅解。

⑥ 同事家中电话不要轻易告诉别人。

⑦ 用传真机传送文件后，以电话联络。

（资料来源：全细珍，黄颖．职场礼仪实训教程．北京：北京交通大学出版社．）

（2）通话阶段的礼仪。

在打电话过程中，对一个人的电话形象影响最大的，是他自己的语言、声调、态度和举止。从总体上来讲，应当做到简捷、明了、文明、礼貌。

① 语言

打电话时，每个人开口所讲的第一句话，就是留给对方的"第一印象"，所以应当慎之又慎。

打电话时所用的规范的"前言"有两种。

第一种，适用于正式的商务交往中，要求将讲出双方的单位、职衔、姓名。其标准的"模式"是："您好！我是亚太公司销售部经理张海，我要找进出口分公司经理王杰先生，或者是副经理于亚先生。"

第二种，适用于一般性的人际交往，在使用礼貌性问候以后，应同时准确地报出双方完整的姓名。其标准的"模式"是："您好！我是银风集团张景。我找王一凡。"

在通话时，要求声音清晰而柔和，吐字准确，句子简短，语速适中，语气亲切、和谐、自然。不要在打电话时为自己的情绪所左右，要么亢奋激动，一上来就"力拔山兮气盖世"，像一位草莽英雄一般的大声吼叫，震耳欲聋；要么情绪低沉，断断续续，小声小气地如同"耳语"或"哀怨"一样，让对方干着急也听不清楚。

打电话时所使用的语言，要礼貌而谦恭。应尽快地用三言两语把要说的事情讲完，不要啰唆，浪费别人的时间。除非事关重大的时间、数据，一般没有必要再三复述已经讲过的话。

打电话时语速、语音都要适中。嘴要正对着话筒，咬字要清楚，一个字一个字地说。特别是说到数目、时间、日期、地点等内容的时候，最好要和对方确认好。

② 声调

电话本身是没有感情色彩的，有些人错误地认为电话只是传达声音，所以只要发出声音，并把电话传到对方就行，因为对方不可能从电话中看见我们在做什么。但实际上电话形象很重要，为了达到使对方"闻其声如见其人"的效果，必须注重通过语气、语调的运用给电话赋予感情色彩。要注意语调的抑扬顿挫，以弥补"机械化"的缺陷。

讲话时，嘴部与话筒之间应保持三厘米左右的距离。这样的话，就不会使对方接听电话时，因话音过高或过低而感到"难过"了。

③ 态度

首先要严禁厉声呵斥、态度粗暴的无理表现。但也不应该低三下四、阿谀奉承。

如果电话是由总机接转，或双方的秘书代接的，在对方礼节性问候之后，应当"礼尚往来"，使用"您好"、"劳驾"、"请"之类的礼貌用语与对方应对。得知要找的人不在，可请代接电话者帮助叫一下，也可以过后再打。在通话时，若电话中途掉线，按礼节应由打电话者再拨一次。拨通以后，须稍作解释。一旦拨错了电话，要向对方道歉。放下话筒前问一下对方的号码，以免再次拨错。

当通话结束时，别忘了向对方道一声"再见"，或是"早安"、"晚安"。按照惯例，电话应由拨电话者挂断。挂断电话时，应双手轻放。

④ 举止

首先打电话时，最好双手持握话筒，要站好或坐端正，举止得体，电话要轻拿轻放；不要在通话的时候把话筒夹在脖子下，或拿着电话机随意走动；拨号时不要以笔代手；通话时要用心倾听，最好边听边做笔记。不可边打电话边和身边的人交谈。也不要心不在焉地东张西望，摆弄桌上的东西，这种习惯不仅影响通话的效果，同时也是不尊重对方的表现。不得不暂时中断通话时，应向对方说："对不起，请稍等一会儿。"（如图 3-1 所示）

项目3 商务通讯礼仪

图3-1 打电话举止

【现场指导】

通话中如果有人无意闯入,怎么办?

★ 可示意请此人坐下等候或此人自觉退出等候。

★ 与通话方说声"对不起"后,简短和来人说两句话后继续通话。

★ 如果办公室另外还有来客电话时,可以暂时不接,如果是你一直在等的电话,应向通话方说明情况。

2. 接电话礼仪

在接听电话时,有许多具体要求。能否照此办理,往往意味着接听电话者的个人修养与对待拨打电话者的态度如何。在通电话的过程中,接听电话的一方显然是被动者,尽管如此,商界人士在接听电话时,须专心致志,彬彬有礼。

(1)语言。

在接电话时,其次要注意自己的语言和语气。切忌漫不经心、随随便便、过分放任自己。在正式的商务交往中,接电话时拿起话筒所讲的第一句话,也有一定规则。接电话时所讲的第一句话,常见的有三种形式。

① 以问候语加上单位、部门的名称以及个人的姓名。它最为正式。例如:"您好!瀚海集团公司人事部田恬,请讲。"

② 以问候语加上单位、部门的名称,或是问候语加上部门名称。它适用于一般场合。例如:"您好!京南公司广告部,请讲"。或者"您好!人事部,请讲"。后一种形式,主要适用于由总机接转的电话。

③ 以问候语直接加上本人姓名。它仅适用于普通的人际交往。例如:"您好!郝茹莎,请讲。"

需要注意的是,在商务交往中,不允许接电话时以"喂,喂"或者"你找谁呀"作为"见面礼"。特别是不允许一张嘴就毫不客气地查一查对方的"户口",一个劲儿地问人家"你找谁","你是谁",或者"有什么事儿呀?"

(2)态度。

在接电话时,首先要注意自己的态度与表情。虽说通电话是一种"未曾谋面"的交谈,表面上看,商务人员接电话时的态度与表情对方是看不到的,但是在实际上对于这一切对方其实完全可以在通话过程中感受到的。

一般情况下应保证在电话铃响三声之内接听电话,但要避免电话刚刚响起就接电话。电话铃响第二声以后接电话是最合适的时间。如果因为其他原因在电话铃响三声之后才接起电话,在接起电话后首先要说声"对不起,让您久等了。"

【现场指导】

对方拨错电话或电话串线,怎么办?

第一,要保持风度,切勿发脾气"耍态度"。

第二,确认对方拨错电话,应先自报一下"家门",然后再告诉电话拨错了。对方如果道了歉,不要忘了说"没关系",不要教训对方。

第三,如有可能,不妨问一问对方,是否需要帮助他查一下正确的电话号码。这样做可以借机宣传一下本单位以礼待人的良好形象。

(3)举止。

接电话时,举止应当殷勤、谦恭。在办公室里接电话,最好是走近电话,双手捧起话筒,以站立的姿势,面含微笑地与对方友好通话。结束通话时,应认真地道别,而且要恭候对方先放下电话。

在通话时,接电话的一方不宜率先提出中止通话的要求。如正在开会、会客,不宜长谈,或另有其他电话挂进来,需要中止通话时,应说明原因。

遇上不识相的人来电话且谈话不止,应委婉、含蓄的让对方中止谈话。不要让对方难堪。比如,"好吧,我不再占用您的宝贵时间了","真不希望就此道别,不过以后真的希望再有机会与您联络"。

【现场指导】

电话应由谁挂断

一般情况下,如果是主动打出的电话,应该自己先挂电话;如果是接的电话,可以让对方先挂电话。这两个情况下,都有一个基本的考虑,也就是让主动发话的人先挂电话,这不仅是一种礼遇,更能有效避免对方因为没说完而被你挂断。

还有一种比较通行的借鉴方式,就是让尊者先挂电话。挂电话的方式,是先按断扣机键,然后再轻轻扣上电话机。

(资料来源:未来之舟. 商务礼仪. 北京:中国经济出版社,2006.)

(4)代接电话的礼仪。

代接电话时,讲话要有板有眼。被找的人如果就在身旁,应告诉打电话者:"请稍候",然后立即转交电话。被找的人如果尚在别处,应迅速过去寻找。倘若被找的人不在,应在接电话时立即相告,并可以适当地表示自己可以"代为转告"的意思。

例如:"需要我为您效劳的话,请吩咐",听上去就"可进可退"。只有在比较熟的人之间,才可以直接询问:"您有留言吗?""要不要我告诉某某人,一回来就打电话给您"。

代接电话时,对方如有留言,应当笔录下来。随后,还应再次复述一次,以免有误。

【现场指导】

电话记录的内容

记录别人电话的内容应包括:要认真记下包括通话者单位、姓名、通话时间、通话要点、是否要求回电话、回电话时间等几项内容。

商务往来比较多的人,可请秘书代为处理电话,也可在本人不在时使用录音电话。不过本人在场时,一般是不合适使用录音电话哄人的。

(5)录音电话使用礼仪。

需要用录音装置时,自己预留的录音要友好,谦恭。

留言的常规内容有：问候语、电话机主的单位或是姓名、致歉语、留言的原因，对来电者的要求以及道别语等。例如，某单位预留的录音为："您好，这里是某某公司某某部。很抱歉工作人员不在公司。本部门工作人员现在因公外出，请您在信号声音响过之后留言，或者留下您的姓名与电话号码。我们将尽快与您联络。谢谢，再见。"

在处理录音电话里他人的来电时，要注意的问题有：

① 尽量少用录音电话。尤其是不要人在的时候，却以录音电话替自己接听电话。

② 对于外人打进来的电话，应当立即进行必要的处理或答复。不要一拖再拖，或者根本不理。

③ 不要对自己明明听过的他人电话录音赖账，显得若无其事。那样会给他人留下言而无信的印象。

【现场指导】

接听电话的八大准则

1. 对方来电的时候，如果需要花费时间查询资料，最好告诉对方先挂断电话，找到资料后再主动打过去。
2. 被对方问及"需要多少时间"等问题，回答的时间长度应该比预定时间稍长。
3. 对于业务咨询电话，公司内的回答应力求一致。
4. 在电话机没有扣上之前，不要和别人谈笑。
5. 事先准备公司位置图，包括坐公共汽车、开车等交通路线，以便随时应付对方询问公司地址。
6. 拿起听筒的时候，应该是已经停止和同事聊天、说话的时候。
7. 即使熟悉对方的声音，也应该确认一下，以免弄错。
8. 若对方已经开始进入话题，就要省略礼貌性的寒暄。

（资料来源：未来之舟. 商务礼仪. 北京：中国经济出版社，2006年.）

3.1.2 移动电话的使用礼仪

移动电话又叫手机。手机是现代商业人士基本的配件之一，是商务人士对外联络的最重要方式。使用手机是否符合礼仪规范，将会对商务人士的形象和其商务交往活动带来较大影响。使用手机的礼仪规范包括以下六点：

1. 放置位置要恰当

手机的使用者，应当将其放置在合乎礼仪的常规位置。按照惯例，外出之际随身携带手机的最佳位置：一是公文包；二是上衣口袋。

穿套装、套裙之时，切勿将其挂在衣内的腰带上。不要在不用的时候拿在手里或挂在上衣口袋外面，挂在脖子上或腰带上也不妥。开会的时候可以把手机交给秘书、会务人员代管。也可以放在不起眼的地方，如背后、手袋里，但不要放在桌上。

2. 要注重个人修养

使用手机是否注重一些细节问题，将影响到其他人对机主个人修养的看法。因此手机的使用必须考虑相关的礼仪规范。

在公共场所活动时，商务人员尽量不要使用手机。当其处于待机状态时，应使之静音或转为震动。需要与他人通话时，应寻找无人之处，而切勿当众接、打手机。在公共场合使用手机，应该把自己的声音尽可能地压低。如在宴会、舞会、音乐会、法院、图书馆等场合，尤须切记此点，表现出对别人的尊重。

3. 要保证畅通

使用手机的主要的目的是为了保证自己与外界的联络畅通无阻，商界人士对于此点不仅必须重视，而且还需为此而采取一切行之有效的措施。告诉交往对象自己的手机号码时，务必力求准确无误。如系口头相告，应重复一两次，以便对方进行验证。若自己的手机改动了号码，应及时通报给重要的交往对象，免得双方的联系一时中断。有必要时不妨同时再告诉自己的交往对象其他几种联系方式，以有备无患。

4. 要注意安全

使用手机不得有碍自己或他人的安全。使用手机时应注意的安全问题主要有：

（1）在驾驶车辆时，不宜使用手机通话，弄不好的话，就极有可能导致交通事故。

（2）乘坐客机时，必须自觉地关闭手机。因为它们所发出的电子讯号，会干扰飞机的导航系统。

（3）在加油站停留期间，也不准开启手机。否则，就有可能酿成火灾。

（4）到医院就诊或是看望病人时，特别是在精密的仪器设置附近，也不要使用手机。因为手机所发出的信号，有可能影响医疗仪器设备的正常使用。

（5）在一切标有文字或图示禁用手机、呼机的地方，均须遵守规定。（如图3-2所示）

图 3-2 禁用手机标志图

5．音量要适中

不管是接还是打电话，讲话的音量都要保持适中，既不要声音过大，妨碍和影响别人，引起别人的反感，也不要低声细语，使对方听不清楚你讲话的内容。如果遇到信号较弱的情况，可以先挂机，过一会儿再联络。

6．铃声要恰当

随着科技的发展，现在的铃声和彩铃内容越来越丰富多彩，很多人尤其是年轻人将自己的铃声设计得越来越个性化。但在商业领域要讲究个人形象大方、得体、干练，因此最好不要使用过于怪异、格调低下的铃声和彩铃，以免影响你的形象和公司的形象。

【学习笔记】

手机短信的使用礼仪

短信是运用手机进行联络的另一种通讯方式。对于短信内容的选择和编辑，应该和通话一样要讲究礼仪规范，因为它同样反映个人的品味和水准。所以不要给别人发送低俗、不健康的短信。

短信内容要思路清晰、简洁明了，让对方能够很容易看明白短信的内容，同时要注意措辞的恭敬和礼貌。

在公共场合即使只是收发短信，也要将手机调到静音状态，并且不要在别人注视到你的时候查看短信。一边和别人说话，一边查看短信，同样说明你对别人的不尊重、对谈话内容的不在意。

项目3　商务通讯礼仪

3.2　其他通讯方式礼仪

通讯是指人们利用一定的电讯设备，来进行信息的传递。被传递的信息，既可以是文字、符号，也可以是表格、图像。目前，多种多样的现代化通讯工具层出不穷。它们的出现，为商界人士获取信息、传递信息、利用信息，提供了越来越多的选择。商界人士接触最多的通讯手段，除了电话，当今主要还有传真、电报、电子邮件，等等。通讯礼仪，通常即指在利用上述各种通讯手段时，所应遵守的礼仪规范。

考虑到商界人士的实际需求，本节将着重介绍一下传真、礼仪电报、明信片与贺卡及电子邮件的基本礼仪。

3.2.1　传真机的使用礼仪

传真，是利用光电效应，通过安装在普通电话网络上的传真机，对外发送或是接受外来的文件、书信、资料、图表、图片真迹的一种现代化的通信联络方式。由于传真通讯具有操作简便，传送速度迅速，而且可以将包括一切复杂图案在内的真迹传送出去，在现代商业领域，传真机早已普及并成为不可或缺的办公设备之一。

商务人士在使用传真设备进行对外联络时，必须注意下述几个方面的礼仪问题。

1. 必须合法使用

国家规定：任何单位或个人在使用自己的传真设备时，均需按照电信部门的有关要求，认真履行必要的使用手续，否则即为非法之举。

具体而言，安装、使用传真设备前，须经电信部门许可，并办理相关的一切手续，不准私自安装、使用传真设备。安装、使用的传真设备，必须配有电信部门正式颁发的批文和入网许可证。如欲安装、使用自国外直接所带入的传真设备，必须首先前往国家所制定的部门进行登记和检测，然后方可到电信部门办理使用手续。

使用自备的传真设备期间，按照规定，每个月都必须到电信部门缴纳使用费用。

2. 必须得法使用

单位所使用的传真设备，应当安排专人负责。无人在场而又有必要时，应使之处于自动接收状态。为了不影响工作，单位的传真机尽量不要同办公电话采用同一条线路。

现代商务礼仪

【现场指导】

传真机日常使用常识

★ 使用环境：传真机要避免放在阳光直射、热辐射，及强磁场、潮湿、灰尘多的环境，或是接近空调、暖气机等容易被水溅到的地方。同时要防止水或化学液体流入传真机。在遇有闪电、雷雨时，传真机应暂停使用，并且要拔去电源及电话线。

★ 放置位置：传真机应当放置在室内的平台上，左右两边和其他物品保持30厘米的空间距离。

★ 不要频繁开关机，每次开机的冲击电流也会缩短传真机的使用寿命。

★ 按传真机说明书，使用推荐的传真纸。劣质传真纸会对感热记录头和输纸辊造成磨损。

★ 不要在打印过程中打开合纸舱盖。如果真的需要必须先按停止键以避免危险。

★ 定期清洁。要经常使用柔软的干布清洁传真机。对于传真机内部，除了每半年将合纸舱盖打开使用干净柔软的布或使用纱布沾酒精擦拭打印头外，还有滚筒与扫描仪等部分需要清洁保养。

3. 收发传真的礼仪

本人或本单位所使用的传真机号码，应被正确无误地告之自己重要的交往对象。一般而言，在商用名片上，传真号码是必不可少的一项重要内容。对于主要交往对象的传真号码，必须认真地记好。为了保证万无一失，在向对方发送传真前，最好先向对方通报一下，这样做既提醒了对方，又不至于发错传真。

（1）书写传真的注意事项。

书写传真件在语气和行文风格上，应做到清楚、简名扼要且有礼貌。在发送传真时，一般不可缺少必要的问候语与致谢语。传真件信末签字代表礼貌和发信者的态度。

（2）发送传真的注意事项。

发传真之前向对方通报一下，以免发错，发完之后应该主动打电话确认对方是否收到。如果传真页数较多，要特别告诉对方，以让对方考虑是否发传真或其他方式。传真盖有公章的文字材料,必须要把章盖得清晰。传真首页应该写明收件人的姓名、电话号码、所在部门的名称,并留下发件人的姓名、联系方式及所在部门、传送文件页数,以便对方反馈信息。

未经事先得到许可,不应传送太长的文件或保密性强的材料。如果接受人需要原件备案,诸如一些需要主管人员亲笔签字的材料,如合同等,则应在传真后将原件用商业信函的方式寄送。

【学习笔记】

中英文传真格式

★ 这是一个传真首页的抬头部分,可以借鉴:

至:……公司人力资源部	从:北京……公司客服部
收件人:……女士	收件人:……先生
传 真:022-12345678	传 真:010-59798866
电 话:022-87654321	电 话:010-59798068
总页数:3页	时 间:2008年3月1日

★ 英文传真格式

To: XX Company   Attn: Mr X
From: Mr Wang   Date: 2000/1/23
Fax No: 2233666   Ref No: FO 1216-01
Pages: 1
Subject: Providing Information
Content:
Dear Mr Smith:

  It was a pleasure meeting you this week and learning of your interest in our promoting project.

  Please find enclosed detailed information of our special promotion package for the March issue.

  As time is short final deadline has passed. Your prompt confirmation would be highly appreciated.

  Thank you for your kind attention and I look forward to your prompt reply.

            Best regards.

现代商务礼仪

★ 中文传真格式

致：XX公司	收件人：X先生
由：王先生	日期：2000年1月23日
传真号：2233666	档号：FO1216-01

页数：1页
主题：提供资料
内容：
　　　　很高兴这星期与你会面，并得悉阁下对我们的推广计划有兴趣。现谨附上3月份推广计划的详细资料。
　　　　由于时间紧急而截稿日期已过，故希望你能尽快确认。

（资料来源：http://zhidao.baidu.com/question/100936447.html.）

（3）接收传真的注意事项。

接收传真要检查传真机上是否有传真纸。在接收传真的过程中要检查传真内容是否清楚、页码是否连贯、齐全，不清楚或缺页应要求对方重传。没有标页码的传真件要注意接收时的页码顺序。

在收到他人的传真后，应当在第一时间内采用适当的方式告知对方。需要办理或转交、转送他人发来的传真时，不可拖延时间。如果是共用的传真机，应及时将传真转给对方注明的接收者。

若是出差在外，有必要使用公众传真设备，即付费使用电信部门所设立在营业所内的传真机时，除了要办好手续、防止泄密之外，对于工作人员亦须依礼相待。

【现场指导】

办公室里使用传真的礼仪

① 使用的先后问题。当你有一份很长的传真需要发出去时，而轮候在你之后的同事只需传真一两页时，应让他先用。

② 在公司里不要发私人传真稿件。

③ 如果遇到传真纸用完时，应及时更换新传真纸。如果遇到传真机出故障，应及时找出原因，先处理好再离开，不要把问题留给下一个同事。

④ 使用完毕后，不要忘记将你的原件拿走，否则容易丢失原稿，或走漏信息，给你自己带来不便。

⑤ 因为传真纸、电费、碳粉、机器损耗等均是成本，私人事情未经请示不要用公司的传真机。

3.2.2 礼仪电报

礼仪电报是为礼仪性社交活动服务的一种公众电报业务，礼仪电报的产生适应并满足了人民群众和社会各界之间礼仪性交往活动日益增多的需要。

1. 礼仪电报的种类

一般情况下，礼仪电报分为庆贺电报、请柬电报、慰问电报、吊唁电报和鲜花礼仪电报五大类。

（1）庆贺电报。

庆贺电报是对收电人表示祝贺赞颂的电报。一般用于当对方取得重大成就、获得某种荣誉、有重大喜事或吉日良辰等场合。

（2）请柬电报。

请柬电报是遇有新婚典礼、生日寿辰、学术交流、产品鉴定、业务洽谈、展览展销、会议召开、工程竣工、开幕开业、周年纪念等庆典活动，须邀请嘉宾时，拍发请柬电报。

（3）慰问电报。

慰问电报主要用于个人及单位之间，因病住院、因工受伤或向工作于艰苦岗位、离退休等人员及其家属表示慰问时所拍发的礼仪电报。

（4）吊唁电报。

唁电是发报人对亡者亲友和家属表示吊慰的电报。

（5）鲜花礼仪电报。

鲜花礼仪电报是人们在喜庆、寿辰、节日等需表达情谊之时，在电信局向本地或异地亲人或友人拍发的附送鲜花的礼仪电报。

2. 使用礼仪电报时要注意的礼仪问题

（1）准确核实收报地点。

商务人员拍发礼仪电报时，应事先查明收报人的准确收报地址，并核实收报地点是否在开办此项业务的服务范围内，以确保电报能够发送到目的地。

（2）正确选购专用发电纸。

发电报要使用有固定格式的专用稿纸。根据所发电报的性质、类别，选购庆贺、吊唁、请柬专用发电纸。庆贺电报为浅粉色发电纸，吊唁电报为浅蓝色发电纸，请柬电报为浅黄色发电纸。

【学习笔记】　　　　电报内容的构成要素

① 电报头栏由邮电局营业员填写。
② 收报人地址、姓名填写时内容要详细、准确，字迹要工整、清晰。
③ 电文内容和署名力求简明扼要、用语准确。
④ 发报人的姓名、地址、电话、字迹要清楚，内容要准确翔实。

（3）选择礼仪电报卡式样。

拍发庆贺电报，应根据庆贺内容，选择相应的或发报人所喜欢的庆贺电报卡，并将选定的庆贺电报卡编号填写在电报纸上。鲜花礼仪电报使用现行的"庆贺电报"的发电纸。用户将选定的鲜花种类填写在"收报人名址"前的空格处。鲜花礼仪电报的特别业务标志为"FR"。

【学习笔记】　　　鲜花礼仪电报的编码含义

用户选定鲜花小束（B型）和祝寿卡 GRT3，应在"庆贺业务折卡编号"后填写成为 FR3-B。即：FR 代表鲜花，数字 3 代表庆贺电报卡编号，后面的字母 B 代表鲜花编号。对方电信部门将根据"FR3-B"标识配制寿辰电报卡及小束 B 型鲜花，并将鲜花连同礼仪电报一并送交收报人。

（4）翔实填写收报人的姓名住址。

为保证礼仪电报及时、准确地投送，收报人要使用全名址，即收报人所在地的详细街道名称、门牌号以及收报人全名。发往机关、企事业等单位的礼仪电报，或由这些单位转交个人的礼仪电报，必须在单位名称前写明单位所在地的详细地址。

（5）拟写电文。

礼仪电报的电文是礼仪电报的重要组成部分，是发报人与收报人进行感情沟通的重要渠道。发报人可根据所发电报的性质、种类及自己的意愿，自行拟写祝贺词、邀请词或吊慰词。

（6）发报人署名。

礼仪电报是人们用于礼仪性交往的电报。为使收报人了解电报是谁发来的，并依此回函、回电，客户在交发此类电报时，应在电文内容末尾处写上姓名或称谓关系。

(7) 书写发报人姓名地址。

为便于电信部门与发报人联系，发报人要在发电纸下端的"发报人姓名、住址、电话"栏内注明发报人名址及电话。

【学习笔记】

花 之 语

按照我国传统文化，凡花色为红、橙、黄、紫的暖色花和花名中含有喜庆吉祥意义的花，可用于喜庆事宜，而白、黑、蓝等颜色偏冷的花，大多用于伤感事宜。

牡丹	雍容华贵	一品红	普天同庆
腊梅	坚贞不屈	银牙柳	希望光明
银杏	古老文明	剑兰	步步高
水仙	清纯自尊	天堂鸟	自由吉祥
万年青	友谊长存	勿忘我	永世不忘
百合	百年好合	荷花	纯洁
常春藤	友情，忠诚的爱	金橘	招财进宝
非洲菊	有毅力，不怕困难	杨柳	依依不舍
菊花	高洁，长寿	紫罗兰	青春永驻
红掌	鸿运当头	秋海棠	诚挚的友谊
马蹄莲	永结同心	满天星	真心欢喜
兰花	友谊、喜悦	文心兰	隐藏的爱
郁金香	爱的表白	桂花	吉祥美好
富贵竹	吉祥富贵	大丽花	大吉大利

（资料来源：徐爱玉. 现代商务礼仪. 浙江：浙江大学出版社. 第88-89页.）

3.2.3 明信片、贺卡礼仪

1. 明信片

【学习笔记】

明信片的由来

1865年，德国有一位画家在一张硬纸上画了一幅画，同时写上几句问候的话，打算寄给他的朋友，但找不到有合适的信封来装寄，后来在邮局职员的建议下，画家将收件人地址、姓名等一起写在画片背面寄出，果然，这没有信封的"画片"如同信函一样寄到了朋友手里。这样，世界上第一张自制"明信片"就悄然诞生了。

这件事被德国的邮务总长同蒂芬知道了，他认为这种通信办法简单、节省，建议政府允许使用一种不需要套封的信件——明信。但是当时德国政府认为这种通信方式，不会被公众所接受，故没有采纳。从而使明信片晚了好几年问世。

事过4年后，也就是1869年由维也纳军事学院艾马奈尔·赫尔罗博士提出发行明信片。他认为这是一种简便寄信手续，还能节省费用，能被广泛寄信人所接受的方式。奥地利邮政局局长维氏诺维茨非常重视这一建议，随即在1869年10月首先发行了明信片。并且在明信片上都印有一句声明："邮局对通信内容概不负责。"随后德国政府见这种通信方法确有可行之处，而且式样一致，分拣，盖销都方便，于是1870年7月也发行了明信片。此后英国、美国、法国等也相继效仿，从此明信片便风行各地。

我国第一套明信片"大清国一版团龙直式片"，由清政府发行于1896年，为竖长方型。下面印有回纹和太极图组成的边框，左上角的邮资图案为椭圆形团龙戏珠，面值1分，这就是中国正式发行的第一套邮资明信片。

新中国成立后，1950年2月首次发行以普东1天安门图的普通邮资明信片，但只限东北使用。直至1952年1月发行一套以普4天安门图的普通邮资明信片，全套三枚，面值都是400元（旧币），以此形成PP系列的普通邮资明信片。随后这几十年来，相继发行纪念邮资明信片、贺年邮资明信片、风光邮资明信片、特种邮资明信片等系列。

（资料来源：http://www.cpi.com.cn/huicui/zh/990705-01.asp.）

（1）明信片的书写格式。

收信人地址和名字一律写在明信片右边（画好的栏上），寄信人的地址也写在右边，写在收信人地址和名字后面，然后另起一行，写寄信人的地址和姓名。

正文写在左边空白的地方，结尾一定要写"此致，敬礼"，除非您和收信人是很熟的朋友可以免写，此外要用"祝，健康"，"万事如意"等敬语表达美好祝愿。

（2）明信片的礼仪规范。

① 书写认真

不管字体好坏，要认真工整书写。用碳素墨水笔书写，不要用红笔写明信片，这是对收片人的尊重，也是对自己的尊重。也不要用圆珠笔写明信片，因为字迹易花，不易保存。

② 尊重隐私

收片或寄片，如需拍图备份，不应公布对方的详细地址与姓名。

③ 及时回复

收到明信片应向寄片人及时地回复，如有明信片地址应及时登记。寄片人如在明信片中留下地址，应回片。

④ 珍惜收藏

自制片也好，印刷片也好，明信片要经历一路辗转才能寄到，且上面汇聚着寄片人的寄托与期盼，应珍惜。

2. 贺卡

（1）贺卡的书写格式。

书写贺卡的格式，贺卡一般由称呼、贺词和祝贺人签名三部分组成。

① 称呼：指祝贺人对受贺人的称呼，称呼一般写在贺卡的左上方。

② 贺词：通常写一些固定的贺卡用语，可以根据实际情况与一些简短的表示感谢和良好祝愿的话连用。注意用词要简练，要会用祈使句和祝贺用语，同时用句不宜过多。

③ 祝贺人签名：写在卡片的右下方。

（2）寄送贺卡的礼仪。

① 精心挑选

要根据所送对象不同，挑选不同类型的贺卡，比如寄给男性客户和女性客户的贺卡应选择不同的风格。根据用途不同，也要挑选不同的贺卡。

② 尽量亲笔书写

在给客户、商业伙伴邮寄贺卡时，应该尽量亲笔书写，这样能提高情感的含量。如果有可能，贺卡的贺词最好也是自己创作，针对不同的人，书写不同的祝词，不要千篇一律。

③ 适度原则

发送贺卡时要注意选择，不要过多过滥。最近几年，电子贺卡逐渐兴起，这种贺卡不仅不浪费资源，还有动画等更多的功能，因此，在双方都可以掌握上网技术的朋友之间，可以使用电子贺卡。

④ 适时寄出

贺卡写好后，要及时寄出。贺卡在节日或纪念日之后到达，是不礼貌的。因此，应根据以往的通信经验，考虑到邮运紧张的因素，计算出恰当的邮寄时间。

3.2.4 电子邮件礼仪

电子邮件（E-mail），又称电子函件或电子信函。它是利用电子计算机所组成的互联网络，向交往对象所发出的一种电子信件。由于电子邮件具有方便快捷，通讯信息量大、费用低廉等优点，电子邮件已经成为人们联络的重要通讯方式。商务活动中对待电子邮件应像对待其他通讯工具一样讲究礼仪。

1. 书写电子邮件的礼仪规范

电子邮件的写作风格能够代表公司的形象，影响对方对公司的印象，所以在书写电子邮件时要注重商务写作的礼仪规范。

（1）主题明确。一封电子邮件，大都只有一个主题，并且往往需要在前注明。写邮件时最好在主题栏写明主题，以便让收件人一看就知道来信的主要内容。主题要简短，一般不超过15个字。

（2）语言流畅。电子邮件要便于阅读，就要以语言流畅为要。不要写生僻字、异体字。引用数据、资料时，要标明出处，以便收件人核对。语言不要重复、不要闲聊。

（3）内容简洁。电子邮件的内容应当简明扼要、条理分明。内容安排上要段落分明、语意清楚连贯。写信的内容与格式应与平常书信一样，称呼、敬语不可少，签名则以打字代替即可。

（4）文字审查。电子邮件发送之前核定所用字体和字号大小，要从头到尾仔细检查一遍，防止文法错误、语意不通、错别字或内容缺失。

此外，还要注意网上保密工作，不要将公司的账号或个人的私人存款账号写在电子邮件里，因为黑客的手段是高超的。

2. 发送电子邮件的礼仪规范

（1）提前通知收件人。

尽量在发邮件之前得到对方的允许或者至少让对方知道有邮件过来。发送完毕后，可通过电话等形式询问是否收到邮件，通知收件人及时接收、阅读。

（2）注意病毒防范。

发送电子邮件时，要尽可能不使邮件携带计算机病毒，以免影响对方的正常业务。如果没有反病毒软件实时监控，发送邮件前务必要用杀毒程序杀毒，以免不小心把病毒寄给对方。

（3）注意编码。

电子邮件应当注意编码。在使用中文向除了中国内地之外的其他国家和地区的华人发出电子邮件时，必须同时用英文注明自己所使用的中文编码系统，以保证对方可以收到自己的电子邮件。

（4）重要的电子邮件可以发送两次，以确保能够发送成功。发送完毕后，可通过电话等方式询问是否收到邮件，通知收件人及时接受阅读。

3. 接受电子邮件的礼仪规范

接受电子邮件时，要尽快回复来信。如果暂时没有时间，可以先简短回复，告诉对方已经收到邮件，有时间会详细说明。

接受电子邮件时要特别注意安全问题。对于来历不明的电子邮件必须谨慎处理，邮件地址不熟悉一般也不要轻易打开，以免让你的计算机感染病毒。

由于电子邮箱的容量有限，所以要定期整理电子邮箱，及时清理收件箱中已经不用的邮件，清空发件箱和回收箱，空出邮箱空间。及时将一些有用的电子邮件地址记下来并存入通讯簿中。

实施步骤

1. 确定项目任务

（1）根据引导案例，教师提出项目名称：角色扮演，进行商务通讯的仿真练习。

（2）教师提出项目任务设想，学生根据教师提出的项目设想进行讨论，最终确定具体的项目任务。

① 设计并演示商务人员打、接固定电话的礼仪。
② 设计并演示商务人员打、接移动电话的礼仪。
③ 设计并演示商务人员收发、书写传真的礼仪。
④ 设计并演示商务人员使用礼仪电报的礼仪。
⑤ 设计并演示商务人员收发、书写电子邮件的礼仪。

可以根据具体的课时及教学条件选择适合的项目任务。

2. 明确学习目标

学生根据具体的项目任务，与教师一起讨论本项目的学习目标。

（1）能够掌握商务人员接、打固定电话的礼仪规范。
（2）能够掌握商务人员使用移动电话的礼仪规范。
（3）能够掌握商务人员收、发，书写传真的礼仪规范。

（4）能够掌握商务人员使用礼仪电报的礼仪规范。

（5）能够掌握商务人员收发、书写电子邮件的礼仪规范。

3. 相关知识学习

学生与教师一起讨论要达到学习目标，所需的相关知识点。由学生对已学过和旧知识进行总结回顾，教师对学生尚未掌握的新知识进行讲授。

教师在相关知识学习的过程中应该成为学生选择学习内容的导航者。

4. 制订工作计划

建议本项目采用小组工作方式。由学生制订项目工作计划，确定工作步骤和程序，并最终得到教师的认可。

此步操作中，教师要指导学生填写项目计划书（项目计划书样表参见附录）。

5. 实施工作计划

学生确定各自在小组中的分工以及合作的形式，然后按照已确立的工作步骤和程序工作。

在实施工作计划的过程中，教师是学习过程的咨询者和参谋。教师应从讲台上走下来，成为学生的学习伙伴，解除不同特点的学生在学习遇到的困难和疑惑并提出学习建议。

项目实施过程中，教师要指导学生填写小组工作日志（小组工作日志样表参见附录）。

6. 成果检查评估

先由学生对自己的工作结果进行自我评估，再由教师进行检查评分。师生共同讨论、评判项目工作中出现的问题、学生解决问题的方法以及学习行动和特征。通过对比师生评价结果，找出造成结果差异的原因。

项目评价

<任务一> 情景模拟：分角色扮演，进行固定电话的打、接练习。

表 3-1 打电话礼仪评分标准

评价项目	评价标准	操作规范	分值
准备工作	周到、细致	1. 确认电话该不该打。 2. 打电话时间恰当。 3. 有通话提纲，通话时间宁短勿长。	15分

（续表）

评价项目	评价标准	操作规范	分值
语言	清晰、柔和	1. "前言"要求礼貌用语介绍单位、职衔、姓名。 2. 吐字准确，句子简短。 3. 语速适中。 4. 语气亲切、和谐、自然。	30分
声调	友好、热情	1. 声调要充满笑意。 2. 说话要注意语调的抑扬顿挫。	15分
态度	礼貌、客气	1. 严禁厉声呵斥、态度粗暴的无理表现。 2. 不应该低三下四、阿谀奉承。	20分
举止	文明、得体	1. 用心倾听，最好边听边做笔记。 2. 听不清的时候要特别注意集中注意力。 3. 不可边打电话边和身边的人交谈。 4. 要站好或坐端正，用电话要轻拿轻放。 5. 不可以坐在桌角上或椅背上，也不要趴着、仰着、斜靠着或双腿高架着。	20分
		合计	100分

表3-2　接电话礼仪评分标准

评价项目	评价标准	操作规范	分值
语言	清晰、柔和	1. 吐字准确，句子简短。 2. 语速适中。 3. 语气亲切、和谐、自然。	30分
态度	礼貌、热情	1. 尽量保证在电话铃响三声之内接听电话。 2. 对方拨错了电话或电话串了线，也要保持风度。 3. 一视同仁。	25分
举止	殷勤、谦恭	1. 走近电话，双手捧起话筒，以站立的姿势，面含微笑地与对方友好通话。 2. 在通话途中，不要对着话筒打哈欠或是吃东西。也不要同时与其他人闲聊。 3. 结束通话时，应认真地道别。而且要恭候对方先放下电话，不宜"越位"抢先。	25分
		合计	100分

表3-3　打电话礼仪评分表

评价项目	评价标准	分值	得分	评语
准备工作	周到、细致	15分		
语言	清晰、柔和	30分		
声调	友好、热情	15分		
态度	礼貌、客气	20分		
举止	文明、得体	20分		
合计		100分		

表 3-4　接电话礼仪评分表

评价项目	评价标准	分值	得分	评语
语言	清晰、柔和	30 分		
态度	礼貌、热情	25 分		
举止	殷勤、谦恭	25 分		
	合计	100 分		

<任务二> 仿真练习：代表本单位向其客户发送一封庆贺电报

表 3-5　礼仪电报评分标准

评价项目	评价标准	操作规范	分值
收报地点	准确核实	1. 事先查明收报人的准确收报地址。 2. 核实收报地点是否在开办此项业务的服务范围内。	15 分
发电纸	恰当选择	根据所发电报的性质、类别，选购庆贺、吊唁、请柬专用发电纸。庆贺电报为浅粉色发电纸，吊唁电报为浅蓝色发电纸，请柬电报为浅黄色发电纸。	20 分
电报卡	与祝贺内容风格一致	1. 根据庆贺内容（结婚、节日、寿辰、生日或其他庆贺事件）选择。相应的或发报人所喜欢的庆贺电报卡。 2. 将选定的庆贺电报卡编号填写在电报纸上。	15 分
收报人姓名、住址	翔实填写	收报人姓名、地址要使用全名称	15 分
电文	符合电报性质，恰当表达感情。	语气上应力求做到感情真挚、热情大方，但不可过分渲染，夸大其词。	35 分
		合计	100 分

表 3-6　礼仪电报评分表

评价项目	评价标准	分值	得分	评语
收报地点	准确核实	15 分		
发电纸	恰当选择	20 分		
电报卡	与祝贺内容风格一致	15 分		
收报人姓名、住址	翔实填写	15 分		
电文	符合电报性质，恰当表达感情。	35 分		
	合计	100 分		

<任务三> 仿真练习：书写一封电子邮件

表3-7 书写电子邮件评分标准

评价项目	评价标准	操作规范	分值
主题	明确	在主题栏写明主题，以便让收件人一看就知道来信的主要内容。	20分
语言	流畅	1. 尽量不写生僻字、异体字。 2. 引用数据、资料时，标明出处，以便收件人核对。 3. 语言不重复、不闲聊，无拼写错误和不必要的话。 4. 所用字体和字号大小合适。	50分
内容	简洁	1. 简明扼要，愈短愈好。 2. 内容与格式应与平常书信一样，称呼、敬语不可少。 3. 签名则仅以打字代替即可。	30分
合计			100分

表3-8 书写电子邮件评分表

评价项目	评价标准	分值	得分	评语
主题	明确	20分		
语言	流畅	50分		
内容	简洁	30分		
合计		100分		

技能训练

1. 背景资料

余先生买房记

余先生看了某房产公司的售楼广告后，想在郊区买一套排屋。打电话询问房屋的有关信息，售楼小姐告诉他现在无房可售，要等第二期开盘。问第二期房屋大概什么价格，回答说不知道。再问什么时候开盘，回答说不知道。问能否留个电话通知一下，售楼小姐说用不着，你自己看报纸广告。余先生电话里听到售楼小姐一边打电话一边与其他人聊天，还有唧吧唧吧吃东西的声音。余先生想：从对方所反应的电话形象看，这是一个缺乏规范的公司，对客户既不积极又不主动，根本不懂得起码的电话礼仪，挤牙膏一样，一问一答，令人不快。这样的房产公司，其房屋的品质令人怀疑。于是余先生决定买另一家品牌公司的房产。

（资料来源：徐爱玉. 现代商务礼仪. 浙江：浙江大学出版社. 第145页.）

现代商务礼仪

2. 训练项目

（1）投诉电话的处理。

余先生对售楼小姐的回答很不满意，要向公司客服中心拨打投诉电话。假如你作为公司的客服人员，正好接听到此投诉电话，该如何接听？

请分组扮演角色进行演练。

（2）假定你是该房产公司的售楼小姐，如何接听余先生的电话？

请分小组分角色演练。

（3）公司二期楼盘即将开始销售，因此要招聘文员和业务员。

请以公司人力资源部人员和求职者的身份，分别扮演不同的角色，训练接听和拨打求职电话。

（4）金龙房地产公司总经理打电话给本公司总经理，邀请他4月6日下午三点到锦江大酒店参加公司举办的新产品发布会，本公司总经理不在。

请你以他秘书的身份接听电话，并做记录。

项目 4
商务拜访礼仪

引导案例

小王向人诉苦说,最近她家来了一位叫人头疼的客人。这位老兄在她家一坐就坐到了半夜,嘴里滔滔不绝地讲述着自己在单位遇到的诸多不如意,他自己痛快了,却似乎全然不顾对方是否也感兴趣,根本没有发觉主人都疲倦得快睡着了。

北京土语中有个词儿叫"屁股沉",这个词语形象地刻画出了一些客人的"韧劲儿",这种客人去别人家做客一坐就是几个小时,就像屁股沉,轻易挪不动似的。同时,在这个词语中也反映出了作为拜访对象的主人的无奈。

那么,我们进行商务拜访时,都应该注意哪些问题呢?怎样做才能受到主人的欢迎呢?

项目任务

1. 模拟演示居室拜访礼仪。
2. 模拟演示办公室拜访礼仪。
3. 模拟演示宾馆拜访礼仪。

学习目标

1. 了解商务拜访礼仪知识,学会并掌握商务场合中拜访的礼仪规范要求。
2. 学会在商务场合中拜访的礼仪技能,并能运用到实践活动中。

4.1 居室拜访礼仪

4.1.1 拜访时间的选择

当你决定到某人家拜访时，最好与主人事先约好时间，以便主人及其家人事先做好安排。事先不联系就直接上门拜访，是很失礼的，也会为对方带来麻烦。

拜访的时间最好选择在主人方便的时候，一般在上午十时或下午四时左右。应尽量避开吃饭的时间、午休晚睡时间和早晨忙乱的时间。一般来说，作客时间大体上以半小时左右为宜，见到主人显出疲倦或是还有其他客人时，应适时告辞。不要因主人对你客气挽留，你就忘乎所以谈个不休。

如果事先已与主人定了时间，就要信守，准时到达，以免主人久等。如因发生了特殊情况而不能前往，或者需要改变日期和时间，应提前通知对方，并表示歉意。因为对别人随便失约是很不礼貌的。

4.1.2 礼品的选择

当初次到别人家拜访时，最好适当带些小礼品或鲜花。所送礼品最好用礼品纸包装起来，再用彩色带系成漂亮的梅花结、蝴蝶结或其他美丽的花结。熟客一般不必带礼物，但遇有重要节日或特殊约会，则不妨带些大家所欢迎的礼品。但应注意，所携带的礼物如果在对方家附近买，就显得失礼。

1. 适宜的礼品

（1）适合需要的礼品。

送与他人的礼品要投其所好，要符合对方的某种实际需要，或是有助于对方的工作、学习或生活，或是可以满足对方的兴趣、爱好。比方说，宝刀理应赠予猛士，鲜花自当送给佳人。如主人家有老人或小孩，所带礼品应尽量适合他们的需要。

（2）具有纪念意义的礼品。

在商务活动中送与对方的礼品往往讲究"礼轻情义重"。在绝大多数情况下，尤其是在关系普通者之间,送人的礼品务必要着重突出其纪念意义,而无须过分强调其价值、价格。不提倡动辄以大额的现金、高档的商品、名贵的珠宝赠送于人。那样会使受赠者有受贿之嫌。

(3)独具特色的礼品。

商务活动中选择礼品时,应当精心构思,独具匠心,富有创意。赠送具有独具特色、与众不同的礼品给人,往往可以令其耳目一新,既兴奋又感动。

(4)时尚新颖的礼品。

送人的礼品还须注意符合时尚,不要过时或落伍。商务活动中送人的礼品,因个人能力所限,不一定十分前卫,但一定不要脱离时尚。否则的话,会有对受赠者轻视或应付之嫌。

(5)鲜花作为礼品。

到别人家拜访时赠送鲜花,是人们最为欢迎的一种馈赠形式。送人以鲜花,既可以表达感情,歌颂友谊,也可以提升整个馈赠行为的品位和境界,使之高雅脱俗,温馨浪漫。因此,在家庭拜访时以花为赠,是最保险、最容易获取成功,且又皆大欢喜的一种馈赠选择。

【现场指导】

赠送鲜花的技巧

在拜访时赠送鲜花,都是由本人亲送。在绝大多数情况下,送人之花以鲜花为佳。尽可能地不要以干花送人,尤其是不要将凋零、衰败、发蔫的鲜花送人。

在家庭拜访中常见的送花形式有:

★ 花束 它是以新鲜的数支切花,捆扎成束,精心修剪或包装而成的一种鲜花组合。它是适用面最广、应用最多的一种。

★ 花篮 它是以形状各异的精编草篮,按一定的要求,盛放一定数量的新鲜切花。与赠送束花相比较,赠送篮花显得更隆重、更高档。其最适宜的场合,有节庆、祝寿,等等。

★ 盆花 它是栽种在专门的花盆里,主要用作观赏的花草。送人的盆花,可以是自养的心爱之物,也可以是特意买来的珍稀品种。送盆花的最佳时机,有登门拜年、祝贺乔迁,以及至交互访,等等。赠送的对象,最好是老年人、爱花人等。同时还要注意根据主人家的居住条件来选择适合的盆花。

送花的时机主要有：

★ 喜礼之用　碰上主人或其家人生子、做寿、乔迁、升学、晋职、出国等喜事，可赠送鲜花以示恭喜。

★ 节庆礼之用　逢年过节，遇到诸如春节、中秋节、国庆节、老人节、母亲节、父亲节、教师节、护士节、青年节、妇女节之类的良辰吉日，可向主人赠送鲜花。

[学习笔记]

鲜花的寓意

★ 鲜花的通用寓意

① 表示情感　例如，玫瑰表示爱情，丁香表示初恋，柠檬表示挚爱，橄榄表示和平，桂花表示光荣，白桑表示智慧，水仙表示尊敬，百合表示纯洁，茶花表示美好，紫藤表示欢迎，豆落表示别离，杏花表示疑惑，垂柳表示悲哀，石竹表示拒绝，等等。

② 表示国家　有一些国家目前已拥有各自的国花。

世界上主要国家的国花有：

美国——山楂。日本——樱花。德国——矢车菊。法国——莺尾花。英国——玫瑰。意大利——紫罗兰。加拿大——枫叶。澳大利亚——金合欢。瑞士——火绒草。荷兰——郁金香。瑞典——白菊。丹麦——冬青。波兰——三色堇。希腊——橄榄。西班牙——石榴。韩国——无穷花。泰国——睡莲。新加坡——卓锦·万代兰。印度——荷花。巴基斯坦——素馨花。菲律宾——茉莉。马来西亚——扶桑。缅甸——东亚兰。尼泊尔——杜鹃。巴西——兰花。阿根廷——赛波花。

③ 表示城市　与许多国家拥有国花一样，世界上的许多城市也拥有自己的市花。我国的许多城市都有自己的市花。例如，北京市的市花是月季和菊花，上海市的市花是白玉兰，天津市的市花是月季，重庆市的市花则是山茶花。在我国香港特别行政区和澳门特别行政区的区旗里，则分别以紫荆花和荷花作为其主要图案。

★ 鲜花的民俗寓意

在选送鲜花时，尤其是在跨地区、跨国家的人际交往中欲以鲜花赠人时，不但要看其通用寓意，而且也要看民俗寓意，二者应当同行不悖。例如：

① 日本人对樱花无比厚爱，而对荷花则非常反感。因为，樱花是日本的国花，而荷花在日本则仅用于丧葬活动。菊花在日本是皇室的标志，因此不宜将其作为礼物送给日本人。而盆花和带有泥土的花，则被理解为隐含"扎根"之意，因此，不要把其送给日本的病人。在日本，探望病人时送山茶花、仙客来花、白色的花和淡黄色的花，也是不受欢迎的。

② 伊朗人普遍喜欢玫瑰花，并且视之为圣洁、纯贞、完美和幸福的化身，所以选定她为国花。此外，伊朗人还非常喜爱蔷薇花和郁金香。

③ 埃及人十分热爱莲花。他们不仅将其称作"埃及之花"，而且还正式将其定为国花。

④ 在加拿大，白色的百合花主要被用于悼念死者。因其与死亡相关，所以绝对不可以之作为礼物送给加拿大人。

⑤ 美国人对山楂花与玫瑰花非常偏爱。在美国，一说国花是山楂花，一说国花是玫瑰花。另外还流行一种折中的说法，以玫瑰为国花，以山楂为国树。

⑥ 在墨西哥，人们非常偏爱仙人掌和大丽菊。墨西哥人忌讳将黄色的花或红色的花送人。他们认为，前者意味着死亡，后者则会带给他人晦气。

⑦ 德国人在所有花卉之中，对矢车菊最为推崇，并且选定其为国花。在德国，不宜随意以玫瑰或蔷薇送人，前者表示求爱，后者则专用于悼亡。在德国喜欢郁金香的人极为少见。送女士一枝花，一般也不合适。

⑧ 拜访俄罗斯人时，赠以鲜花最佳，但送给女士的鲜花宜为单数。

⑨ 法国的国花是莺尾花。也有人说，法国的国花是玫瑰花或马兰花。对于菊花、牡丹、玫瑰、杜鹃、水仙、金盏花和纸花，一般不宜随意送给法国人。

⑩ 在西班牙，鲜花乃是人际交往中送礼的佳品。在西班牙，红玫瑰除了用以送给演员与女朋友之外，还可以送给其他女性。但是菊花与大丽花，因为在西班牙均被看做是死亡的化身，所以不宜送给西班牙人。

⑪ 在意大利，玫瑰一般用以示爱，菊花则专门用于丧葬之事，因此这两种花不可以用来送给意大利人。送给意大利女士的鲜花，通常以单数为宜。

⑫ 英国的国花是玫瑰。另有一种说法，认为玫瑰、月季、蔷薇同为英国国花。对于被视为死亡象征的百合花和菊花，英国人十分忌讳。

（资料来源：金正昆. 涉外礼仪教程. 人民大学出版社.）

2. 选择礼品时的禁忌

在选择、准备礼品时，还应当有意识地回避对方的禁忌，做到不送对方所不欢

迎的礼品。

（1）忌选违规之物。

赠送他人礼品时要注意遵守我国的法律法规，不要选择与我国现行法律相抵触的物品作为礼品送与他人。例如，泄露国家秘密或本单位商业秘密，涉黄、涉毒、涉枪一类的物品，在任何时候都不可作为礼品赠送他人。赠送礼品给外国友人时，还应考虑到使之不违犯对方所在国家的现行法律。此外，还应注意尊重对方单位的有关规定，不送违反规定之物。例如，我国规定：国家公务员在执行公务时，不得以任何理由，因公收受礼品，或变相收受礼品。否则，即有受贿之嫌。

（2）忌选犯忌之物。

商务活动中，在赠与交往不深，特别是外地人士礼品时，还应当注意尊重对方所在地的风俗习惯或个人禁忌。在任何情况下，都要避免把对方认为犯忌的物品作为礼品相赠。这样做，是表示对对方的尊重。例如，在我国的大部分地区，老年人忌讳发音为"终"的钟，恋人们反感于发音为"散"的伞。

在日常生活之中，由于种种原因人们往往会形成一些个人禁忌。例如，高血压患者不能吃含高脂肪、高胆固醇的食品等。将犯忌之物作为礼物送与他人，不仅有可能令对方心生不快，而且还会影响双方关系。

（3）忌选有害健康之物。

有一些东西，虽然不为法律、规章所禁止，但是对人们工作、学习、生活以及身体健康不但无益，而且有害。例如：香烟、烈酒、赌具以及庸俗低级的书刊、音像制品。将此类物品送人，有些时候或许恰能投其所好，但却对生活或身体健康毫无益处。

（4）忌选过期或废旧之物。

商务活动中赠送给他人的礼品，不必价格昂贵。但是，除古玩之外，在一般情况下，不宜把自家的过期旧物、废品、淘汰物品或使用不完的东西作为礼品送给他人。把过期人、过时或无用之物送给别人，是对对方的轻视和不尊重。此外，他人所送之物，一般也不宜再转送于人。

（5）忌选广告宣传之物。

商务活动中，不要把带有广告标志或广告语的物品赠送给别人。用广告物品送人，不但不尊重他人，还会有利用对方为自己进行广告宣传之嫌。

【学习笔记】

送礼的禁忌

由于各个国家的风俗习惯的差异，所以在涉外活动中，向外国人赠送礼品时特别注意不能有悖对方的风俗习惯。因此，在挑选礼品时要注意了解对方国家在以下几个方面的禁忌：

第一，与礼品品种有关的禁忌；

第二，与礼品色彩有关的禁忌；

第三，与礼品图案有关的禁忌；

第四，与礼品形状有关的禁忌；

第五，与礼品数目有关的禁忌；

第六，与礼品包装有关的禁忌。

部分国家和地区的送礼禁忌：

★ **巴基斯坦**　在巴基斯坦，人们普遍喜爱绿色、新月和星星的图案，因为它们都是穆斯林吉祥、幸运的象征，并且是该国国旗重要的组成部分。巴基斯坦人对黑色没有任何好感，认为黑色象征着消极。除绿色之外，他们最为喜爱的色彩还有金色、银色和其他一些鲜艳的颜色。在巴基斯坦不受欢迎的礼品有：酒、猪皮或猪鬃制品以及带有女性图片的书刊和雕塑，等等。巴基斯坦人还非常讨厌送其手帕。因为他们认为，手帕是在人们悲伤之时擦眼泪所使用的。另外还要切记，不要给女主人送礼物。

★ **韩国**　韩国人珍爱白色，并且对熊和虎十分崇拜。在韩国，国花为木槿花，国树为松树，国鸟为喜鹊，国兽为老虎。韩国喜欢的礼品有鲜花、酒类或工艺品。但是，最好不要送日本货，因为韩国人的民族自尊心很强，反对崇洋媚外，倡导使用国货。在韩国，一身外国名牌的人，往往会被韩国人看不起。在接受礼品时，韩国人大都不习惯于当场打开其外包装。

★ **日本**　在日本，人们有着敬重"7"这一数字的习俗。而"4"与"9"在日文里发音与"死"和"苦"相近，被视为甚为不吉。日本人很爱给人送小礼物，但下列物品不应包括在内：梳子、圆珠笔、T恤衫、火柴、广告帽。

★ **伊朗**　伊朗人非常喜欢金鱼与狮子。在他们看来，金鱼象征着美丽与吉祥，而狮子则代表着神圣和运气。对于绿色、新月、宝剑这些具有伊斯兰教色彩之物，伊朗人也十分崇拜。但对于"13"这个数字，他们却与西方人一样忌讳。去伊朗人家里作客时，可带上一些糖果作为礼物。但是不要送酒、雕塑、洋娃娃或女人照片，猪皮、猪毛制品亦在不可送之列。

★ **巴西**　巴西人十分偏爱蝴蝶，认为蝴蝶不仅美丽，而且还是吉祥的象征。巴西人也忌讳"13"这一数字。紫色与棕黄色在巴西象征着悲伤与凶丧，所以被认为是不吉的颜色。跟巴西人打交道时，不宜向其赠送手帕或刀子。

★ **美国**　美国人普遍爱狗，因为，美国人认为：狗是人类最忠实的朋友。白头雕，是美国人最珍爱的飞禽。它是美国国徽上的主体图案，同时也是美国的国鸟。美国人认为蝙蝠是吸血鬼与凶神，令人反感。美国人最喜爱的色彩是白色，认为白色象征着纯洁。在此前提下，白猫也成了美国人很喜欢的宠物，被视为可以给人们带来好运。除白色之外，美国人还喜欢蓝色和黄色。美国人对黑色较忌讳，主要用于丧葬活动。美国人最讨厌的数字是"13"和"3"。不宜将香烟、香水、内衣、药品以及广告用品等作为礼物送给美国人。

★ **德国**　德国人比较喜欢黑色、灰色，对于红色以及掺有红色或红、黑相间之色，则不感兴趣。德国人对于数字"13"与"星期五"非常忌讳。白鹤是德国的国鸟。白鹤在屋顶筑巢，被德国人看成吉祥的预兆。向德国人赠送礼品时，不宜选择刀、剑、剪、餐刀和餐叉。

★ **法国**　法国人认为公鸡是勇敢、顽强的化身，同时公鸡也是法国的国鸟。法国人较反感的动物有仙鹤、孔雀及大象。法国人对核桃十分厌恶，认定它代表着不吉利。对黑桃图案，他们也深为厌恶。法国人大都喜爱蓝色、白色与红色，对于粉红色也比较喜欢。他们所忌讳的色彩，主要是黄色与墨绿色。数字"13"与"星期五"同样是法国人所忌讳的。向法国人赠送礼品时，宜选具有艺术品位和纪念意义的物品。但是，不宜以刀、剑、剪、餐具，或是带有明显的广告标志的物品作为礼品。男士向一般关系的女士赠送香水，也被法国人看做是不合适的。

★ **意大利**　意大利人最喜爱的色彩是绿色、灰色，对于蓝色和黄色，他们也十分喜爱，而较为忌讳的颜色是紫色。意大利人最喜欢狗和猫，同时对于其他生活于自然界的动物，尤其是各种鸟类，他们也十分喜爱。动物与鸟类的图案最受其欢迎，而仕女图案、十字花图案则较为忌讳。意大利人最忌讳的数字与日期分别是"13"与"星期五"。除此之外，他们对于"3"这一数字也不太有好感。在人际交往中，意大利人有送礼的习惯，如鲜花、名著、书画、工艺品、葡萄酒与巧克力，都是深受欢迎的。但是不宜将手帕、丝织品和亚麻织品等作为礼物送给意大利人。意大利人认为，手帕主要是擦眼泪的，因此属于令人悲伤之物，故不宜送人。上门拜访意大利人时，他们一般讲究礼品要面呈女主人。

★ **英国**　在英国，知更鸟被叫做"红胸鸽"，是英国的国鸟，并被人们视为"上帝之鸟"。英国人平时十分宠爱动物，其中狗和猫都为其喜欢，但是不喜欢孔雀与猫头鹰，对于黑色的猫，他们是十分厌恶的。此外，他们也不喜欢大象。英国人偏爱蓝色、红色与白色。因为它们是英国国旗的主要色彩。英国人对墨绿色较为反感。英国人对十字架及人像、大象、孔雀、猫头鹰等图案，都十分反感。英国人所忌讳的数字主要是"13"与"星期五"。当二者恰巧碰在一起时，不少英国人都会产生大难临头之感。在赠送礼物时，英国人较为乐意接受的是鲜花、威士忌、巧克力、工艺品以及音乐会票，但是不欢迎贵重的礼物。涉及私生活的服饰、肥皂、香水，带有公司标志与广告的物品，也不适合作为礼物送给英国人。

（资料来源：金正昆．涉外礼仪教程．北京：中国人民大学出版社．）

3. 赠送礼品时应注意的问题

现场赠送礼品时，还有一些需要注意的事项。

（1）礼品的包装要精美。

赠送给他人的礼品，特别是在正式场合赠送给他人的礼品，在相赠之前，都要认真进行包装，要用专门的礼品包装纸张或特制的盒子、瓶子进行包装。包装礼品时，要量力而行，但也要讲究其材料、色彩、图案及其捆扎、包裹的具体方式。

在国际交往中，礼品的包装是礼品的重要组成部分，送礼时不可或缺。如果包装马马虎虎，就会被视为随意应付受赠之人，甚至还会导致礼品本身因此而"贬值"。

因此，在送给外国友人礼品前，一定要对礼品进行精心的包装。对包装所用的材料，要尽量择优而用。同时，礼品的包装在其色彩、图案、形状乃至缎带结法等方面，都要考虑尊重受赠人的国家地域风俗习惯。

例如，在日本，在包装礼品时，不要扎蝴蝶结。在德国，以褐色、白色、黑色的包装纸和彩带包装、捆扎礼品，也是不允许的。

（2）送礼时举止要大方。

赠送礼品，通常是为了表达自己的心意，所以要神态自然，举止大方，表现适当。千万不要偷偷摸摸，小里小气，态度可疑。将赠品送给受赠者，一般应在见面之后进行。赠送时，应当为站立姿态，走近受赠者，双手将礼品递给对方。礼品通常应当递到对方的手中，而不宜放下后由对方自取，也最好不要把送给他人的礼品乱塞在对方的居所之内，或者悄悄放下，而不是直言相告。

如果礼品过大，可由他人帮助递交，但赠送者本人应当加入其中。如果需要同时向多人赠送礼品，最好先长辈后晚辈、先女士后男士、先上级后下级、先外宾后内宾，按照次序，依次有条不紊地进行。

【学习笔记】

古人的拜访礼物

我国古代，特别是秦汉以前，人们互相拜访，无论是贵族、官员，还是庶民百姓，都要带礼物，尤其是初次拜见，必应携带礼品，这种礼物叫"贽"，执

现代商务礼仪

贽相见之礼便叫"贽见礼"。携贽拜访，主要还不在于礼品的价值，而是为了表示对对方的尊敬。不同身份的人所带的礼物也不同，如先秦时期，诸侯是携带玉器、帛，公携兽皮，卿拿羔羊，大夫执雁，士执雉即野鸡，一般平民拿鹜即野鸭，工商业者拿鸡，妇女所携之贽为榛子、栗子、枣等物。从这些物品来看，男子所执多是猎取的禽兽等物，女子携带的是植物的果实，这大概是远古时期男子狩猎、女子采集，将自己亲身劳动的成果赠送给对方以表敬意的遗俗。进入等级社会以后，不同身份的人执不同档次的贽，成为等级性礼制的内容，同时，贽的不同品种，也是为了表明来访者的身份，主人见到什么品种的贽，便明了对方的身份地位，然后按相应的礼节来对待来客。

在我国古代，登门拜访赠送礼物时还有一些礼仪，如，宾主地位相当，采取亲自授受的方式。臣子拜见君王，或晚辈拜见尊长，就要把礼物放在地下，由别人转授，表示自己地位卑下，不敢直接相递。若双方地位相当，受礼者理应回访，也叫回拜，这是对对方的回敬，谓之"礼尚往来"，不回拜便是失礼。回拜时，要把对方上次赠送的礼物送还。但是如果是地位低者拜访地位高者，地位高者就不需要回拜，但来访者临走时，要把送来的礼物的全部或一部分送还。受礼与还礼，都是当时流行的礼节。晚辈初次见长辈，臣下初次见君上，尊长可以受礼而不还礼，以表示接受其为小辈或臣下。另外有事相求，或为确定某种关系所携之礼，如求婚的纳彩礼、弟子拜老师的贽见礼。如果对方应允，则受礼而不还礼，如果不收，就表示回绝了。

(资料来源：朱鹰. 礼仪. 北京：中国社会出版社.)

（3）对礼品要作必要说明。

当面亲送赠品时，对于礼品的赠送原因、自己的态度、礼品的寓意及礼品的用途有必要辅以适当的、认真的说明。特别是对于较为新颖的礼品，则还有必要向受赠者说明其具体特点、用途、用法，让对方明了礼品的独特之处以及使用方法。

4.1.3 拜访中的礼节

（1）进门要按门铃或敲门，如门户是敞开的，也应在门口发出招呼声"×××在家吗？"不要贸然闯入。大门打开后，应与主人互作简短的问候，等对方说"请进"之后再进去。

见面之初的寒暄应尽量简短，报出自己的姓名就行了。正式的寒暄应在被请到会客室之后再开始。如果让大门一直开着，受访者也会感到困扰。再者，访问时你手上通常会拿着简单的礼物，在这种状态下长时间地交谈，自己也会觉得极不自然。

项目4　商务拜访礼仪

【现场指导】

如何使用门铃或对讲机

只凭按门铃或对讲机这一个动作，就能看出此人的性格，要是多次不停地按，让门铃或对讲机响得令人心烦，只会让别人认为不懂事或缺乏常识。门铃或对讲机只能按一次，这才是正确的做法。按一次后等待二、三分钟，如果没有应答，就再试一次，再等待数分钟，如果还是没有回应就要想到可能对方不在家，而以不达目的誓不罢休的架势，多次按响门铃或对讲机，是没有意义的。

【学习笔记】

古人的拜访礼节

平民百姓之间串亲访友，虽没有过多的礼节，但也不可登门而入。至主人家门，要先敲门，主人答应后再进，这是最起码的礼节。长沙出土的唐代青瓷壶上有一首小诗，便具体地反映了当时的这种礼俗，"客来莫直入，直入主人嗔，打门三五下，自有出来人"。如果不敲门而直入，主人"嗔"也就是生气了，怪你没礼貌。

（资料来源：朱鹰. 礼仪. 北京：中国社会出版社.）

（2）进门之后，如果主人在家穿着拖鞋，你也应该换鞋，除非主人制止。进门时如穿戴了帽子、大衣、手套、雨衣或雨伞要取下，放在主人指定的地方。千万不要乱扔，以免引起主人的反感。

（3）对主人家的其他成员，应按"长幼有序"的原则，亲切称呼问好。如果你带孩子或其他人来，要介绍给主人，并教孩子如何称呼。另外，如果携带礼物而来，要将礼物恭敬地交给主人收下。

（4）被主人请进客厅后，应先确定上座和下座。在主人未让座之前，不能自己随意坐下。如果拜访的主人是长辈，或者第一次来作客，更需要彬彬有礼，在主人请坐下之前，不能先落座。落座时要轻轻的，坐姿要讲究，不要跷起二郎腿。

现代商务礼仪

【现场指导】

坐沙发的技巧

坐沙发时，应使臀部挨着靠近沙发前端的地方，并浅浅地坐着。如果是女士则应挺直脊背，双膝并拢偏向一侧，显得较为优雅。不能因为感觉坐在坐垫上舒服，而将身体倚在靠背上，并深陷地坐进去。如果带有皮包，既不能将它放在沙发上自己的身边，也不能放在桌子上，应将它放在沙发靠近自己脚边的位置。

（5）在与主人交谈时，应注意礼貌，语气要温和可亲，且注意倾听主人的谈论。如果遇有其他客人在场，可在旁边静坐等待。如果你在谈话，又有客人来访，你应该尽快结束谈话，以免他人久等。

【学习笔记】

交谈的禁忌

★ **巴基斯坦** 在一般情况下，巴基斯坦人在交谈时不喜欢涉及政治和宗教问题。对于印巴两国关系，尤其是克什米尔争端和两国的核竞赛，更是不愿提及。

★ **哈萨克斯坦** 同哈萨克斯坦人进行交谈时，切勿自作多情地当面称道对方的孩子和家中饲养的牲畜。在他们看来，这只会给他们的孩子和家中所饲养的牲畜带来厄运。与哈萨克斯坦人谈论前苏联问题、国内民族问题以及俄罗斯与哈萨克斯坦的特殊关系，都不受欢迎。

★ **韩国** 与韩国人交谈时，发音与"死"相似的"私"、"师"、"事"等几个词最好不要使用。需要对其国家或民族进行称呼时，不要将其称为"南朝鲜"、"南韩"或"朝鲜人"，而宜其分别称为"韩国"或"韩国人"。在韩国，不宜谈论的话题有：政治腐败、经济危机、意识形态、南北分裂、韩美关系、韩日关系、日本之长，等等。

★ **泰国** 泰国人笃信佛教，在社会生活各方面，佛教都对泰国人发挥着重要的影响。泰国男子年满20岁后，都要出家一次，当3个月的僧侣，即使国王也不能例外，否则就被人看不起。几乎所有的泰国人脖子上，都佩有一件据称可令其趋吉避邪的佛饰。因此，与泰国人进行交谈时，千万不要信口开河，非议佛教，或对佛门弟子有失敬意，特别是切勿对佛祖释迦牟尼表示不恭。

★ **伊朗** 在伊朗，毫无顾忌地大声谈笑，是不尊重别人的行为。在与人交谈时，应面对对方正面而坐，并将双手平放。若是双手交叉，不与交往对象相对而视，不但表示自己态度傲慢，而且还被视为是蓄意挑衅。另外，不准许与一个人交谈时背对着另外一人。在伊朗，背对别人，终归是不礼貌的。

★ **印度尼西亚** 印度尼西亚人很讲究给交往对象"留面子"，他们既不会当面出口伤人，也不会硬逼着对方承认错误。跟他们打交道时，对这一点要十分注意。与印度尼西亚人进行交谈的时候，切勿议论该国的政治、宗教、民族问题，尤其不要涉及社会主义、金融危机、政治腐败、军人干政和外来援助等问题。印度尼西亚人对孩子十分溺爱，几乎对其百依百顺。因此，对对方的孩子进行批评，会令其不高兴。另外，谈论当地华人的贡献或地位，也是印度尼西亚人不愿意听到的。

★ **埃及** 与埃及人交谈时，应注意下述问题：一是男士不要主动找妇女攀谈；二是切勿夸奖埃及妇女身材窈窕，因为埃及人以体态丰腴为美；三是不要称道埃及人家中的物品，在埃及这种做法会被人理解为索要此物；四是不要与埃及人讨论宗教纠纷、中东政局以及男女关系。

★ **南非** 跟南非黑人交谈时，有四个方面的话题切莫涉及。第一，是不要为白人评功摆好。第二，是不要评论不同黑人部族或派别之间的关系及其矛盾。第三，是不要非议黑人的古老习俗。第四，是不要为对方生了男孩而表示祝贺，在许多部族中，这件事并不令人欣喜。

★ **巴西** 巴西人在与外人交谈时，不但神采飞扬，滔滔不绝，而且还喜欢跟对方拍拍打打。他们爱聊足球，爱讲笑话，爱听趣闻。对于国内政治、经济、民族问题，则会闭口不谈。

★ **美国** 与美国黑人交谈时，既要少提"黑，"这个词，又不能打听对方的祖居之地。与美国人聊天时，千万不要谈及政党之争、投票意向与计划生育，这样会导致双方不欢而散。

★ **德国** 与德国人交谈时，不宜涉及纳粹、宗教与党派之争。此外，德国人认为在公共场合窃窃私语是十分无礼的。

★ **俄罗斯** 俄罗斯人忌谈的话题有：政治矛盾、经济难题、宗教矛盾、民族纠纷、前苏联解体、阿富汗战争，以及大国地位等问题。

★ **法国** 法国人在与别人交谈时，往往喜欢选择一些足以显示其身份、品位的话题，如历史、艺术等等。法国人不愿谈及的话题有：恭维美国、英国和德国，贬低法国的国际地位与历史贡献，议论其国内经济滑坡、种族纠纷以及科西嘉独立等问题。法国人的形体语言极为丰富，在交谈时，他们喜欢与对方站得近一些，并爱以手势进行辅助。对他们而言，拇指与食指分开表示"2"，用食指指自己的胸部表示"我"，拇指朝下指表示"差"或"坏"，掌心向上表示诚恳，耸动肩膀则表示高兴或惊讶。

★ **瑞士** 与瑞士人交谈时，忌谈收入、职业以及议论别国内政。体育、旅游以及对瑞士所产的钟表、巧克力、刀具这"三宝"的称道，则是瑞士人所欣赏的话题。

★ **西班牙** 与西班牙人交谈，不宜对天主教和斗牛活动予以非议，不宜将西班牙政治与外国政治进行比较，或是对其国内的政治纠纷与民族问题予以涉及。出于尊重交往对象的考虑，西班牙人一般不对别人说"不"字。

★ **希腊** 与希腊人交谈时，令其高兴的话题有：其悠久的传统、灿烂的文明、杰出的贡献等等。但有关塞浦路斯以及国际政治中对希腊有争议的问题，则应避免涉及。希腊人在谈话时，忌讳别人中途插嘴。他们认为，静待对方先把话说完，是必要的礼貌。

★ **意大利** 意大利人极爱聊天，在交谈时有三个特点。其一，是话题多变，几乎无所不包。其二，是爱搞"一言堂"。跟他们交谈，往往会变成聆听对方的"长篇演说"。其三，是偏爱争辩。意大利人反对人云亦云，主张直言不讳，因此往往与别人发生争论。但是争辩一过，往往会"风平浪静"，不会记仇。此外，对于谈论政治、宗教、纳税、美式橄榄球，意大利人往往提不起兴趣。意大利人忌讳的话题有："黑手党"贪污腐败、政治暗杀、小偷遍地、各地区经济发展不平衡，以及第二次世界大战时意大利曾追随过德国法西斯这一段历史等问题。

★ **英国** 与英国人交谈时，切勿涉及英王、王室、教会以及英国各地区之间的矛盾，特别是不要对女王和北爱尔兰独立问题说三道四。

★ **澳大利亚** 与澳大利亚人交谈时议论种族、宗教、工会和个人私生活以及等级、地位问题，最令澳大利亚人不满。此外，澳大利亚人不喜欢将本国与英国处处联系在一起。虽然不少人私下里会对自己与英国存在某种关系而津津乐道，但在正式场合，他们却反感于将两国混为一谈。澳大利亚人不喜欢听"外国"或"外国人"这一称呼。他们认为，这类称呼抹杀个性，是哪一国家，是哪个国家的人，理当具体而论，过于笼统地称呼是失敬的做法。澳大利亚人对公共场合的噪声极其厌恶。在公共场所大声喧哗者，尤其是门外高声喊人的人，是他们最看不起的。

（资料来源：金正昆. 涉外礼仪教程. 北京：中国人民大学出版社.）

（6）在主人家不乱翻乱看，不乱扔果皮烟蒂，未经主人同意，不拿走主人的任何东西。

（7）主人端上茶来，应从座位上欠身，双手捧接，并表示感谢。如果主人招待的是饮料、水果、点心，饮料可以全喝完，但水果、点心只能稍稍品尝。

（8）应主人之请在主人家吃便饭时，应首先表示请主人与长辈一同进餐，待主人也入座进餐后自己再吃。进餐时要注意文明，饭后应向主人恰当地表示谢意。

（9）和主人交谈时，应注意掌握时间。有要事必须要与主人商量或向对方请教时，应尽快表明来意，不要东拉西扯，浪费时间。第一次拜访应以20分钟为好，以免影响主人及家人休息。俗话说"客走主安"，客人不及时告辞，主人是不得安宁的。

【现场指导】

应邀到家中拜访应注意的细节

应邀到外商家中拜访、作客时，还应注意没有主人的邀请或未经主人的允许，不得随意参观主人的住房和庭院。在主人的带领下参观其住宅时，即便是最熟悉的朋友也不要去触动除书籍、花草以外的室内摆设或个人用品。对主人的家人均应问候（尤其是夫人或丈夫和孩子），对主人家的猫狗等宠物不应表示害怕或讨厌，更不要去踢它或打它。离开时，应有礼貌地向主人表示感谢。

【学习笔记】

蒙古人的拜访礼节

在拜访蒙古人居住的蒙古包时，必须注意的是：第一，不要倚坐在蒙古包上；第二，在进入蒙古包前，要将马鞭或棍杖等放在门外；第三，进入蒙古包后，可以不脱帽，如果要摘下帽子，一定要将其朝着门口放下；第四，在就座时，要盘腿而坐，如果不习惯，可以将双腿伸向门口，但是绝不能将双腿朝向内；第五，在与蒙古人交谈时，不要用鼻烟壶或手指对其指指点点；第六，不要劝说蒙古人将自家牲畜的乳汁卖掉。因为以上的表现会被蒙古人认为是对其的人身侮辱。

（资料来源：金正昆．涉外礼仪教程．北京：中国人民大学出版社．）

4.1.4 告辞的礼节

告辞之前不可让主人看出急于想走的样子，也不要在主人刚说完一段话或一件事后，立即提出告辞，这样会使主人觉得你对他的谈话或说的事不满意或有看法，而感到尴尬。如果发现主人有急事要办，则应及时结束谈话并告辞。告辞时，应恭敬地对主人说："时候不早了，我要告辞了。"同时，注意向主人及其家庭主要成员招呼"再见"，并诚意约请他们到自己家里做客。如果主人出门相送，应请主人留步并道谢，热情说声"再见"。

如果要拜访的主人不在家，而其家中人又不认识你，则应该向其家里人或邻居留下自己的姓名、地址、电话，或者留张名片，以免要拜访的主人回来时，不知是谁来访。

4.2 办公室拜访礼仪

4.2.1 拜访前的准备

1. 拜访前要预约

拜访要事先和对方约定一下，不可突然造访，搞得对方措手不及，要主动与对方进行联系。具体的联系方式可以是打电话，也可以是写信，但都要在拜访前一周进行，约定的时间和地点应以对方的决定为准。约定好时间后不能失约，要按时到达，不宜过早或过晚，如果能提前5分钟到达对方的公司，是最为恰当的。确实因特殊原因不能准时前往时，要及时向对方说明，另约时间。

一周前定好的约会，也应在前一天再次打电话加以确认。有时对方因工作太繁忙，或另外定了其他的约会，而忘了与你的会面。因此在访问的前一天加以确认，就显得十分重要了。而且，对方还可能对你的细心感到高兴。

2. 拜访前要注意仪容仪表

到办公室拜访同样要注意仪容仪表，穿戴要整洁大方，最好穿西装系领带，这也是对对方的尊重，同时也表明自己对拜访的重视程度。

【学习笔记】

古人拜访时的仪表

穿戴仪容与礼节很有关系，同样，拜客也要衣帽整洁，衣冠齐整既是自尊的表示，也是对对方的尊重，衣服破旧不去拜客，若谒客者不止一人，甚或朋客云集，主人就会觉得不光彩，有失颜面，尤其是有身份地位之人更在乎这点。

如《利玛窦中国札记》上载:"大臣或有学位(指进士、举人、秀才等功名头衔)的人出门拜客时,他穿上一件特制的拜客长袍,和他日常穿的长衫大不相同。甚至没有荣誉头衔的重要人物出门拜客时,也要穿特别设计的袍服,如果他穿平时的衣服,就会被人见怪。"

清代的礼服有袍、褂,同时穿着,袍穿在内,褂套在外,又叫外褂,即"礼服之加于袍外者,谓之外褂,男女皆同此名称。"拜客时,长袍之外必须套外褂,才算恭敬,只有三伏天最热时候可不必穿外褂,所以这段时间又称"免褂"之时。另外官员"若因公出差,以礼服谒客,则着行装,行装不用外褂,以对襟大袖之马褂代之。"(《清稗类钞·服饰类》)

(资料来源:朱鹰.礼仪.中国社会出版社.)

4.2.2 拜访中的礼节

(1)到达对方公司时,应先脱掉外套或取下围巾,再向前台或接待人员进行自我介绍,如:"我是××公司的职员,名叫××,请帮忙找一下××部的××先生。"同时,还要告诉对方是否事先约好。

如果你的公司的名称不易听清楚,或者你名字较为少见,可向接待人员递上自己的名片。当接待人员不在或没有前台时,应向最早走出来的人报出你所在公司的名称及自己的姓名,请他跟对方取得联系。不要大声地呼唤或者冒冒失失地闯入室内影响他人办公。

(2)与约好的会见人的见面,如果双方是第一次见面,必须向对方问候,并再次向对方作自我介绍,并递上名片。然后提及双方约会的事,让对方明白来意。

(3)谢座、寒暄。对方让座,来访者应谢座,然后大方、稳重地坐下。座位由主人安排,当主人请你坐上座,则要适当推辞,应坐下座。尽量不要坐在办公人员的办公座位上以免影响正常办公。

(4)举止文雅,谈吐文明,不卑不亢,落落大方。

【学习笔记】

交 谈 八 忌

(1)不打断别人的谈话
(2)不在背后议论他人
(3)不与他人争论或争吵
(4)不纠正他人的错误之处

（5）不拿别人的缺点或生理缺陷开玩笑
（6）不损害民族尊严
（7）不质疑他人谈话的内容
（8）不对他人的谈话内容进行补充

【现场指导】

交谈的距离

交谈的距离，就是指交谈者之间传递信息需要的空间距离。在人际交往中，人与人之间的距离是有一定规范的。心理学家把人际交往的空间划分成以下四个区域。

★ 亲密距离

0～45厘米以内，是人际交往中最小的距离。有着极其严格的对象及场合的限定。亲密距离只适于亲人、恋人、夫妻之间的交谈，不适合在社交场合、公众场合与一般的同性或异性之间出现。

★ 个人距离

45厘米～1米之间，正好能相互亲切握手，友好交谈。通常适用于熟悉的朋友、同事在公开的社交场合的交谈距离。

★ 社交距离

1～3米左右，这种距离通常用于与个人关系不是很熟悉的人之间。可在多种场合使用，如接待宾客，上下级谈话，与人初次交往时等。在社交距离范围内，已经没有直接的身体接触，说话时，要适当提高声音。这时，相互间的目光接触是交谈中不可缺少的感情交流形式。如企业或国家领导人之间的谈判，工作招聘时的面谈，教授和大学生的论文答辩，等等，往往都要隔一张桌子或保持一定距离，这样就增加了一种庄重的气氛。

★ 公共距离

3米以外，是人们在较大的公共场合所保持的距离，如讲演、集会等场合。这个空间的交往，大多是当众演讲之类。

在交谈中，距离太远或太近都不好，要选择最佳位置。人与人之间只有维持一种不远不近、恰到好处的"黄金距离"，保持一定的心理安全距离，交谈才会轻松自如。

（资料来源：李欣，司福亭．现代交际礼仪．北京：北京交通大学出版社．）

（5）到办公室拜访，一般都是业务性拜访，由于办公室接待工作繁忙，因此双方见面后客套话尽量少说，尽早将话题转到正题上来，简要说明来意。拜访时间不宜过长，一般在15分钟至半个小时之间即可。而且说话音量要尽量放轻，待对方表示同意并达到了目的后，应及时告辞，以免影响对方的工作。

【现场指导】

公事包放置有讲究

当你前往别的公司洽谈公事时，记得不要将公事包或皮包放在桌上。一般较大的皮包应放在自己的脚边。在取出资料时，也应注意不要将皮包放在桌子上，而应放在自己的膝盖上。此外，当所携带的物品较多时，应只将工作所需的物品放在脚边，而将剩下的放在房间的角落等不显眼的地方。

（6）当工作场所正在开会或已有其他客人来访，你应该自动退在门外等候，而不应该进去站在一旁或在门口走来走去，妨碍他人。

4.2.3 告辞的礼节

拜访结束时，应礼貌地告辞，对拜访成功的结果表示满意，对对方的热情接待表示感谢，对进一步接触表示信任和诚意。起身告辞时，要向主人表示："打扰"之歉意。出门后，回身主动伸手与主人握别，说："请留步。"待主人留步后，走几步，再回首挥手致意："再见。"

4.3 宾馆拜访礼仪

4.3.1 时间的选择

到宾馆拜访客人时，为了不打扰客人的休息和活动安排，也为了让客人有所准备，拜访前应先同对方约定好时间。时间的确定多由对方决定，同时要问清楚对方下榻宾馆的位置、楼层、房间及联系电话等。

4.3.2 仪容仪表

到宾馆这样的正式公共场所进行拜访，特别要注意自己的仪容整洁、穿着干净大方，尤其是鞋子与袜子，鞋上是否带泥，袜子有没有破洞或异味。若是穿着不得体，有可能被拒之门外，即使不被阻挡，也会招来人们冷峻的眼光。

4.3.3 拜访中应注意的问题

（1）进入宾馆后，应向总台服务人员说明来意，最好在总台往房间打个电话，经房间客人允许后，方可到房间去。进出宾馆的大厅或上下电梯时，都有服务员为你提供服务或向你问候。对服务员的服务要表示感谢，对服务员的问候，要以礼相待，切不可无动于衷，不理不睬。在宾馆的前厅及走廊上不要急急匆匆跑动，脚步要轻、要稳。与服务员讲话态度要和蔼，语气要平缓。

（2）进客人房间以前，要先核对房间号，证实无误后，可轻轻敲门或按门铃。客人开门后，首先进行自我介绍，双方身份得到证实，待客人请进时，才可入内。

（3）如果客房内带有会客厅，则不应进入卧房与主人交谈。到宾馆拜访大都属于礼节性的拜访，作为东道主，对客人到来应表示热情地欢迎。同时应关心地询问客人生活、工作上有何不便，需要提供什么帮助。拜访时间不宜太长，以15分钟左右为宜。

【现场指导】

个人隐私"五不问"

（1）不问收入

（2）不问年龄

（3）不问婚否

（4）不问健康

（5）不问个人经历

（资料来源：金正昆.商务礼仪.北京大学出版社.）

（4）到宾馆拜访客人，应遵守宾馆的各项规定。遵守宾馆各项规定，既可展示道德水平、礼仪修养，又可给客人留下极好的印象。

【学习笔记】

拜访的类型

★ 按拜访性质的不同划分，可分为公务拜访和私人拜访：公务拜访，即单位与单位之间为了达到团体的目的而进行的拜访活动；私人拜访，即个人之间为了促进感情交流、建立良好友谊而进行的拜访。

★ 按拜访方式的不同划分，可分为主动拜访与应邀拜访两种：主动拜访，即单位或个人为了某种需要主动联系有关组织或人员而进行的拜访；应邀拜访，即拜访者接到相关团体机构或个人发出的正式邀请后进行的拜访。

★ 按拜访目的不同划分，可分为以下五种：

① 情感型拜访。指为了加深感情、增进友谊而进行的拜访。

② 商务型拜访。指为了加强单位之间的业务往来、宣传并推销产品等而进行的拜访。

③ 礼节型拜访。指为了表达对对方的尊重与关心之情而进行的拜访。

④ 事务型拜访。指为了处理某一事务，如传达上级部门的精神，以便使该精神能更好地贯彻落实，达到某种目的而进行的拜访。

⑤ 政治型拜访。指国家首脑或党政要员之间为达到某种政治目的而进行的拜访。

（资料来源：李欣，司福亭. 现代交际礼仪. 北京交通大学出版社.）

实施步骤

1. 确定项目任务

（1）根据引导案例，教师布置项目：商务拜访礼仪。

（2）教师提出项目任务设想，学生根据教师提出的项目设想进行讨论，最终确定具体的项目任务。

① 模拟演示居室拜访礼仪

② 模拟演示办公室拜访礼仪

③ 模拟演示宾馆拜访礼仪

可以根据具体的课时及教学条件选择适合的项目任务。

现代商务礼仪

2. 明确学习目标

学生根据具体的项目任务,与教师一起讨论本项目的学习目标。

(1)了解商务拜访礼仪知识,学会并掌握商务场合中拜访的礼仪规范要求;

(2)学会在商务场合中拜访的礼仪技能,并能运用到实践活动中。

3. 相关知识学习

学生与教师一起讨论要达到学习目标,所需的相关知识点。由学生对已学过的旧知识进行总结回顾,教师对学生尚未掌握的新知识进行讲授。

教师在相关知识学习的过程中应该成为学生选择学习内容的导航者。

4. 制订工作计划

建议本项目采用小组学习方式。由学生制订项目工作计划,确定工作步骤和程序,并最终得到教师的认可。

(1)教师指导学生设计一个商务拜访的场景。

(2)学生根据自己设计的拜访场景,在教师的指导下分析场景中所需人物角色。

(3)学生在教师的指导下根据自己设计的拜访场景及涉及人物编写出模拟演示角本。

(4)学生根据自身的特点选择适合自己的角色并按照角本运用已掌握的相关知识进行演练。

此步操作中,教师要指导学生填写项目计划书(项目计划书样表参见附录)。

5. 实施工作计划

学生确定各自在小组中的分工以及合作的形式,然后按照已确立的工作步骤和程序工作。

在实施工作计划的过程中,教师是学习过程的咨询者和参谋。教师应从讲台上走下来,成为学生的学习伙伴,解除不同特点的学生在学习遇到的困难和疑惑并提出学习建议。

(1)学生根据设计好的商务拜访场景在教师的指导和帮助下布置场景。

(2)学生根据角本进行模拟演示。

项目实施过程中,教师要指导学生填写小组工作日志(小组工作日志样表参见附录)。

6. 成果检查评估

（1）学生提交小组工作日志及演示角本。
（2）教师对学生的模拟演示根据评分标准进行评价。
（3）学生对其他小组的模拟演示进行评价。
（4）教师将评价结果反馈给学生，并与学生共同查找项目完成过程中及项目成果存在的不足，讨论解决办法。

项目评价

表 4-1　商务拜访礼仪评分标准

评价项目	评价指标	评价标准	分值	得分
角本设计	知识点	知识点覆盖全面，包括预约、仪容仪表准备、拜访中的礼仪、告辞等内容。	15	
	可操作性	角本设计合理，可操作性强，易于实施。	10	
场景设置	布置设计	场景设置合理、美观，道具准备充分，能够体现设计思想。	10	
道具及服饰	道具	道具准备充分，能够满足表演需要。	5	
	服饰	服饰设计合理，符合角色身份。	10	
演示过程	组织	组织严密，小组成员间配合较好，演示进展顺利。	10	
	角色扮演	演员态度认真，表演具有一定的真实性，知识点演示全面，能够反映角本设计思想。	15	
	基本技能	礼仪动作规范，能够使用普通话。	15	
综合评价	总体印象	角本设计精美，表演精彩，流畅；学生积极主动。	10	
总分			100	
评价等级	优秀：100～90 分，良好：89～80 分，一般：79～60 分，差：59～0 分			
教师评语（特点及不足）				

技能训练

1. 训练项目：女士职业妆。

2．训练目的：掌握商务人员工作妆的基本操作规程，掌握女士职业妆的化妆程序与化妆方法。

3．训练方法：

（1）准备化妆品：粉底霜、眼影、眼线笔、眉笔、胭脂、唇彩、香水等；

（2）组织学生观看职业妆化妆方法的教学光盘；

（3）各小组学生分组进行练习；

（4）教师根据各组学生训练情况进行指导。

项目 5

商务接待礼仪

引导案例

有一次,台湾一家公司的老总邀请巫文瑜女士到自己的公司去商谈一些事情,希望巫文瑜女士的公司为他策划一些事情,时间已经订好了。到了那天,巫文瑜女士准备去这家公司。出于礼貌,去之前,她先给这家公司的办公室打了一个电话,告诉对方自己要去了。但是对方接电话的拿起电话后第一句却是"喂,你是谁?"非常不礼貌,巫文瑜女士就说"我是某某,请你告诉你们老总我一会儿就去见他。"对方却大声大气地说"他不在。"接着"啪"的一声挂了电话。巫文瑜女士很气愤,但她毕竟是一位老总,气度大,于是又打了第二个电话。这一次还没等她说话,对方就很不耐烦地说:"已经告诉你了,他不在。烦人。""啪"的一声又挂了电话。这一次巫文瑜女士真的生气了,从此以后,这家公司老总的邀请都被她婉言谢绝。虽然,这位老总保证不会再出现类似事件,而且还解雇了那位接电话的人。就这么一个电话,这个公司的形象全被毁了。

请从办公室接待礼仪的角度来分析这一案例。

项目任务

组织一次商务接待礼仪知识竞赛。

学习目标

1. 能够掌握商务人员办公室接待的基本礼仪。
2. 能够掌握商务人员会议接待的礼仪与程序。
3. 能够掌握商务人员检查团及考察团的接待与基本程序。

5.1 办公室接待礼仪

企业办公室工作人员，要经常接待客户，一言一行代表了企业形象，遵循礼仪对待客户，就会增加商机，否则就会贻误商机。办公室布置得庄重得体，环境清洁卫生，桌面整齐有序，文件存放合理，物品放置得当，能给人留下良好的第一印象。办公室工作人员谈吐文雅，坐姿立势标准，服饰朴素大方，遵守时间，彬彬有礼。能够给人一种信任感，这些都有利于办公室接待工作的展开。

5.1.1 办公室的布置

沟通是人与人之间思想、信息的传达和交换。通过这种传达和交换，使人们在目标、概念、意志、兴趣、情绪、感情等方面达到理解、协调一致。办公室作为一个工作系统，必须保证工作人员之间充分的沟通，才能实现信息及时有效地流转，使各环节协调有序地运行。因此，办公室的布置不是简单的设施摆放，要考虑工作人员在其间工作与办公环境的协调，以及工作人员之间的沟通和监督，同时还要给来访的公司内外的客人一个良好的印象。搞好办公室布置，要注意以下一些问题。

（1）办公室应布置在比较安静、适中的位置。为保持办公室内安静，应将电话和其他发声设备安装在最少干扰他人工作的位置；客人来访最好设有单独会客室，如不具备此条件，也应将会客处布置在办公室的入口附近。

（2）办公室应有良好的采光、照明条件。室内光线过强或过弱，都会增加人的疲劳，降低工作效率。布置办公室内座位时，应尽量使自然光来自办公桌的左上方或斜后上方。

（3）有效地利用办公室面积，合理布置工作人员的座位。安排座位时要考虑业务工作的流程和同一业务小组工作需要，尽可能采取对面布置，避免不必要的文书移动。

（4）办公室布置应整齐、清洁。办公室的用具设计要精美，坚固耐用，适应现代化要求。室内用品应摆放整齐，使用方便。文件箱、文件柜的大小、高度最好一致，并尽量靠墙放置或背对背放置。常用的文件箱、相应布置在使用者附近。办公用品和其他室内装饰物要经济实用。

5.1.2 办公室人员的举止

在办公室里,举止要庄重、文明。办公人员要注意个人卫生的清洁,仪表要整洁、大方。办公室人员注意保持良好的站姿和坐姿,不要斜身倚靠办公桌,更不能坐在办公桌上面或将脚搭在办公桌上,这十分不雅。尽量不要在办公室里吃东西。谈话时注意身体距离,1米左右为宜。办公室人员会见客户或出席仪式站立场合,或在长辈、上级面前,不得把手交叉抱在胸前。

【学习笔记】

办公室人员的装束常识

★ 发型简洁,女士一般应略施淡妆。

★ 衣着朴素得体,西装、套裙等均可。不可着新潮服装、无领无袖的衣服、汗衫、牛仔装、穿拖鞋等。

★ 女性职员化妆应给人清洁健康的印象,不能浓妆艳抹,不宜用香味浓烈的香水。

【现场指导】

在办公室内用餐,员工应注意有关的细节

1. 只能在公司规定的时间内用餐,不能利用用餐时间忙杂事,直到上班时间才用餐。

2. 注意餐后环境卫生,桌面要擦拭干净,不许在桌面上摆放脏的杯子和碟子等。餐后将所有的垃圾扔掉,最好是单独的或有封盖的垃圾桶,而不是您旁边的纸篓。

3. 在办公室内用餐要多加注意自己的用餐仪态。

4. 不要边吃东西边讲电话。

5. 用餐结束后,喷洒空气清香剂。

5.1.3 接待工作中的礼仪

1. 保持办公室优雅环境

办公室要保持优雅、整洁的环境。如有客人来访,应告知有关部门早做准备,把办公室收拾得干净利落。窗户要明亮,桌椅要整洁,东西要整齐有序,空气要清新。冬季要温暖,夏季要凉爽。茶水早备好,对有的客人还可备些水果。

如果来客较多,或客人规格较高,来访的目的又比较严肃,也可以在专门的会议室(会客室)接待。会议室(会客室)也应早做准备,以迎客人。

2. 准备好有关材料

客人来访前的准备工作,除了接待场合(办公室或会议室、会客室)精心布置外,最重要任务就是材料的准备。

(1)了解有关客人来访的目的。客人来访,是参观本单位某某部门,还是了解、考察某项工作?是商洽某方面的问题,还是研究相互合作事宜?务须心中有数。

(2)准备文字资料。应根据双方商定的会谈事宜,或客人的请求,让有关人员早做准备。需要什么数字、情况、资料,事先准备出来,以防被动。

3. 接待热情有礼

在办公室接待礼仪中迎客、待客、送客是接待工作中的基本环节。

(1)迎客。

接待人员看到来访的客人进来时,应马上放下手中的工作起立,面带微笑,有礼貌地问候来访者。

① 不同状态下的迎客方式

a. 如果客人进门时,办公人员正在接打电话或正在与其他的客人交谈,应用眼神、点头、手势等表示请进的肢体语言表达自己已看到对方,并请对方先就座稍候,而不应不闻不问或面无表情。

b. 如果手头正在处理紧急事情,可以先告诉对方:"对不起,我手头有点紧急事情必须马上处理,请您稍候。"以免对方觉得受到冷遇。

c. 遇有重要客人来访,接待人员需要到单位大门口或车站、机场、码头迎接,且应提前到达。当客人到来时,接待人员应主动迎上前去,有礼貌地询问和确认对方的身份,如:"请问先生(小姐),您是从××公司来的吗?"对方认可后,接待人员应作自我介绍,如:"您好,我是××公司的秘书,我叫××"或"您好,我叫××,在××单位工作,请问您怎样称呼?"介绍时,还可以互换名片。如果客人有较重的行李，还要伸手帮助提携。要给客人指明座位，请其落座，迎接过程以客人落座而告终。

【学习笔记】

涉外活动中的欢迎仪式

在外国国家元首、政府首脑或军队将帅正式来访时，东道国通常应为之举行隆重的欢迎仪式。举行这类欢迎仪式，一般应遵守国际惯例，因此各国的欢迎仪式在程序上往往大同小异。

目前，我国欢迎外国国家元首或政府首脑的仪式的具体程序基本如下：

国宾抵达北京首都机场或北京火车站时，由我国政府陪同团团长前往迎接，并陪同对方前往钓鱼台国宾馆下榻。

在国宾抵达的当天或次日，将在人民大会堂东门外广场为其举行专门的欢迎仪式。若天气不佳时，可将欢迎仪式改在人民大会堂东门内中央大厅举行。因欢迎仪式为双边外交活动，故不邀请其他各国驻华使节出席。仪式举行时，广场上要悬挂两国国旗，地面上将铺设红地毯，有关人员列队在此迎候。届时，我国领导人将与外国来宾亲切见面，少年儿童将向国宾献上花束。随后，在我国领导人的陪同下，国宾将登上检阅台，奏两国国歌，鸣放礼炮，检阅三军仪仗队。

当普通外宾应邀来访时，虽不必专门为其举行欢迎仪式，接待方也应派人前往外宾抵达的机场、车站或码头迎接对方，并陪同其前往下榻之处。通常，可向来宾献花。

（资料来源：金正昆．社交礼仪教程．中国人民大学出版社．）

② 迎客的主要礼节有：

a．握手。按传统习惯，我国在接待来客时的礼节一般是握手。宾主之间，主人有向客人先伸手的义务，主人主动、热情、适时的握手会增加亲切感。

b．问候。如果是第一次来访的客人，接待人员可以说："您好！见到您很高兴。我是××，请问您有什么事情需要我帮忙吗？"对于曾经来过的客人，相别甚久，见面则说："您好吗？很久未见了。"

c．称呼。接待客人时的称呼，应视具体环境、场合，并按约定俗成的规矩而定。目前，在国内，政府机关多称"同志"；在企业界和社交场合多称男性为"先生"，称女性为"小姐"或"女士"；知道其职务时，在一定场合也可称其职务，如"×处长""×经理""×厂长"等。用恰如其分的称谓来称呼客人，是礼仪素养的一种表

现,也是与客人交谈的良好开端。

d. 接递名片。接受名片时,也要注意礼节。客人递过来名片时,应用双手接住。接过名片后,要认真仔细地看一看,并小声重复一遍名片上的名字及职务,以示确认。同时,还要向对方表示感谢。然后,很郑重地把名片放入名片夹内,或放进上衣上部的口袋里。

(2)待客。

接客人进屋,应主人在前,客人在后,进入客厅后,应请客人在上座就座。客人落座后,应热情献茶或奉上糖果、饮料。

一般来说茶水、饮料放在客人的右前方,点心糖果放在客人的左前方,上茶应以客人的左边上。

【现场指导】

敬茶的礼仪

在工作单位以茶待客时,一般应由秘书、接待人员、专职人员为来客上茶。接待重要的客人时,则应由本单位在场的职位最高者亲自为之上茶。

① 敬茶顺序

敬茶的先后顺序是:

★ 先为客人上茶,后为主人上茶;

★ 先为主宾上茶,后为次宾上茶;

★ 先为女士上茶,后为男士上茶;

★ 先为长辈上茶,后为晚辈上茶。

如果来宾较多,且彼此之间差别不大时,可采取下列几种顺序上茶:

★ 以上茶者为起点,由近而远依次上茶;

★ 以进入客厅之门为起点,按顺时针方向依次上茶;

★ 在上茶时,以客人的先来后到为先后顺序;

★ 上茶时不讲顺序,或是由饮用者自己取用。

② 敬茶的方法

★ 事先将茶沏好,装入茶杯,然后放在茶盘之内端入客厅。如果来宾较多时,要多备上几杯茶,以防"供不应求"。

★ 上茶步骤是：双手端着茶盘进入客厅，先将茶盘放在临近客人的茶几上或备用桌上，然后右手拿着茶杯的杯托，左手附在杯托附近，从客人的左后侧双手将茶杯递上去。茶杯放置到位后，杯耳应朝向外侧。若使用无杯托的茶杯上茶时，也应双手捧上茶杯。

从客人左后侧为其上茶，意在不妨碍其工作或交谈的思绪。如果条件不允许，至少也要从其右侧上茶，而尽量不要从其正前方上茶。

★ 为了提醒客人注意，可在上茶的同时，轻声告之："请您用茶"。如果对方向自己道谢，不要忘记答以"不客气"。如果自己的上茶打扰了客人，应当道一声"对不起"。

★ 敬茶时，要注意尽量不用一只手上茶，尤其是不要只用左手上茶。同时，双手奉茶时，切勿将手指搭在茶杯杯口上，或是将其浸入茶水，污染茶水。

★ 放置茶杯时，要将茶杯放在客人右手附近。不要把茶杯放在客人的文件上，或是其行动时容易撞翻的地方。

③ 续水的礼仪

★ 为客人端上头一杯茶时，应当斟到杯深的2/3处，不宜斟得过满，更不允许溢出杯外。

★ 在为客人续水斟茶时，不可妨碍对方，不要在其面前进行操作。如果条件不允许，则应一手拿起茶杯，使之远离客人身体、座位、桌子，另一只手将水续入。

★ 在续水时，不要续得过满，也不要使自己的手指、茶壶或者水瓶弄脏茶杯。可在续水时在茶壶或水瓶的口部附上一块洁净的毛巾，以防止茶水流出。

（资料来源：金正昆. 社交礼仪教程. 中国人民大学出版社.）

人们都通过语言进行情感交流和信息交流，所以接待人员与来访客人间的语言交流必不可少。接待人员在交谈时，必须精神饱满，表情自然大方，语气和蔼亲切。与客人交谈时要保持适当距离，不要用手指指人或拉拉扯扯。要善于聆听来访客人的谈话，目视对方以示专心。

（3）送客。

"出迎三步，身送七步"是迎送宾客最基本的礼仪。当客人起身告辞时，应马上站起来相送。一般的客人送到楼梯口或电梯口即可，重要的客人则应送到办公楼外或单位门口。

现代商务礼仪

5.2 会议接待礼仪

5.2.1 会前的筹备

1. 根据会议规模，确定接待规格

会议规模是由主持单位领导决定，因此负责会议接待的负责人需事先请示、确定接待规格。

（1）企业内部的一般工作性会议讲究效率，可以不拘形式。如果请上级领导到场，比如召开表彰会，庆祝大会，出于对上级的尊重和对外宣传的需要，在形式上可以搞得隆重些。

（2）对于上级单位主办企业承办的会议，接待工作的要求应比较规范。通常是由企业的一位主要领导直接负责，成立会务组，专门研究布置会议接待的有关工作。

2. 发放会议通知，安排会议日程

（1）会议通知是上级对下级、组织对成员或平行单位之间部署工作、传达事情或召开会议等所使用的应用文。

会议通知的内容包括，召集人的姓名或组织、单位名称、会议的时间、地点、会议主题以及会议参加者、会务费、应带的材料、联系方式等。通知后面要附回执，通过回执可以确定受邀请的人是否参加会议，是否有其他要求等。对于外地的会议参加者还要附上到达会议地点和住宿宾馆的路线图。

（2）会议日程是会议活动在会期以内每一天的具体安排，它是人们了解会议情况的重要依据。它的形式既可以是文字的也可以是表格的。它可以随会议通知一起发放。

会议通知一般在会议前15至30天之内寄出，也可以从网上发送。这样可以使对方有充足的时间把会议回执寄回来。

【现场指导】

2009中国博士后材料与冶金科学大会会议通知

一、会议主题及征集论文范围

为了展现博士后在材料与冶金科学及相关领域研究成果,增强博士后之间的学术交流,促进博士后研究工作,由中国博士后科学基金会与北京科技大学联合主办的"2009中国博士后材料与冶金科学大会"定于2009年10月在北京科技大学召开。会议将以材料与冶金科学和技术相关热点、前沿性问题为主题,展示博士后取得的最新研究成果。届时将邀请知名院士和专家、学者做特邀报告,介绍相关领域的最新进展和趋势;以及国家相关科技部门负责人介绍国家相关领域的科技发展状况及政策。敬请广大博士后学者积极参与!

论文征集主题

1. 金属材料
2. 无机非金属材料
3. 有机高分子材料
4. 钢铁冶金
5. 有色金属冶金
6. 材料—冶金交叉学科及新技术

二、会议内容

1. 开幕式及主会场

邀请知名院士和专家介绍相关领域国内外前沿研究动态和最新进展,并邀请中国博士后科学基金会、国家自然科学基金委等国家相关科技部门负责人介绍国家相关领域科技发展状况及政策。

2. 分会场及相关活动

根据不同研究方向,设立5~6个分会场,由博士后代表分组报告并进行学术交流。同时,根据会议情况,适时安排有关活动。

三、组织机构

主办单位:中国博士后科学基金会,北京科技大学

承办单位:北京科技大学研究生院,北京科技大学材料科学与工程学院,北京科技大学冶金与生态工程学院,北京博士后联谊会

同时真诚邀请相关研究机构、高校或企业参与协办或共同主办。

特别赞助单位：美特斯工业系统（中国）有限公司
大会主席：××北京科技大学副校长、教授
　　　　　×××中国博士后科学基金会副理事长、秘书长
副主席：××　××　××　××
秘书处：××　××　××　××

四、会议时间与地点

时间：2009年10月17日（会议为期1天）
参会回执及论文摘要截稿时间：2009年6月30日
论文摘要录用通知：2009年7月10日前
论文全文截止时间：2009年8月30日
论文全文接受及参会邀请通知：2009年9月15日前
会议地点：北京科技大学（北京市海淀区学院路30号）

五、参会费用

本次大会不收取会议费，并将提供京外博士后报到注册当天的住宿费及全体参会人员会议当天的午餐，其他费用自理。具体事宜将在第二轮通知中确定。

六、征文事宜

1. 论文原则上应为未发表的具有较重要的学术价值和应用推广价值的原创性论文。
2. 如果是近年来在国内外著名学术刊物上发表或在国内外著名学术会议上交流的学术论文，请需注明，本会议将不再推荐发表；
3. 论文的第一作者或通讯作者为国内在站或出站的博士后；
4. 本次会议征集中、英文稿件，将出版会议文集，优秀论文将推荐在北京科技大学学报<中文版>（EI源期刊）和<英文版>（SCI源期刊）出版（版面费自付），论文全文格式参见《北京科技大学学报》。

七、报名、投稿及联络方式

报名回执（请见附件1）、论文摘要及论文全文请用电子邮件发送至本次会议专用邮箱:materforum_2009@126.com。如有任何参与设想及疑问，也敬请发送邮件，我们将及时回复。

会议联系人：任学冲，010-82376255，13426328515
　　　　　　田建军，010-82376835，13261216081
　　　　　　宗燕兵，13521565358

　　　　　　　　　　　　　　　　　　中国博士后科学基金会
　　　　　　　　　　　　　　　　　　北　京　科　技　大　学
　　　　　　　　　　　　　　　　　　二〇〇九年五月十一日

附件1：

"2009中国博士后材料与冶金科学大会"参会回执

姓名		性别		职务/职称	
单位				邮编	
电话		手机		E-mail	
是否提交论文 是 □ 否 □ 参会方式： 会议发言□ 张贴墙报□	论文题目和对会议的建议：				

【学习笔记】 ## 东北九城市第十七届公安政工年会接待方案

一、会议概况

（一）会议时间

（二）会议地点：地址：　　电话：　　联系人：

（三）参加会议人员：东北九城市公安局主管政治工作局长、政治部主任、政治部秘书处处长、干部处处长，特邀佳木斯市公安局有关领导与会，约50人。

二、活动日程（见日程安排表）

三、工作分工

成立会议筹备领导小组组长、副组长；领导小组下设办公室负责人，具体负责整个会议期间的各项工作。成员单位：政治部各处、机关党委、指挥部宣传处、行政处、后勤保障中心、朝阳分局、净月分局、锦程分局、巡警支队、交警支队领导各1人。办公室下设材料组、会务组。

（一）材料组负责人：

成员：秘书处有关人员

职责：1. 领导讲话、主持稿、论文集 2. 代表报到、登记，制定花名册、通讯录 3. 会议须知、日程表 4. 代表、工作人员住宿、餐饮分配表 5. 制作文件袋、配记事本、笔、相册 6. 材料装袋、印制代表证、工作人员证、桌签 7. 乘车编号及分配代表、工作人员乘坐车辆。

（二）会务组负责人：××

成员：交警支队、巡警支队、政治部各处、行政处、后勤保障中心、指挥部宣传处、机关党委。

职责：具体负责请领导参加开幕式、联系开、闭幕式会议室、会议接站、食宿、宴请、各项活动统筹安排、纪念品的购买发放、后勤保障及各项协调工作。

1. 车辆负责人：

（1）会议抽调政治部秘书处轿车3台、干部处2台、组织处2台、老干部处2台，主要用于迎接代表团。行政处2台轿车主要用于会务。

（2）会议抽调行政处、后保中心、巡警支队丰田面包车各1台，交警支队前导车1台。主要用于参观、游览。

（3）各单位抽调公务车于8月9日上午8：30到名门饭店会务组报到，接受任务；交警前导车、3辆中客8月10日11：30到名门饭店会务组报到。

（4）联系交警支队，确定具有长春特色参观路线。游览期间，沿线主要街路由交警安排勤务。

（5）各单位抽调的车辆要做到整洁干净、无故障、无灰尘。

（6）车辆市内用油由各出车单位自行解决。

（7）联系各代表团铁路订票，为代表自带车辆加油及送站工作。

2. 接站负责人：8月9日，各代表团报到当天，由政治部有关领导及政治部各处处长负责迎接。对坐车来的代表，派车在高速公路出口处迎接；对乘火车来的代表，派车到车站迎接（由责任单位自制接站牌）。

具体分工：秘书处负责迎接沈阳、哈尔滨、佳木斯代表；干部处负责迎接鞍山、大连代表；组织处负责迎接吉林、抚顺代表；老干部处负责迎接大庆、齐齐哈尔代表。

3. 纪念品负责人：

（1）用于登长白山准备雨衣60件，秘书处负责统计会议代表服装号，于8月10日发到会议代表及工作人员手中。

（2）奥迪A6车模60辆，由秘书处购买并在会议代表入住时送到房间。

（3）准备给白山市局纪念品10份，以表感谢。

4. 住宿负责人：

（1）住宿。会议代表统一住名门饭店。各市局主管政工局长、党委委员、政治部主任安排单独住一标准间，其他代表2个人住一标准间，各代表房间内摆放水果、香烟和主要地方报纸。

（2）宴请。9日各代表团报到后，市局在名门饭店举行欢迎晚宴，拟请××作陪（摆牌）。

（3）要求。会议用餐依签牌固定餐位，一楼正厅悬挂欢迎横幅；会议室挂会标，摆放鲜花，代表座签等，要体现隆重、端庄、整洁。

5. 参观、娱乐活动

（1）游览长白山及市区内伪皇宫、一汽大众公司。

责任人：负责游览期间住宿、用餐、游玩等活动（净月分局、锦程分局负责联系和派出警卫人员4人、并安排解说人员）。

要求：游览长白山要确保安全，每辆车要配备350兆对讲机1台（共5台），前后呼应加强联系（联系指挥部通讯处）；鉴于路途较远及长白山西坡封闭的实际情况，要与白山市公安局沟通，协助做好保障工作；车辆进入白山市界，要有白山交警前导车迎接并引导，要请白山市局联系3名导游，随同代表一同上山沿途介绍长白山自然风光；负责培训3男3女即6名随车导游（拟从政治部内挑选）。

（2）8月11日晚，举办联欢晚会。

负责人：负责联系晚会场所、邀请乐队、主持人、在局内挑选5名歌手，制定由各代表团参与的演出计划（请与朝阳分局联系）。

6. 宣传报道负责人

（1）负责会议摄、录像工作。

（2）派摄影、录像记者各1人，全程跟踪服务（迎接、会议、游览）。

（3）将代表的照片装入相册，录像刻制光盘，在代表返程前交到代表手中。

7. 医疗保障负责人：门诊部派1名医生全程保障。每天要定时到代表房间巡、问诊，要充分考虑到去长白山、路途遥远易晕车，高山缺氧、爬山困难的实际，备有关药品和医疗器械。

附：东北九城市第十七届公安政工年会活动日程安排

3. 选择会场

会场要根据参加会议的人数和会议的内容来综合考虑。

（1）大小要适中。会场太大，人数太少，空下的座位太多，松松散散，给与会者一种不景气的感觉；会场太小，人数过多，挤在一起，显得小气，影响会议效果。

（2）地点要合理。临时召集的会议，一两个小时就散的，可以把会场定在与会人员较集中的地方。超过一天的会议，应尽量把地点定得离与会者住所较近一些，免得与会者来回奔波。

（3）附属设施要齐全。会务人员一定要对会场的照明、通风、卫生、服务、电话、扩音、录音等进行检查，保证会议顺利进行。

5.2.2　会议的位次排列

举行正式会议时，通常应事先排定与会者，尤其是其中具有重要身份者的具体座次。重要的会议，它的座次排位往往受到社会各界的关注。对有关会场排座的礼仪规范，接待人员必须认真恪守会场的排座规范礼仪。

1. 小型会议

小型会议，一般指参加者较少、规模不大的会议。它的主要特征，是全体与会者均应排座，不设立专用的主席台。小型会议的排座，目前主要有如下 3 种具体形式：

（1）自由择座。它的基本做法，是不排定固定的具体座次，而由全体与会者完全自由地选择座位就座。

（2）面门设座。它一般以面对会议室正门之位为会议主席之座。其他的与会者可在其两侧自左而右地依次就座（如图 5-1 所示）。

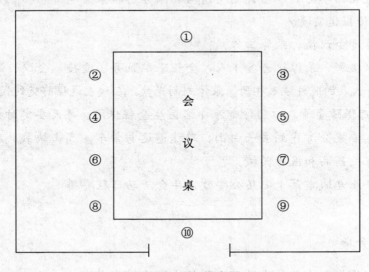

图 5-1　面门设座图

（3）依景设座。所谓依景设座，是指会议主席的具体位置，不必面对会议室正门，而是应当背依会议室之内的主要景致，如字画、讲台等之所在。其他与会者的排座，则略同于前者。

2. 大型会议

大型会议，一般是指与会者众多、规模较大的会议。它的最大特点，是会场上应设主席台与群众席。前者必须认真排座，后者的座次则根据具体会议要求而定。

（1）主席台排座。大型会场的主席台，一般应面对会场主入口。在主席台上就座之人，通常应当与在群众席上就座之人呈面对面之势。在每一名成员面前的桌上，均应放置双向的桌签。

主席台排座，具体又可分作主席团排座、主持人坐席、发言者席位等3个不同方面的问题。

① 主席团排座。主席团，是指在主席台上正式就座的全体人员。国内目前排定主席团位次的基本规则有三：一是前排高于后排，二是中央高于两侧，三是右侧高于左侧（政务性会议左侧高于右侧）。具体来讲，主席团的排座又有单数（如图5-2所示）与双数（如图5-3所示）的区分。

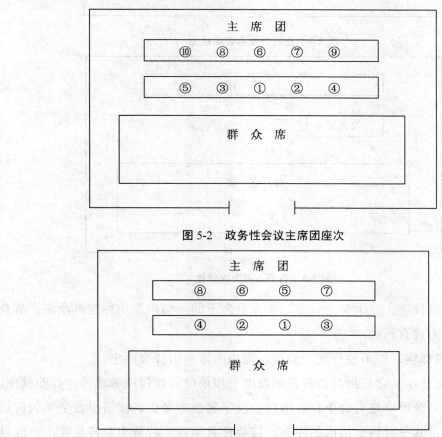

图 5-2　政务性会议主席团座次

图 5-3　商务性会议主席团座次

② 主持人坐席。会议主持人，又称大会主席。其具体位置有 3 种方式可供选择：一是居于前排正中央；二是居于前排的两侧；三是按其具体身份排座。

③ 发言者席位。发言者席位，又叫做发言席。在正式会议上，发言者发言时不宜于就座原处发言。发言席的常规位置有两种：一是主席团的正前方（如图 5-4 所示）；二是主席台的右前方（如图 5-5 所示）。

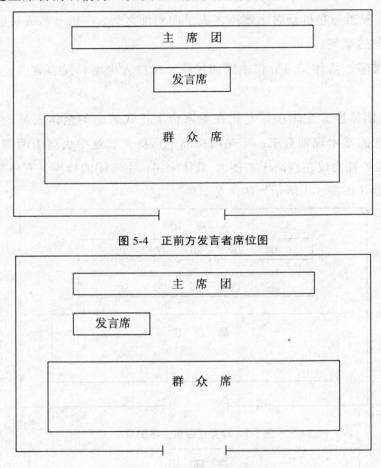

图 5-4　正前方发言者席位图

图 5-5　右前方发方席位图

（2）群众席排座。在大型会议上，主席台之下的一切坐席均称为群众席。群众席的具体排座方式有两种：

① 自由式择座。即不进行统一安排，而由大家自由择位而坐。

② 按单位就座。它是指与会者在群众席上按单位、部门或者地区、行业就座。它的具体依据，既可以是与会单位、部门的汉字笔画的多少、汉语拼音字母的前后顺序，也可以是其平时约定俗成的序列。按单位就座时，若分为前排后排，一般以前排为高，以后排为低；若分为不同楼层，则楼层越高，排序便越低。

在同一楼层排座时，又有两种普遍通行的方式：一是以面对主席台为基准，自前往后进行横排（如图 5-6 所示）；二是以面对主席台为基准，自左而右进行竖排（如图 5-7 所示）。

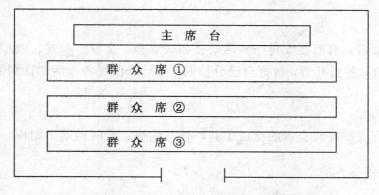

图 5-6　自前而后横排座席

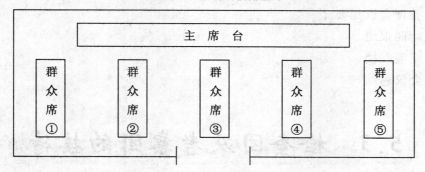

图 5-7　自左而右竖排座席

5.2.3　会议进行中的服务礼仪

会议进行中的服务要做到稳重、大方、敏捷、及时。

（1）倒茶。服务人员注意观察每一位与会者，以便及时为其添倒茶水。

倒水时动作轻盈、快捷、规范。杯盖的内口不能接触桌面，手指不能放在杯口上，不能发生杯盖碰撞的声音。一般是左手拿开杯盖，右手持水壶，将热开水准确倒入杯里，不能让茶水溅到桌面上或与会者身上。杯子放在与会者桌上的右上面。如果操作不慎，出了差错，应不动声色地尽快处理，不能惊动其他人，不能来回奔跑。

（2）其他服务。会议按拟定的程序进行，负责会议各程序的工作人员提前做好各项准备工作。如，国歌、颁奖名单、荣誉证书、礼仪小姐、颁奖嘉宾、受奖者等。

如果与会者有电话或有人要相告特别重要的事，服务人员应走到他身边，轻声转告他。如果要通知主席台上的领导，最好用字条传递通知。

5.2.4 会后服务

会议结束后,全体接待人员应分工明确地做好会后各项事务性工作。

1. 活动

会议结束后,有时要安排一些活动。如联欢会、会餐、参观、照相等。接待人员要积极配合,各负其责,做好自己分担的工作,以保证各项活动计划的顺利实施。

2. 返程

根据情况安排好与会者的交通工具,使其愉快、及时地踏上归程。

3. 整理会议文件

(1)根据保密原则,回收有关文件资料。
(2)整理会议纪要。
(3)新闻报道。
(4)组卷归档。
(5)会议总结。

5.3 检查团及考察团的接待

检查团和考察团,可能是本地,也可能是外地的,时间可长可短,规格可高可低,接待程序可简可繁。这里主要从外地的检查团和考察团的角度来阐述接待的礼仪。本地检查团和考察团的接待可在此基础上简化。

5.3.1 接待准备工作

企业在接到客人来访的通知以后,就应开始进入准备工作阶段。一般应从以下几个方面着手准备:

1. 了解客人的基本情况

(1)了解客人的单位、姓名、性别、民族、职业、级别、人数等。
(2)了解来访的目的和要求。如要与谁见面,要参观哪些地方等。
(3)了解客人在食宿与日程上的安排与打算。
(4)了解客人的到达日期、所乘车次、航班和到达时间。

将以上情况了解清楚后及时向主管领导汇报。

2. 制订接待方案

接待一般客人可直接由企业办公室、公关部或接待科按惯例直接制订接待计划并组织有关的部门、人员共同实施。而重要的客人、高级团组的接待工作，应由企业一位领导亲自主持召开接待筹备会。根据企业的实际情况和客人的意图要求制订接待方案。

接待方案应包括：

（1）介绍客人的基本情况。让每个接待人员心中有数。

（2）确定接待工作的组织人员和分工。一般应确定一名主管领导全权负责，1~2名的主陪接待人员，其他工作也要分工到人，并明确工作的要求。

（3）食宿安排。食宿的地点及房间的安排，应考虑接待工作以及客人生活、工作、旅游的方便，房间的安排要与客人的身份相符合。伙食标准和用餐形式，可根据客人的要求尽量照顾大多数人的生活习惯。

（4）交通工具。根据活动日程安排车辆。

（5）费用支出情况。费用预算应本着实效、节约的原则。

（6）日程安排。

接待方案一旦制订，应及时报企业领导审批。接待计划应该得到上级或主管经理人员的批准，并及时传送给来访一方，让其心中有数。

【现场指导】

接待计划的主要内容

1. 确定接待规格

接待规格决定了其他的陪同人员、日程安排及经费开支。包括谁到机场、车站迎接；谁全程陪同；宴请的规格、地点；住宿的宾馆等级、房间标准等，这些都受到接待规格的制约，都要在计划中写清楚。涉及的具体内容有：

（1）主要陪同人员；

（2）主要工作人员；

（3）住宿地点、标准、房间数量；

（4）宴请时间、标准、人数；

（5）会见及会谈时间、地点、参与人员。

2. 拟订日程安排

为了让所有有关人员都准确地知道自己在此次接待活动中的任务，提前安排好自己的时间，保证接待工作的顺利进行，可制作并填写如下两份表格，印发给各有关人员。

（1）人员安排表。包括时间、地点、事项、主要人员、陪同人员。

（2）日程安排表。日程安排要具体，包括日期、时间、活动内容、地点、陪同人员等内容。

3. 提供经费列支

接待经费列支包括以下内容。

（1）工作经费：租借会议室、打印资料等费用；

（2）住宿费；

（3）餐饮费；

（4）劳务费：讲课、演讲、加班等费用；

（5）交通费；

（6）参观、游览、娱乐费用；

（7）纪念品费；

（8）宣传、公关费用；

（9）其他费用。

【学习笔记】

省教育厅检查组接待工作方案

2008年11月11日，省教育厅教育检查组莅临对我院进行申请评估的条件进行核查。为了做好接待工作，充分展示我院以评促建的工作秩序与成效，优良的学风校风，优美的校容校貌，特制订本工作方案。

一、迎接工作

1. 门卫规范着装，规范岗位工作要求。

2. 11月11日上午9:00，××副院长、处室系部领导、评建办负责人在学院培训中心前迎接专家（院办）。

二、欢迎横幅

学院大道制作欢迎横幅3面（内容由院办定，后勤处负责制作）。欢迎牌1

块放培训中心（院办）。

三、车辆摆放

安排工作人员负责引导专家组车辆进入培训中心停车场（除院领导车辆外，其他车辆不得停放培训中心楼前）。公务车、私车严禁摆放大道两侧（后勤服务中心）。

四、校园环境卫生

10日下午4:30对校园环境做一次全面清理检查。

1. 路面、教室走道无污泥、无纸屑、无建筑垃圾、无卫生死角。（后勤服务中心负责清扫，后勤处负责检查）。

2. 食堂地面整洁、桌面干净，无明显污垢（食堂负责清扫，后勤处负责检查）。

3. 教室内部卫生清扫、桌椅摆放整齐。（相关系部负责清扫，教务处负责检查）

4. 第一、二教学楼前、学生宿舍区各类宣传牌的整理（团委）。

五、仪表风纪

1. 学生统一着装、学生寝室按规范要求进行整理（学生处）。

2. 教师、管理人员、评建工作人员照常上班，着正装（教务处、院办）。

六、教学、工作秩序

1. 教师要严肃课堂纪律，维护良好教学秩序。（教务处）。

2. 下课期间禁止大声喧哗、嬉闹，禁止播放与教学无关的内容（教务处）。

3. 无课学生要到教室或图书馆学习，宿舍禁止留人（学生处、教务处）。

七、核查材料与报告

1. 办学条件基本报表及行文（评建办材料组负责，××负责起草，院办行文）。

2. 办学条件基本报表佐证材料准备（评建办材料组负责，李艳召集）。

3. 评估进展及办学基本条件汇报（评建办报告组负责）。

4. 评估佐证材料准备（评建办材料组负责，××召集）

八、核查工作程序安排

1. 汇报会。时间9:30—10:00，在培训中心二楼会议室。

参加人员：××院长、××副书记、××副院长、××副院长、××副院长、××助理及各部门主要负责人，评建办全体人员。

主持人：××院长

汇报人：××副院长

会场布置、录音、记录、拍照、茶水、座签、擦面纸等事项（院办），音响、投影提前调试（教务处）。

2. 实地考察

时间 10:00—10:40

考察线路：图书馆→第一教学楼→第二教学楼（汽车模拟训练室、电脑室、多媒体教室、速录室等）→学生宿舍区→学生食堂→运动场。

视察陪同（迎评办），重点部位解说（相关部门负责人）。

3. 查阅原始资料和佐证材料

地点：培训中心第二会议室

时间：10:50—11:40

负责人：××（评建办）

4. 深入访谈会（10:50—11:40）

教师与管理人员访谈会、具体时间待定，地点在培训中心二楼小会议室（组织人事处、教务处，召集人）

参加人员：每个系各派 2 名专业负责人，××。

访谈会的茶水、水果、擦面纸等事项，由院办负责（××）。

九、专家组反馈

时间 12:00—12:30，在培训中心二楼大会议室。

参加人员：××书记、××院长、××副书记、××副院长、××副院长、××副院长、××助理及各部门主要负责人，评建办全体成员。

十、办理专家劳务费、用餐、午休、车辆安排（院办）。

午餐地点：丽华大酒店，时间：12:30—13:30

参加人员××书记、××院长、××副书记、××副院长、××副院长、××副院长、××助理及各部门主要负责人，评建办全体成员。

附：专家组成员名单

评建办

二○○八年十一月十日

5.3.2 正式接待

组织实施正式接待阶段，除按接待方案逐项落实外还要根据情况的变化随时采取应变措施。

项目5　商务接待礼仪

1. 迎接客人

一般客人可由会务工作人员去车站、机场、码头迎接。重要客人应安排职务相当的有关领导前往迎接。迎接人员应在客人所乘的车次、航班、轮船到达以前在场等候。

迎接人员与客人见面后要主动问候。如"欢迎您的到来"、"一路辛苦了！"征得客人同意后，帮助客人把行李提到车上，然后请客人上车。客人上车时，接待人员将手伸至车门上框，打开车门，提醒客人避免磕碰，待客人坐稳后，再关上车门，自己坐到司机旁边的座位上。到达目的地，接待人员先下车，再请客人下车，并把客人引入宾馆接待大厅。

【现场指导】

轿车的座次礼仪

★ 由主人亲自驾驶轿车时

由主人亲自驾驶轿车时，一般前排座为上，后排座为下；以右为尊，以左为卑（如图5-8所示）。

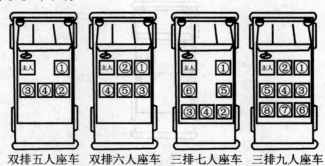

双排五人座车　双排六人座车　三排七人座车　三排九人座车

图5-8　主人自驾座次图

（资料来源：金正昆. 社交礼仪教程. 中国人民大学出版社.）

乘坐主人驾驶的轿车时，前排座位不能空着。一定要有人坐在那里，以示相伴。由先生驾驶自己的轿车时，则其夫人一般应坐在副驾驶座上。由主人驾车送其友人夫妇回家时，其友人之中的男士，一定要坐在副驾驶座上，与主人相伴，而不宜形影不离地与其夫人坐在后排，那将是失礼之至。

★ 由专职司机驾驶轿车时

由专职司机驾驶轿车时，通常仍讲究右尊左卑，但座次同时变化为后排为上，前排为下（如图 5-9 所示）。

图 5-9　专职司机驾驶座次图

（资料来源：金正昆．社交礼仪教程．中国人民大学出版社．）

★ 乘坐吉普车时

吉普车，简称吉普，它是一种轻型越野客车。它大都是四座车。不管由谁驾驶，吉普车上座次由尊而卑均依次是：副驾驶座，后排右座，后排左座（如图 5-10 所示）。

图 5-10　吉普车座次图

（资料来源：金正昆．社交礼仪教程．中国人民大学出版社，第 94 页．）

★ 乘坐多排轿车时

多排座轿车，指的是四排以及四排以上座位的大中型轿车。其不论由何人驾驶，均以前排为上，以后排为下；以右为尊，以左为卑；并以距离前门的远近，来排定其具体座次的尊卑（如图 5-11 所示）。

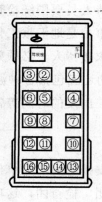

图 5-11 多排轿车座次图

（资料来源：金正昆. 社交礼仪教程. 中国人民大学出版社.）

★ 轿车上嘉宾的本人意愿

通常，在正式场合乘坐轿车时，应请尊长、女士、来宾就座于上座，这是给予对方的一种礼遇。但同时也不要忘了尊重嘉宾本人的意愿和选择。嘉宾选择坐在哪里，即应认定那里是上座。必须尊重嘉宾本人对轿车座次的选择，即便嘉宾不明白座次，坐错了地方，也不要加以纠正，应"主随客便"。

（资料来源：金正昆. 社交礼仪教程. 北京：中国人民大学出版社.）

2. 安排生活

客人到达后，应尽快安排好客人的食宿，虽然有"客随主便"的惯例，但为表示对客人的尊重，应将食宿的安排意图告诉客人。

迎接人员征得客人同意后，帮助客人办理好住宿手续，将客人引入客房。待客人住下后，应将就餐的时间、地点告诉客人，并向客人介绍宾馆的各项服务设施、宾馆附近的公共服务场所交通情况等。然后，离开客人的房间，到大厅等候。待客人梳理好以后，陪客人去用餐。需要强调的是，不能为了表示热情，不安排客人洗换，就直接把客人带到餐厅里，或安排与他人会面。这样，客人会为自己此时"形象不佳"和旅途的劳累而感到难为情。

3. 协商日程

客人食宿安排好后，可派与客人身份相当的接待人员或领导出面与其商议活动日程。将最后确定的活动时间、方式、内容等及时通知各部门，做好接待准备工作。

4. 组织活动

按照日程安排，精心组织好各项活动。

（1）接待对象是检查团，接待人员要围绕检查团的工作内容，通知有关部门，准备好文件、材料，认真地、实事求是地汇报工作，提供各种工作之便。

（2）接待对象是考察团，要求接待人员必须熟知本单位的情况，随时随地地介绍情况和回答各种问题。组织活动还应包括各种游览、参观、会餐、联欢会等活动。接待人员应将第二天的活动安排、出发的时间等告诉客人，并安排好交通工具。

5. 听取意见

活动全部结束以后，要单独安排时间，请单位领导与客人会面，听取意见，交换看法，特别是上级派来的视察团、检查团，这项活动是必须安排的。

6. 安排返程

安排返程的准备工作应提前进行。按当地预定车、船、机票的时间，提前登记，并派专人办理购票事宜，并及时将票送到客人手中，结算各项费用。安排好送行车辆及送行人员，适时地将客人送到车站、机场、码头、并友好话别，欢迎客人再次光临。

【现场指导】

认真话别，有始有终

做好接待工作，就要注意一如既往，有始有终。对于远道而来的客人在结束访问，即将离别之际，接待方更要认真地做好话别与送行工作。

当客人正式离开本地的前一天，主人应当专程前往其下榻之处进行探望，并且正式与之话别。有时，话别也可以安排在客人正式离开下榻之处之前进行。

对于重要客人，主人应当专程陪同乘车前往机场、车站或码头，亲自为外宾送行。倘若一时难以分身，则除了要向客人提前致歉之外，还须委托专人，代表自己，前去为客人送行。

客人在正式登机、登车或登船离开本地之前，前往送行的有关人员应按照一定的顺序列队与对方一一握手道别，并预祝对方旅途愉快。在涉外活动中，还可以安排向外宾敬献鲜花。

（资料来源：金正昆. 社交礼仪教程. 北京：中国人民大学出版社.）

项目 5 商务接待礼仪

实施步骤

1. 确定项目任务

（1）根据引导案例，教师提出项目名称：组织一次商务接待礼仪知识竞赛。

（2）教师提出项目任务设想，学生根据教师提出的项目设想进行讨论，最终确定具体的项目任务。

2. 明确学习目标

学生根据具体的项目任务，与教师一起讨论本项目的学习目标。
① 能够掌握商务人员办公室接待的基本礼仪
② 能够掌握商务人员会议接待的礼仪与程序
③ 能够掌握商务人员检查团及考察团的接待与基本程序

3. 相关知识学习

学生与教师一起讨论要达到学习目标，所需的相关知识点。由学生对已学过的旧知识进行总结回顾，教师对学生尚未掌握的新知识进行讲授。教师在相关知识学习的过程中应该成为学生选择学习内容的导航者。

4. 制订工作计划

建议本项目采用小组工作方式。由学生在相关知识的学习基础上，搜集相关的资料，组织一次商务接待礼仪的知识大赛。

此步操作中，教师要指导学生填写项目计划书（项目计划书样表参见附录）。

5. 实施工作计划

学生确定各自在小组中的分工以及合作的形式，然后按照已确立的工作步骤和程序工作。

在实施工作计划的过程中，教师是学习过程的咨询者和参谋。教师应从讲台上走下来，成为学生的学习伙伴，解除不同特点的学生在学习遇到的困难和疑惑并提出学习建议。

项目实施过程中，教师要指导学生填写小组工作日志（小组工作日志样表参见附录）。

6. 成果检查评估

先由学生对自己的工作结果进行自我评估，再由教师进行检查评分。师生共同讨论、评判项目工作中出现的问题、学生解决问题的方法以及学习行动和特征。通过对比师生评价结果，找出造成结果差异的原因。

项目评价

组织一次商务接待礼仪知识竞赛。

表 5-1　评价标准

评价项目	评价标准	操作规范	分值
小组成员合作	内部团结 分工合理	有分工、有计划，无成员游离于小组之外。证据：小组工作计划、个人工作总结。	30 分
知识竞赛题目设计	题目新颖 内容全面	竞赛题目内容涵盖本章内容，题目灵活，编排新颖，用 A4 纸打印。	30 分
竞赛活动组织	活动有序 创新突出	成员紧密团结，活动的组织有条不紊。活动现场有序。通过礼仪接待知识的竞赛活动，对本项目的学习目标充分掌握。	40 分
合　计			100 分

表 5-2　评分表

评价项目	评价标准	分值	得分	评语
小组成员合作	内部团结 分工合理	30 分		
知识竞赛题目设计	题目新颖 内容全面	30 分		
竞赛活动组织	活动有序 创新突出	40 分		
总　分				

技能训练

奉茶方法的训练：

1. 依季节选择合适的茶饮，不同的季节有不同的饮茶习惯。
2. 杯缘勿以手指拿捏，手指会将杯口弄脏，会给客户不卫生的感觉。

3．两杯以上要使用托盘端茶，用托盘递茶可以避免引起"右尊左辅"的传统说法，从而避免不必要的误会。

4．托盘勿置于前胸，托盘离呼吸器官太近，容易造成污染。

5．在杯子下半段二分之一处，右手在上，左手在下托着茶杯手太往上会将杯口弄脏。

6．将茶杯搁置在客人方便拿取之处。可以避免茶水被打翻。

7．女性要注意奉茶仪态。若不注意某些隐秘部位暴露给客户，给自己带来不良影响。

8．要先给主宾和他的同事奉茶，最后给本公司的人员奉茶可以充分表现出公司对客户的尊重。空间不便时依照顺时针的方向把茶水端给客户，最后是自己单位的人员。当不知道哪位是主宾的时候，用这种方法奉茶不会得罪客户。

9．加水时要先将茶杯拿到桌子的拐角处，然后加水。万一水溢出杯外可以避免将桌上的资料弄湿。

10．放茶杯时先将小拇指压在杯底再放杯避免茶杯与桌面相撞发出声音。

11．在托盘内准备一张湿纸巾或干净的小毛巾，万一茶水溢出来可以尽快将其处理掉，不要让它弄湿客户的资料。

项目 6

会务礼仪

<案例一> 1972年2月,美国总统尼克松访华,中美双方将要展开一场具有重大历史意义的国际谈判。中国方面在周恩来总理的亲自领导下,对谈判过程中的各种环境都做了精心而又周密的准备和安排,甚至对宴会上要演奏的中美两国民间乐曲都进行了精心地挑选。在欢迎尼克松一行的国宴上,当军乐队熟练地演奏起由周总理亲自选定的《美丽的亚美利加》时,尼克松总统简直听呆了,他绝没有想到能在中国的北京听到他如此熟悉的乐曲,因为,这是他平生最喜爱的并且指定在他的就职典礼上演奏的家乡乐曲。敬酒时,他特地到乐队前表示感谢,此时,国宴达到了高潮,而一种融洽而热烈的气氛也同时感染了美国客人。美国总统杰弗逊曾经针对谈判环境说过这样一句意味深长的话:"在不舒适的环境下,人们可能会违背本意,言不由衷。"英国政界领袖欧内斯特·贝文则说,根据他平生参加的各种会谈的经验,他发现,在舒适明朗、色彩悦目的房间内举行的会谈,大多比较成功。

日本首相田中角荣上个世纪70年代为恢复中日邦交正常化到达北京,他怀着等待中日间最高首脑会谈的紧张心情走进迎宾馆休息。迎宾馆内气温舒适,田中角荣的心情顿时舒畅,并与随从的陪同人员谈笑风生。他的秘书仔细看了一下房间的温度计,是"17.8度"。这一田中角荣习惯的"17.8度"使得他心情舒畅,也为谈判的顺利进行创造了条件。

请问:以上两次洽谈成功的关键是什么?

(资料来源:http://zhidao.baidu.com/question/47989556.html)

<案例二> 中国某企业与德国一公司洽谈割草机出口事宜。中方人员除经理和翻译穿西装外,其他人有穿夹克衫的,有穿牛仔服的,有一位工程师甚至穿着工作服。按礼节,中方提前五分钟到达公司会议室。客人到后,中方人员全体起立,鼓掌欢迎。德方谈判人员中男士个个西装革履,女士个个都穿职业装。不料,面对中方人员的热烈欢迎,德方人员脸上不但没有出现期待的笑容,反而均显示出一丝不快的

表情。更令人不解的是，按计划一上午的谈判日程，半个小时便草草结束，德方匆匆离去。

请问：德方人员为什么不愉快而提前离去？

项目任务

1. 准备并举行一次模拟商务洽谈会。
2. 筹备并举行一次模拟新闻发布会。
3. 完成一次模拟展销会的初步组织工作。
4. 完成一次模拟茶话会的筹备工作。

学习目标

1. 掌握洽谈会的准备要领，理解洽谈会应注意的问题。
2. 掌握新闻发布会的筹备及会中、会后服务的工作要领。
3. 掌握展销会的组织工作要领，掌握展销会的礼仪规范。
4. 掌握茶话会的筹备工作要领，了解茶话会的议程。

相关知识

6.1 洽谈会礼仪

洽谈会是重要的商务活动。根据商务洽谈举行的地点的不同，可以将它分为客座洽谈、主座洽谈、客主座轮流洽谈以及第三地点洽谈。以上四种洽谈会地点的确定，应通过各方协商而定。若为主座洽谈，一定要在各方面注重商务礼仪的运用。恰如其分地运用礼仪规范，不仅可以显示自身对洽谈的重视和对洽谈对象的尊重，还可以赢得对方的信赖，获得对方的理解与尊重。

6.1.1 洽谈会的准备

洽谈会是一种合作或为了合作而进行的准备活动。良好的开端是成功的一半。要想让洽谈会取得圆满的结果，精心、周密的准备工作是必不可少的。洽谈会的礼仪性准备可以概括为仪表仪容的准备和场所、座次的准备两个方面。

1. 仪表仪容的准备

洽谈会成员的形象代表着公司的形象，公司成员应该表现得敬业、干练。在商务礼仪上主要体现为仪容、服饰和仪态三个方面。

仪容上，男士一律应当理发、剃须、吹头发，不准蓬头垢面，不准留胡子或留大鬓角。女士应选择端庄、素雅的发型，化淡妆。摩登或超前的发型、染彩色头发、化艳妆或使用香气浓烈的化妆品，都不允许。

得体的服饰，不仅是个人仪表美、素质高的表现，而且是对他人的尊重。商界历来最重视服饰规范，服饰是商人成功的关键。由于洽谈会关系大局，所以在这种场合，应该穿着正统、简约、高雅、规范的最正式的礼仪服装。男士应穿深色西装，系领带，西装通常是蓝色、灰色或黑色；穿白衬衫、打素色或条纹式领带、配深色袜子和黑色皮鞋，切忌穿非正式的休闲装，运动装；对于女性，职业套装则是最佳选择。一般女士要穿深色西装套裙和白衬衫，配肉色长筒或连裤式丝袜和黑色高跟、半高跟皮鞋，切忌穿得太露、太透，也切忌佩戴太多首饰，适当点缀一两件即可。

仪态方面，与会人员的行姿、面部表情等都要符合商务礼仪的要求。洽谈人员的谈吐要轻松自如，举止要文雅大方，谦虚有礼，分寸得当，不可拘谨慌张。要做到礼貌地提问、用心地倾听、坦诚地回答、友好地辩论。如果洽谈对方是外商，还要依据其文化、习俗的不同把握我方的行为举止方式，这样既可以代表我方良好的形象，又可以表达我方的诚意。

见面是商务洽谈中的一项重要活动。见面礼仪主要包括介绍礼仪和握手礼仪。介绍一般是双方主谈各自介绍自己小组的成员。顺序是女士优先，职位高的优先。称呼通常为"女士"，"小姐"，"先生"。

【现场指导】

洽谈中的握手技巧

握手是中国人最常用的一种见面礼，也是国际上通用的礼节。握手貌似简单，但这个小小的动作却关系着个人及公司的形象，影响到谈判的成功。

★ 握手的力度：中国人初次见面，通常是握到为止，一般不会过重。而欧美人则喜欢用力握对方的手，握得太轻则被认为是软弱、没有信心的表现。

★ 握手的时间：握手的时间不宜太长，也不宜太短，国际上通用的标准是三秒钟左右。但老朋友重逢，或谈判中达成了一项重大协议，或谈判成功签字后，握手的时间可略长。

★ 握手的顺序：女士先伸出手，男士一般不先伸出手。在场人员较多时，要稳步寻找握手对象，防止交叉握手的情况发生。

★ 握手时伴随的动作：握手时，双眼要正视对方，面带微笑，以示致意；不可东张西望，或面无表情。

2. 洽谈会现场环境的准备

在洽谈会开始之前，不仅应当布置好洽谈厅的环境，预备好相关的用品，而且应当特别重视礼仪性很强的座次问题。

洽谈厅周围环境应当肃静、优雅，室内环境应宽敞、优雅、舒适，有适宜的灯光、温度和隔音条件。洽谈厅内一般不宜装电话，以免干扰谈判的进程，但洽谈厅附近应该有良好的通信联络设施，并有休息场所，以便洽谈人员在洽谈间隙休息，并且能够进行私下感情交流，增进共识。洽谈的桌面上可根据需要放置一些必要的、具有象征意义的东西，如国旗插杆、公司标志物、花卉，还要有必备的待客饮料和水果。

洽谈各方座次的位置安排，应充分体现主宾之别。举行双边洽谈时，应使用长桌或椭圆形桌子，宾主应分坐在桌子两侧。桌子横放的话，应面对正门的一方为上，属于客方，背对正门的一方为下，属于主方（如图 6-1 所示）；桌子竖放的话，以进门的方向为准，右侧为上，属于客方，左侧为下，属于主方（如图 6-2 所示）。

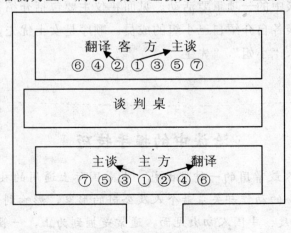

图 6-1　横桌式洽谈座次

在进行洽谈时，各方的主谈人员在自己一方居中而坐。其余人员则应遵循右高左低的原则，依照职位的高低自近而远地分别在主谈人员的两侧就座。如果有翻译，可以安排就坐在主谈人员的右边。

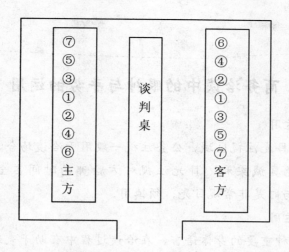

图 6-2 竖桌式洽谈座次

举行多边洽谈时，按照国际惯例，一般要以圆桌为洽谈桌来举行"圆桌会议"。在具体就座时，仍然要讲究各方的与会人员尽量同时入场，同时就座。主方人员不要在客方人员之前就座。若选择主席式多边谈判，应在面对房间正门设一个主位供发言人就座，其他人面对主位，背门而坐。

6.1.2 洽谈中应注意的问题

洽谈过程中，双方人员的态度、心理、方式、手法等，都会对洽谈构成重大的影响。商务礼仪规定，商界人士在参加洽谈会时，首先要更新意识，树立正确的指导思想，并且以此来指导自己的洽谈表现。

1. 礼敬于人

礼敬于人，就是要求洽谈者在洽谈会的整个过程中，要排除一切干扰，始终如一地对自己的洽谈对手讲究礼貌，时时、处处、事事表现得对对方不失真诚的敬意。洽谈之初，洽谈双方接触的第一印象十分重要，言谈举止要尽可能创造出友好、轻松的良好洽谈气氛。做自我介绍时要自然大方，不可露傲慢之意。被介绍到的人应起立一下微笑示意，可以礼貌地道："幸会"、"请多关照"之类。询问对方要客气，如"请教尊姓大名"等。如有名片，要双手接递。介绍完毕，可选择双方共同感兴趣的话题进行交谈，稍作寒暄，以沟通感情，创造温和气氛。在洽谈过程中，事先准备好的问题要选择气氛和谐时提出，态度要开诚布公。切忌言辞过激或追问不休，以免引起对方反感甚至恼怒。但对原则性问题应当力争不让。对方回答问题时不宜随意打断，答完时要向解答者表示谢意。当双方产生分歧时要就事论事，保持耐心、冷静，不可因发生矛盾就怒气冲冲，甚至进行人身攻击或侮辱对方。

现代商务礼仪

【现场指导】

商务洽谈中的眼神与手势的运用

★ 眼神的运用

商务洽谈中目光注视区域，公务注视一般用于洽谈场合，双眼与额头间的三角区，目光真诚柔和，目光注视对方脸部的时间占全部谈话时间的30%~60%。瞪与盯是非常规目光，须慎用。

★ 手势的运用

手势是另一种重要的身体语言，在洽谈过程中有助于表现自己的情绪，更好地说明某个问题，从而增加说话的说服力和感染力。手势要自然大方，手势不宜过多过密，动作不能太大。在比划手势时一般不超过双肩范围，否则给人以手舞足蹈、轻浮乃至轻狂的印象。当然，手势也不宜太拘谨，否则显得生硬怯懦、缩手缩脚、缺乏应有的自信，难以引起他人对你的信赖感。手势要与说话的语速、音调、声音大小密切配合，表达自然。

（资料来源：全细珍. 黄颖. 职场礼仪实训教程. 北京：北京交通大学出版社.）

在洽谈过程上，不管发生了什么情况，都始终坚持礼敬对手，无疑能给对方留下良好的印象，而且在今后的进一步商务交往中，还能发挥潜移默化的功效，即所谓"你敬我一尺，我敬你一丈"。

2. 坚持客观标准

坚持客观标准即洽谈双方在洽谈过程中应以客观存在的标准为行动的准则和依据。客观标准是指独立于各方意志之外的合乎情理和切实可用的准则。可以是国际惯例、社会惯例，也可以是国家标准、行业标准、企业标准，还可以是职业标准、道德标准、法律规范。在洽谈中，过多地附加人情，会影响双方的信赖感和公平感，最终影响双方的长期合作。坚持以客观标准为依据有助于双方客观而冷静地分析问题，达成明智而公正的协议，并且增进双方的信任与合作。

在洽谈中坚持客观标准，最基本的是要做到依法办事。所谓在商务洽谈中应当依法办事，是要求商务人员自觉地树立法制思想，在洽谈的全部过程中，提倡法律至尊。洽谈者所进行的一切活动，都必须依照国家的法律办事，才能确保通过洽谈所获得的既得利益。在商务洽谈中搞"人情公关"是非常错误的。法盲作风、侥幸心理、铤而走险、目无法纪、都只会害人、害己，得不偿失。

3. 互利互惠、平等协调

共同利益是洽谈双方达成协议的主要催化剂。一场商务洽谈的圆满结局，应当是洽谈的所有参与方都能各取所需，达到共赢的局面。如果把商务洽谈视之为"一次性买卖"，主张赢得越多越好，争取以自己的大获全胜和对手的彻底失败，来作为洽谈会的最终结果，必将危及己方与对方的进一步合作，而且也会"赢得"不好的商誉。

洽谈双方在观点、利益或行为方式等方面的分歧是客观存在的，这些分歧只能通过平等协商来解决。平等协商是指双方无论组织规模大小、经济实力强弱，其在谈判中的地位都是平等的，与会各方应以平等的姿态出现，不应该仗势欺人、以强凌弱，把己方的意志强加于对方。洽谈各方应互相尊重、以礼相待。调和利益的较好方法是提出互利性的选择方案，在双方充分协商、讨论的基础上，进一步明确双方各自的利益，寻找共同利益，协调分歧利益。

4. 人事分开

在洽谈会上做到人事分开，要求洽谈者在处理己方与对方之间的相互关系时，必须要做到人与事分离，将洽谈对方代表的态度和所讨论问题的态度各自分别而论。洽谈的主体是人，洽谈的进行必然受到洽谈者个人的感情、要求、价值观、性格等方面的影响。在洽谈中人事混淆主要表现为两类情况：一是"人情公关"，讲究朋友义气，在一些事项上做出违背原则的不合理让步；二是洽谈双方意气用事，互相指责、抱怨，甚至语言尖酸刻薄、充满敌意，从个人利益和成见出发来理解对方的提议。以上两种情况均无法对洽谈要解决的问题进行客观、公正的讨论，也难以达成客观、公正的协议。商务洽谈本质上是组织利益的协商，因此商务人员应当就事论事，不要让自己对洽谈对手主观上的好恶来妨碍现实问题的解决。正确的认识，是要切忌朋友归朋友，洽谈归洽谈，对于二者之间的界限不能混淆。

6.2 新闻发布会

新闻发布会，简称发布会，也称记者招待会，是一种主动传播各类有关的信息，谋求新闻界对某一社会组织或某一活动、事件进行客观而公正的报道的有效的沟通方式。新闻发布会的常规形式为，由某一商界单位或几个有关的商界单位出面，将有关的新闻界人士邀请到一起，在特定的时间里和地点内举行一次会议，宣布某一

消息，说明某一活动，或者是解释某一事件，争取新闻界对此进行客观而公正的报道，并且尽可能地争取扩大信息的传播范围。简单地说，新闻发布会就是以发布新闻为主要内容的会议。

发布会礼仪指的就是有关举行新闻发布会的礼仪规范。对商界而言，发布会礼仪应当主要包括会议的筹备、会议进行中的服务、会后工作三个方面。

6.2.1 新闻发布会的筹备

筹备新闻发布会，要做的准备工作甚多。其中最重要的，是要做好主题的确定、时空的选择、人员的安排、材料的准备等项具体工作。

1. 会议主题、标题的确定

新闻发布会一般针对企业意义重大，媒体感兴趣的事件举办。新闻发布会的主题即发布会的中心议题，分为发布某一消息、说明某一活动、解释某一事件三大类。具体而言，企业的开业、扩建、重组或关闭，企业高管人员的变动，企业遇到重大事件等都是新闻发布会的常规主题。

新闻发布会的主题要通过标题的设计充分体现出来。标题会打在关于新闻发布会的一切表现形式上，包括请柬、会议资料、会场布置、纪念品等。在选择新闻发布会的标题时，一般需要注意以下几点：

（1）避免使用新闻发布会的字样。我国对新闻发布会是有严格申报、审批程序的，对企业而言，并没有必要如此烦琐，所以直接把发布会的名字定义为"……信息发布会"或"……媒体沟通会"即可。

（2）发布会的主旨内容要在标题中说明。如："某某企业2005新品信息发布会"。

（3）通常情况下，需要打出会议举办的时间、地点和主办单位。这个可以在发布会主标题下以字体稍小的方式出现。

2. 会议时空的选择

（1）会议时间的选择。

新闻发布的时间通常也是决定新闻何时播出或刊出的时间。大多数平面媒体刊出新闻的时间是在获得信息的第二天，因此举行新闻发布会的最佳时间是周一至周四的上午9点至11点，或是下午的3点至5点，发布会应该尽量不选择在上午较早或晚上。一次新闻发布会的全部时间应当限制在两个小时以内，这样可以相对保证发布会的现场效果和会后见报效果。在时间选择上还要避开重要的政治事件和社会事件，避开节日与假日，避开其他单位的新闻发布会，同时也要避开与新闻界的宣传报道重点撞车或相左，媒体对这些事件的大篇幅报道会冲淡企业新闻。

部分主办者出于礼貌的考虑，有的希望可以与记者在发布会后共进午餐或晚餐，这并不可取。如果不是历时较长的邀请记者进行体验式的新闻发布会，一般不需要做类似的安排。一些以晚宴酒会形式举行的重大事件发布，也会邀请记者出席。但应把新闻发布的内容安排在最初的阶段，至少保证记者的采访工作可以比较早的结束，确保媒体次日发稿。

（2）会议地点的选择。

场地可以选择在户外（事件发生的现场，便于摄影记者拍照），也可以选择在室内。根据发布会规模的大小，室内发布会可以直接安排在企业的办公场所或者选择酒店的多功能厅、当地最有影响的建筑物等。酒店有不同的星级，从企业形象的角度来说，重要的发布会宜选择五星级或四星级酒店。酒店有不同的风格，不同的定位，选择酒店的风格要注意与发布会的内容相统一。还要考虑会议地点的交通便利与易于寻找，包括离主要媒体、重要人物的远近，交通是否便利，泊车是否方便。

【现场指导】

选择新闻发布会地点的技巧

发布方在寻找新闻发布会的场所时，必须考虑以下的问题：
① 会议厅容纳人数；
② 主席台的大小；
③ 投影设备；电源；
④ 布景、胸部麦克风、远程麦克风、相关服务；
⑤ 住宿、酒品、食物、饮料的提供；
⑥ 价钱是否合理；有没有空间的浪费等。
⑦ 主题背景板内容是否含主题、会议日期，有的还会写上召开城市，背景板的颜色、字体要注意美观大方，颜色可以企业VI为基准。
⑧ 酒店外围布置，如酒店外横幅、竖幅、飘空气球、拱形门等。酒店是否允许布置。当地市容主管部门是否有规定限制等。

新闻发布会现场的背景布置和外围布置需要提前安排。一般在大堂、电梯口、转弯处有导引指示欢迎牌，一般酒店有这项服务。相关设备在发布会前要反复调试，保证不出故障。事先可请好礼仪小姐迎宾。如果是在企业内部安排发布会，也要酌情安排人员做记者引导工作。

现代商务礼仪

（3）新闻发布会的席位摆放。

发布会一般是主席台加下面的课桌式摆放。要注意确定主席台人员。需摆放席卡，以方便记者记录发言人姓名。摆放原则是"职位高者靠前靠中，自己人靠边靠后"。现在很多会议采用主席台只有主持人和发言席，贵宾坐于下面的第一排的方式。一些非正式、讨论性质的会议是圆桌摆放式。摆放回字形会议桌的发布会现在也出现得较多，发言人坐在中间，两侧及对面摆放新闻记者坐席，这样便于沟通，同时也有利于摄影记者拍照。注意席位的预留，一般在后面会准备一些无桌子的坐席。

3. 会议的人员安排

（1）会议主持人、发言人的选择。

新闻发布会也是公司要员同媒介打交道的一次很好的机会，值得珍惜。代表公司形象的新闻发言人对公众认知会产生重大影响。

新闻发布会的主持人大都应当由主办单位的公关部部长、办公室主任或秘书长担任。其基本条件是：仪表堂堂、年富力强、见多识广、反应灵活、语言流畅、幽默风趣、善于把握大局、长于引导提问，并且具有丰富的主持会议的经验。

【现场指导】

新闻发布会主持人的礼仪规范

（1）主持人应衣着整洁，大方庄重，精神饱满，切忌不修边幅，邋里邋遢。

（2）走上主席台应步伐稳健有力，行走的速度因会议的性质而定。

（3）入席后，如果是站立主持，应双腿并拢，腰背挺直。持稿时，右手持稿的底中部，左手五指并拢自然下垂。双手持稿时，应与胸齐高。坐姿主持时，应身体挺直，双臂前伸。两手轻按于桌沿，主持过程中，切忌出现搔头、揉眼、抖腿等不雅动作。

（4）主持人言谈应口齿清楚，思维敏捷，简明扼要。

（5）主持人应根据会议性质调节会议气氛，或庄重，或幽默，或沉稳，或活泼。

（6）主持人对会场上的熟人不能打招呼，更不能寒暄闲谈，会议开始前，或会议休息时间可点头、微笑致意。

有效传播与沟通能力是第一位的要求，新闻发言人的条件一般应有以下几方面：学识渊博，有清晰明确的语言表达能力、倾听的能力及迅速反应能力；身体语言大方得体；新闻发言人应该在公司身居要职，有权代表公司讲话；具备执行原定计划并加以灵活调整的能力；有现场调控能力，可以充分控制和调动发布会现场的气氛，修养良好，能言善辩，彬彬有礼等。

【现场指导】

新闻发言人的举止礼仪

新闻发言人，应衣冠整齐，走上主席台应步态自然，刚劲有力，体现一种成竹在胸、自信自强的风度与气质。发言时应口齿清晰，讲究逻辑，简明扼要。如果是书面发言，要时常抬头扫视一下会场，不能低头读稿。旁若无人。发言完毕，应对听众的倾听表示谢意。

会议现场的礼仪接待工作，最好由品行良好、相貌端正、工作负责、善于交际的年轻女性担任。

主办单位所有正式出席新闻发布会的人员，均须在会上佩戴事先统一制作的姓名胸卡。其内容包括姓名、单位、部门与职务。

（2）媒体的选择与邀请。

邀请哪些记者参加应根据发布会的性质而定。如果是为扩大影响力和知名度，可以多种类、多层次地邀请记者参加，如果只在一定范围内进行宣传解释，特别是当本单位遇到危机事件，邀请新闻单位的面则不宜过宽。不论是以上哪种情况，主办单位都要尽可能地优先邀请那些影响巨大、主持正义、报道公正、口碑良好的新闻单位派员到场。邀请的记者名单确定后，应提前3~4天将请柬或邀请信送到新闻单位或记者本人手中，并及时利用电话联系，落实记者的出席情况。

4. 会议材料的准备

在准备新闻发布会时，主办单位通常需要事先准备的材料有发言提纲、问答提纲和提供给与会媒体的宣传材料。

发言提纲是发言人在新闻发布会上进行正式发言时的发言提要，要求紧扣主题、全面、准确、真实，生动。

问答提纲是为了使发言人在现场正式回答提问时表现自如，事先对可能被提问的主要问题进行预测，并就此预备好相对的答案，以使发言人心中有数，必要时予以参考。为记者提供材料可以方便媒体在会议涉及的问题之外挖掘新闻事件、扩大报道范围。

提供给媒体的资料，一般以广告手提袋或文件袋的形式，整理妥当，按顺序摆放，在新闻发布会前发放给新闻媒体。顺序依次应为：

（1）会议议程；

（2）新闻通稿；

（3）演讲发言稿；

（4）发言人的背景资料介绍（应包括头衔、主要经历、取得成就等）；

（5）公司宣传册；

（6）产品说明资料（新产品的新闻发布）；

（7）有关图片；

（8）纪念品（或纪念品领用券）；

（9）企业新闻负责人名片（新闻发布后进一步采访、新闻发表后寄达联络）；

（10）空白信笺、笔（方便记者记录）。

6.2.2 会议进行中的服务

在新闻发布会正式举行的过程中，往往会出现一些不确定的问题，有时甚至还会出现难以预料的情形。要确保新闻发布会的顺利进行，除了要求主办单位的全体人员齐心协力、密切合作之外，最重要的，是要求代表主办单位出面应付来宾的主持人、发言人，能够善于沉着应变、把握全局。

要确保新闻发布会的顺利进行，主持人、发言人需要牢记下述几个要点。

1. 要注意外表的修饰

在新闻发布会上，代表主办单位出场的主持人、发言人，是被媒体视为主办单位的化身和代言人的。

新闻发布会上主持人、发言人应化淡妆，发型应庄重而大方。男士应着深色西装套装、白色衬衫、黑袜黑鞋，并且打领带，女士则应着单色套裙，肉色丝袜，高跟皮鞋，一般不宜佩戴首饰。在面对媒体时，主持人、发言人要举止自然而大方。要面含微笑，目光炯炯，表情松弛，坐姿端正。

2. 要注意相互的配合

主持人与发言人必须保持口径一致，不允许公开顶牛、相互拆台。当媒体提出的某些问题过于尖锐或难于回答时，主持人要想方设法转移话题，不使发言人难堪。而当主持人邀请某位新闻记者提问之后，发言人一般要给予对方适当的回答。

主持人要做到的，主要是主持会议、引导提问；发言人要做到的，则主要是主旨发言、答复提问。有时，在重要的新闻发布会上，为慎重起见，主办单位往往会安排数名发言人同时出场。若发言人不止一人，事先必须进行好内部分工，各管一段。当数名发言人到场时，只需一人进行主旨发言即可。

3. 要注意语言艺术

新闻发布会上主持人、发言人的言行，都代表着主办单位的形象。所以，主持人与发言人必须注意语言艺术的运用。具体要注意以下几点：

（1）简明扼要。

不管是发言还是答问，都要条理清楚、重点突出，让人既一听就懂，又难以忘怀。

（2）提供新闻。

新闻发布会，自然就要有新闻发布，媒体就是特意为此而来的。所以在不违法、不泄密的前提下，要善于满足媒体在这一方面的要求，要在讲话中善于表达自己的独到见解。

（3）生动灵活。

适当地采用一些幽默风趣的语言、巧妙的典故，也是必不可少的。

（4）温文尔雅。

新闻记者大都见多识广，加之又是有备而来，所以他们在新闻发布会上经常会提出一些尖锐而棘手的问题。遇到这种情况时，发言人能答则答，不能答则应当巧妙地避实就虚。无论如何，都不要恶语相加，甚至粗鲁地打断对方的提问。吞吞吐吐、张口结舌，也不会给人以好的印象。

6.2.3 会后工作

新闻发布会结束后，主办人员要向参加者一一道别，并向参加者表达谢意。对于个别记者有特殊要求时，有关人员还应该耐心地予以答复。会后，主办单位需在一定的时间内，进行一次认真的善后评估工作。需要处理的事情包括：

1. 要了解新闻界的反应

新闻发布会结束之后，应对照一下现场使用的来宾签到簿与来宾邀请名单，核查一下新闻界人士的到会情况，据此可大致推断出新闻界对本单位的重视程度。另外还有两件事必做：一是要了解一下与会者对此次发布会的意见和建议，尽快找出自己的缺陷与不足；二是要了解一下与会的新闻界人士之中有多少人为此次新闻发布会发表了新闻稿。

2. 要整理使用保存会议资料

需要主办方认真整理保存的新闻发布会的有关资料，大致上可以分为两类：一

类是会议自身的图文声像资料。它包括在会议进行过程中所使用的一切文件、图表、录音、录像，等等。另一类则是新闻媒介有关会议报道的资料。它主要包括在电视、报纸、广播、杂志、网络上所公开发表的涉及此次新闻发布会的消息、通讯、评论、图片等。

3．要酌情采取补救措施

有些时候在新闻发布会之后出现的不利报道，对于这些报道，要注意具体分析，具体对待。这类不利报道一般分为三类：（1）事实准确的批评性报道；（2）因误解而出现的失真性报道；（3）有意歪曲事实的敌视性报道。对于批评性报道，主办单位应当闻过即改，虚心接受；对于失真性报道，应通过适当途径加以解释、消除误解；对于敌视性报道，则应在讲究策略、方式的前提下据理力争、立场坚定、尽量为自己挽回声誉。

6.3 展销会

展销会是指一种具有一定规模和相对固定的举办日期，以展示组织形象或产品为主要形式，以促成参展商和贸易观众之间的交流洽谈为最终目的的中介性活动。展销会的利益主体主要包括主办者、承办者、参展商和专业观众。主办单位在法律上拥有展会的所有权，是对展会承担主要法律责任的办展单位。承办单位直接负责展会的策划、组织、操作与管理，并对展会承担主要财务责任的办展单位。展览会的主要内容是实物展示，以及参展商和专业观众之间的信息交流和商贸洽谈。完善的组织和恰当的礼仪是成功举办展销会的必要条件。

6.3.1 展销会的组织

展销会既可以由参展单位自行组织，也可以由专门机构自行组织。不论哪种组织方式，组织者都必须认真、细致地做好各项具体工作，使展销会取得满意的效果。展销会的组织工作一般包括如下几个环节：

1．明确展会主题及名称

任何一个展销会都应该有一个鲜明的主题，由此才能明确展销会的对象、规模、形式等问题，并以此来进行展销会的策划、准备和实施，使展销会的宗旨和意图更加突出。

展销会的主题要通过其名称准确地反映出来。展销会的名称一般包括三个方面的内容：基本部分、限定部分和行业标识：(1) 基本部分是用来表明展销会的性质和特征，常用词有展销会、博览会、展览会、交易会和"节"等；(2) 限定部分是用来说明展会举办的时间、地点和展会的性质；(3) 行业标识用来表明展览题材和展品范围。如"第93届中国出口商品交易会"，基本部分是"交易会"，限定部分是"中国"和"第93届"，行业标识是"出口商品"。

展会举办时间的表示办法有三种：一是用"届"来表示，二是用"年"来表示，三是用"季"来表示。如第三届大连国际服装节、2003年广州博览会、法兰克福春季消费品展销会等。在这三种表达办法里，用"届"来表示最常见，它强调展会举办的连续性。展会举办的地点在展会的名称里也要有所体现，如第三届大连国际服装节中的"大连"。展会名称里体现展会性质的词主要有"国际"、"世界"、"全国"、"地区"等。如第三届大连国际服装节中的"国际"表明本展会是一个国际展。行业标识通常是一个产业的名称，或者是一个产业中的某一个产品大类。

2. 确定展会时间与地点

展销会举办时间与地点的确定要依据展销会的目的、性质及预期效果等因素综合考虑。

选择展会的举办地点，包括两个方面的内容：

（1）展会在什么地方举办，即要确定展会在哪个国家、哪个省或者是哪个城市里举办。

（2）展会在哪个展馆举办。在哪个展馆举办展会，要结合展会的展览题材和展会定位而定。

展会定位就是办展机构根据自身的资源条件和市场竞争状况，通过建立和发展展会的差异化竞争优势，使自己举办的展会在参展企业和观众的心目中形成一个鲜明而独特的印象的过程。另外，在具体选择展馆时，还要综合考虑使用该展馆的成本的大小、展期安排是否符合自己的要求以及展馆本身的设施和服务如何、交通、住宿是否方便、辅助设施是否齐全等因素。

【学习笔记】

办展时间的含义

办展时间有三个方面的含义：
（1）是指展会的具体开展日期；
（2）是指展会的筹展和撤展日期；
（3）是指展会对观众开放的日期。

现代商务礼仪

展览时间的长短没有一个统一的标准,要视不同的展会具体而定。有些展会的展览时间可以很长,如"世博会"的展期长达几个月甚至半年;但对于占展会绝大多数的专业贸易展来说,展期一般是3～5天为宜。时间的选择还要于己有利、于参展者有利,并与商品的淡、旺季相匹配。

3. 确定参展单位

主办单位事先应以恰当的方式,对拟参展的单位发出正式的邀请或向社会发布招商广告。

邀请参展单位的主要方式为:刊登广告,寄发邀请函,召开新闻发布会,发布网上公告,等等。邀请函或广告中应明确展销会的时间和地点、报名参展的具体时间和地点、咨询有关问题的联络方法、参展单位要负责的基本费用,等等,以便对方决定参展与否。

对于报名参展的单位,主办单位应进行必要的审核,切不可良莠不分、来者不拒。同时在确定参展单位时,要注意不能以任何方式强加于对方,要做到两相情愿。

4. 展览内容的宣传

展销会前,主办单位应设计好展销会的会徽、会标及相关的宣传标语,并就此对展销会的主题、内容、时间,地点做广泛的宣传,吸引各界人士的注意和兴趣。除此之外,主办单位还应该成立一个专门的新闻发布组织,负责与新闻界的联系,提供有价值的新闻资料,以扩大影响范围,增强展销会的效果。

5. 展销会的布展制作

对于展销会的组织者来讲,展览现场的规划与布置是非常重要的事情。具体包括展位的合理分配,文字、图表、模型与实物的拼接组装、灯光、音响、饰件的安装,展板、展台、展厅的设计与装潢等。布展的效果应达到展出的物品合理搭配、互相衬托、相得益彰,以烘托展销会的主题,给人一种浑然一体、井然有序的感觉。

【现场指导】

小展位引人注目的八点技巧

(1)采用照明系统。根据调查,照明可将展品认知度提高30%至50%。

(2)成立主题式展览摊位。大企业通常是采用传统方式展览,且依赖大规模场地,而小企业可以创新设计以显突出。

（3）依展位大小选择大小合适的展示用品及参展产品，以免过度拥挤或空洞。

（4）善加利用组合式展览用具，避免使用看似低廉的桌布覆盖桌子。

（5）尽量整齐化展览，展示单项或两项产品。

（6）选用少量且较大的图片，创造出强烈的视觉效果。太过密集或太小的图片皆不易读取。

（7）将图片置放在视线以上，图片要应自壁板 36 英寸高以上的地方开始放置。

（8）展位要使用大胆且抢眼的颜色，从远距离即可突现出来，避免易融入背景的中性色彩。

6. 辅助的服务项目

主办单位有义务为参展单位提供一切必要的辅助性服务项目。辅助的服务项目通常包括下述各项：

（1）展品的运输、安装与保险。
（2）车票、船票、机票的订购。
（3）通讯、联络设施的准备。
（4）举行商务会议或休息时所使用的适当场所。
（5）餐饮及有关展览时使用的零配件的提供。
（6）供参展单位选用的礼仪、讲解、翻译、推销等方面的工作人员等。

7. 展销会进度计划、现场管理计划和相关活动计划

展销会进度计划是在时间上对展会的招展、招商、宣传推广和展位划分等工作进行的统筹安排。它明确在展销会的筹办过程中，到什么阶段就应该完成哪些工作，直到展销会成功举办。展销会进度计划安排得好，展销会筹备的各项准备工作就能有条不紊地进行。

现场管理计划是展会开幕后对展会现场进行有效管理的各种计划安排，它一般包括展销会开幕计划、展场管理计划、观众登记计划和撤展计划等。现场管理计划安排得好，展销会现场才能井然有序。

展销会相关活动计划是对准备在展销会期间同期举办的各种相关活动做出的计划安排。与展销会同期举办的相关活动最常见的有技术交流会、研讨会和各种表演等，它们是展销会的有益补充。

6.3.2 参加展销会的礼仪

1. 主办单位人员的礼仪

主办单位的工作人员要注意自己的形象，穿着要庄重，颜面要修饰，举止要文雅。其中，主持人的形象最为重要，因为主持人是一个展销会的操纵者，主持人的形象是组织实力的一种体现。因此，主持人应表现得庄重、诚恳、气派，使公众由此对其所主持的展销会和展品产生信赖感。此外，工作人员还应搞好与各参展单位的关系，做好各项服务工作，对既定的展期、展位、收费标准等，不能做随意的改动。

2. 参展单位人员的礼仪

参展单位的工作人员除具备与产品有关的专业素质外，还要掌握展览的知识与技能，礼貌地对待每一位参观者，达到公众满意的效果。具体而言，参展单位工作人员应注意以下几点：

（1）参展单位的工作人员要统一着装，胸前佩戴标明本人单位、姓名、职务的胸卡，应把胸卡戴在身体的右侧靠近脸的地方，这样与人握手时，你的胸卡就会更靠近对方。礼仪小姐应身穿色彩鲜艳的单色旗袍，胸前佩戴写有参展单位或其展品名称的红色绶带。

【现场指导】

参展单位工作人员服饰规范

展位上的工作人员应当统一着装。最佳的选择，是身穿本单位的制服或特意为本次展销会统一制作的会务服，或是穿深色的西装、套裙。工作人员不应佩戴首饰，男士应当剃须，女士应当化淡妆。

（2）参展单位的工作人员要用热情、诚恳、公平的态度接待每一位参观者。当参观者进入展位时，要主动与之打招呼，以示欢迎。对于观众提出的问题要做到百问不烦、认真回答，当观众离开时，工作人员要主动与其道别。不要以貌取人。展销会上唯一要注重仪表的是参展单位的工作人员，顾客都会按自己的意愿尽量穿着随便些，不要因为顾客穿着随意就低眼看人。

展销会一旦正式开始，全体参展单位的工作人员即应各就各位、站立迎宾。不允许迟到、早退、无故脱岗。当观众走进展位时，工作人员都要面带微笑，主动地向对方说："您好！欢迎光临！"，必要时，还应面向对方，伸出右手，掌心向上，指尖直至展台，并告知对方："请您参观"。当观众离去时，工作人员应当真诚地向对方欠身施礼，并道以"谢谢光临"或是"再见"。

（3）展销会期间参展单位的工作人员要各尽其责。

具体要求如下：

① 不要坐着。展销会期间坐在展位上，给人留下的印象是你不想被人打扰。

② 不要看书。通常你只有二到三秒钟的时间引起对方的注意，如果你在看报纸或杂志，是不会引起人注意的。

③ 不要在展会上吃喝。在展会上吃喝会显得粗俗、邋遢和漠不关心，而且吃东西时潜在顾客不会打扰你。

④ 不要打电话。每多用一分钟打电话，就会同潜在顾客少谈一分钟。

⑤ 不要也参观者发生冲突。对于个别不遵守展销会规则、乱摸乱动展品的观众，要以礼相劝，必要时可请保安人员协助，避免与参观者直接发生冲突。

⑥ 不要与其他展位的人交谈。当参展单位工作人员与其他展位的人交谈时，参观者就会觉得不被重视而不会光临参展单位的展位，从而导致参展单位丧失潜在顾客。工作人员应尽量找潜在顾客交谈，尽量不与参展同伴或临近展位的员工交谈。

⑦ 不要聚群。如果工作人员与两个或更多参展伙伴或其他非潜在顾客一起谈论，那就是聚群。在参观者眼中，走近一群陌生人总令人心里发虚。工作人员应在自己的展位上创造一个温馨、开放、吸引人的氛围。

（4）要善用潜在顾客的名字。人们都喜欢别人喊自己的名字。努力记住潜在顾客的名字，在谈话中不时提到，会让顾客感到自己很重要。工作人员可以直接看着参观者胸前的名牌，大声念出他的名字来。

（5）要指定专人接待媒体。媒体会选择展位寻找找新闻，每一个参展单位都有可能称为媒体采访的对象。参展单位一定要安排专人作为企业与媒体的联系人，以确保对企业的宣传始终保持口径一致。如果每个参展的工作人员都可以与新闻界交谈，就会加大统一口径的难度，因为无论对员工的训练如何有素，都不可能统一口径。

3. 参观者的礼仪

作为展会的参观者，要服从大会的管理，遵守大会的秩序，不嬉笑打闹，不乱摸乱拿展品，与组织者共同维护展销会的秩序和声誉，做一个文明、守法的参观者。

6.4 茶话会

茶话会，是指为了联络老朋友、结交新朋友的具有对外联络和招待性质的社交性集会。参加者可以不拘形式地自由发言，并且备有茶点。茶话会一般不排座次，可以自由活动，与会者不用签到。在诸多商务性会议中，茶话会的社交色彩最为浓重，商务色彩最为淡薄，被称为"商务界虚会"。

6.4.1 茶话会的筹备

茶话会的筹备主要涉及会议主题的确定、来宾的邀请、时间地点的选择、座次的安排，茶点的准备五个方面。

1. 会议主题的确定

茶话会的主题分为联谊、娱乐和专题。以联谊为主题的茶话会最为常见，以联络主办单位同应邀与会的社会各界人士的友谊为目的；以娱乐为主题的茶话会，是以文娱节目为主要会议内容，目的在于活跃气氛，以现场的自由参加与即兴表演为主；专题茶话会，是在某个特定的时刻，或为某些专门问题而召开的茶话会，目的在于听取某些专业人士的见解，或是和某些与本单位有特定关系的人士进行对话。

2. 来宾的邀请

主办单位在筹办茶话会时，必须围绕主题来邀请来宾。来宾可以是本单位的顾问、社会知名人士、合作伙伴等各方面人士。茶话会的来宾名单一经确定，应立即以请柬的形式向对方提出正式邀请。按惯例，茶话会的请柬应在半个月之前被送达或寄达被邀请者，被邀请者可以不必答复。

茶话会的主要与会者主要分为下列五种：

（1）本单位的人士：主要是邀请本单位的各方面代表参加，意在沟通信息，通报情况，听取建议，嘉勉先进，总结工作。以本单位人员为主的茶话会又称内部茶话会。

（2）本单位的顾问：意在表达对有助于本单位各位专家、学者、教授的敬意。

（3）社会上的贤达：通常是指在社会上拥有一定的才能、德行与声望的各界人士。该类茶话会可使本单位与社会贤达直接进行交流，并且倾听社会各界对本单位的直言不讳的意见或反映。

（4）合作中的伙伴：重在向与会者表达谢意，加深彼此之间的理解与信任。以此类人为主要参加人员的茶话会亦称联谊会。

（5）各方面的人士：除了可供主办单位传递必要的信息外，主要是为与会者创造出一个扩大个人交际面的社交机会。以此类人为主要参加人员的茶话会又叫综合茶话会。

3. 时间、地点的选择

时机选择的恰当与否是茶话会取得成功的重要条件。辞旧迎新、周年庆典、重大决策前后、遭遇危难挫折的时候，都是召开茶话会的良机。

（1）举行茶话的时间。

举行茶话会的最佳时间是下午4点钟左右，也可以安排在上午10点钟左右。在具体进行操作时，不用墨守成规，应该以与会者特别是主要与会者的方便与否以及当地人的生活习惯为准。茶话会往往是可长可短的，关键是要看现场有多少人发言，发言是否踊跃。如果把时间限制在一个小时到两个小时之内，它的效果往往会更好一些。

（2）举行茶话会的地点。

适合举行茶话会的场地主要有：

① 主办单位的会议厅。

② 宾馆的多功能厅。

③ 主办单位负责人的私家客厅。

④ 主办单位负责人的私家庭院或露天花园。

⑤ 高档的营业性茶楼或茶室。

餐厅、歌厅、酒吧等地方，不合适举办茶话会。茶话会还应同时兼顾与会人数、支出费用、周边环境、交通安全、服务质量、档次名声等问题。

4. 茶点的准备

茶话会不上主食，不安排品酒，只提供茶点。在茶话会上，为与会者所提供的茶点，应当被定位为配角。在进行准备时要注意的是：对于用来待客的茶叶、茶具，务必要精心准备。应尽量挑选上等品，不要滥竽充数。还要注意照顾与会者的不同口味。最好选用陶瓷茶具，并且讲究茶杯、茶碗、茶壶成套。所有的茶具一定要清洗干净，并完好无损。

除主要供应茶水外，在茶话会上还可以为与会者略备一些点心、水果或是地方风味小吃。需要注意的是，在茶话会上向与会者所供应的点心、水果或地方风味小吃，品种要适合、数量要充足，并要方便拿，同时还要配上擦手巾。按惯例，在茶话会举行后不必再聚餐。

茶话会的布置，可以根据会的内容和季节的不同，在席间或室内布置一些鲜花，如在夏季以叶子嫩绿、花朵洁白的茉莉为宜，使人有清幽雅洁之感，如在冬季，则以破绽吐香的腊梅和生机盎然的水仙为宜，使人感受到春天的气息。

  5. 座次的安排

从总体上来讲，在安排与会者的具体座次时，必须和茶话会的主题相适应。安排茶话会座次可以采取以下办法：

（1）环绕式：不设立主席台，把座椅、沙发、茶几摆放在会场的四周，不明确座次的具体尊卑，而听任与会者在入场后自由就座。这一安排座次的方式，与茶话会的主题最相符，也最流行。

（2）散座式：散座式排位，常见于在室外举行的茶话会。它的座椅、沙发、茶几四处自由地组合，甚至可由与会者根据个人要求而随意安置。这样就容易创造出一种宽松、惬意的社交环境。

（3）圆桌式：圆桌式排位，指的是在会场上摆放圆桌，请与会者在周围自由就座。圆桌式排位又分下面两种形式：一是适合人数较少的，仅在会场中央安放一张大型的椭圆形会议桌，而请全体与会者在周围就座。二是在会场上安放数张圆桌，请与会者自由组合。

6.4.2 茶话会的议程

茶话会的会议议程有如下几项：

（1）主持人宣布茶话会正式开始。宣布开始前，主持人要请与会者各就各位，并保持安静。在会议宣布正式开始之后，主持人还要对主要与会者略加介绍。

（2）主办单位的主要负责人讲话。他的讲话应以阐明这次茶话会的主题为中心内容，除此之外，还可以代表主办单位，对全体与会者表示欢迎和感谢，并且恳请大家今后一如既往地给予本单位更多的理解和更大的支持。

（3）与会者发言。这些发言在任何情况下都是茶话会的重心。为了确保与会者在发言时直言不讳，畅所欲言，通常，主办单位事先不对发言者进行指定和排序，也不限制发言的具体时间，而是提倡与会者自由地进行即兴式的发言。一个人还可以多次发言，来不断补充、完善自己的见解、主张。

与会者茶话会的发言以及表现等，必须得体。在要求发言时，可以举手示意，但也要注意谦让，不要争抢；不管自己有什么高见，都不要打断别人的发言。肯定成绩时,要力戒阿谀奉承。提出批评时,不能讽刺挖苦。切忌当场表示不满,甚至私下里进行人身攻击。

(4) 主持人总结。主持人略作总结后,可以宣布茶话会结束。

【现场指导】

茶话会主持人的作用

茶话会上,主持人更重要的作用是在现场上审时度势,因势利导地引导与会者的发言,并且控制会议的全局。大家争相发言时,主持人决定先后。没有人发言时,主持人引出新的话题;或者恳请某位人士发言。会场发生争执时,主持人要出面劝阻。在每位与会者发言前,主持人可以对发言者略作介绍。发言的前后,主持人要带头鼓掌致意。

实施步骤

1. 确定项目任务

(1) 根据引导案例,教师提出项目名称:筹备并举行商务会议。

(2) 教师提出项目任务设想,学生根据教师提出的项目设想进行讨论,最终确定具体的项目任务。

① 情景模拟:准备并举行一次商务洽谈会。

② 情景模拟:筹备并举行一次新闻发布会。

③ 情景模拟:完成一次展销会的初步组织工作。

④ 情景模拟:完成一次茶话会的筹备工作。

可以根据具体的课时及教学条件选择适合的项目任务。

2. 明确学习目标

学生根据具体的项目任务,与教师一起讨论本项目的学习目标。

① 掌握洽谈会的准备要领,理解洽谈会应注意的问题。

② 掌握新闻发布会的筹备及会中、会后服务的工作要领。

③ 掌握展销会的组织工作要领,掌握展销会的礼仪规范。

④ 掌握茶话会的筹备工作要领,了解茶话会的议程。

3. 相关知识学习

学生与教师一起讨论要达到学习目标，所需的相关知识点。由学生对已学过的旧知识进行总结回顾，教师对学生尚未掌握的新知识进行讲授。

教师在相关知识学习的过程中应该成为学生选择学习内容的导航者。

4. 制订工作计划

建议本项目采用小组工作方式。由学生制订项目工作计划，确定工作步骤和程序，并最终得到教师的认可。

此步操作中，教师要指导学生填写项目计划书（项目计划书样表参见附录）。

5. 实施工作计划

学生确定各自在小组中的分工以及合作的形式，然后按照已确立的工作步骤和程序工作。

在实施工作计划的过程中，教师是学习过程的咨询者和参谋。教师应从讲台上走下来，成为学生的学习伙伴，解除不同特点的学生在学习遇到的困难和疑惑并提出学习建议。

项目实施过程中，教师要指导学生填写小组工作日志（小组工作日志样表参见附录）。

6. 成果检查评估

先由学生对自己的工作结果进行自我评估，再由教师进行检查评分。师生共同讨论、评判项目工作中出现的问题、学生解决问题的方法以及学习行动和特征。通过对比师生评价结果，找出造成结果差异的原因。

项目评价

<任务一> 准备并举行一次商务洽谈会

表 6-1 商务洽谈会准备工作评价标准

评价项目	评价标准	操作规范	分值
成员形象	敬业、干练	1. 男士理发、剃须、吹头发；女士选择端庄、素雅的发型，化淡妆。 2. 穿着正统、简约、高雅、规范的最正式的礼仪服装。 3. 礼貌地提问、用心地倾听、坦诚地回答、友好地辩论。	40 分

(续表)

评价项目	评价标准	操作规范	分值
洽谈环境	优雅、舒适	1. 室内宽敞,有适宜的灯光、温度和隔音条件。 2. 洽谈厅附近应该有良好的通信联络设施。 3. 洽谈厅有休息场所。 4. 洽谈的桌面上根据需要放置一些必要的、具有象征意义的东西。有必备的待客饮料和水果。	30分
座次	体现主宾之别	1. 宾主应分坐在桌子两侧。桌子横放的话,应面对正门的一方为上,属于客方。桌子竖放的话,以进门的方向为准,右侧为上,属于客方。 2. 主谈人员在己方居中而坐,其余人员遵循右高左低的原则,依照职位的高低自近而远地分别在主谈人员的两侧就座。翻译在主谈人员的右边就座。	30分
		合计	100分

表 6-2 商务洽谈会准备工作评分表

评价项目	评价标准	分值	得分	评语
成员形象	敬业、干练。	40分		
洽谈环境	优雅、舒适。	30分		
座次	体现主宾之别。	30分		
	合计	100分		

<任务二> 情景模拟:筹备并举行一次新闻发布会

表 6-3 新闻发布会筹备工作评分标准

评价项目	评价标准	操作规范	分值
会议主题、标题	主题明确,标题反应主题内容。	1. 发布会的主旨内容要在标题中说明。 2. 标题打在关于新闻发布会的一切表现形式上。 3. 打出会议举办的时间、地点和主办单位。	15分
会议时间	时机恰当,时间长短适中。	1. 避开重要的政治事件和社会事件,避开节日与假日,避开其他单位的新闻发布会,同时也逃避开与新闻界的宣传报道重点撞车或相左。 2. 举行新闻发布会的最佳时间周一至周四的上午9点至11点,或是下午的3点至5点,发布会应该尽量不选择在上午较早或晚上。 3. 一次新闻发布会的全部时间应当限制在两个小时以内。	10分
会议地点	符合会议规模与主题。	1. 酒店的风格要与发布会的内容相统一。 2. 离主要媒体、重要人物要近,交通便利,泊车方便。	10分
会议主持人	能够较好地代表公司形象。	仪表堂堂、年富力强、见多识广、反应灵活、语言流畅、幽默风趣、善于把握大局、长于引导提问,并且具有丰富的主持会议的经验。	15分

（续表）

评价项目	评价标准	操作规范	分值
新闻发言人	能够较好地完成发言人的任务。	1. 身居要职。 2. 有较强的沟通能力。 3. 有较强的现场调控能力。 4. 修养良好，能言善辩，彬彬有礼。	20分
邀请媒体	能够对会议进行有利报道。	能够选择并邀请影响巨大、主持正义、报道公正、口碑良好的媒体。	15分
会议材料	紧扣主题，全面、准确。	1. 会议议程 2. 新闻通稿 3. 演讲发言稿 4. 发言人的背景资料介绍 5. 公司宣传册 6. 产品说明资料 7. 有关图片 8. 纪念品 9. 企业新闻负责人名片 10. 空白信笺、笔	15分
		合计	100分

表6-4 新闻发布会筹备工作评分表

评价项目	评价标准	分值	得分	评语
会议主题、标题	主题明确，标题反映主题内容。	15分		
会议时间	时机恰当，时间长短适中。	10分		
会议地点	符合会议规模与主题。	10分		
会议主持人	能够较好地代表公司形象。	15分		
新闻发言人	能够较好地完成发言人的任务。	20分		
邀请媒体	能够对会议进行有利报道。	15分		
会议材料	紧扣主题，全面、准确。	15分		
	合计	100分		

表6-5 新闻发布会礼仪规范评分标准

评价项目	评价标准	操作规范	分值
外表的修饰	端庄大方	1. 主持人、发言人进行必要的化妆，并且以化淡妆为主。发型庄重而大方。 2. 男士着深色西装套装、白色衬衫、黑袜黑鞋，并且打领带，女士则宜穿单色套裙、肉色丝袜、高跟皮鞋。 3. 举止自然而大方。要面含微笑，目光炯炯，表情松弛，坐姿端正。	20分
相互的配合	配合默契，互不拆台	1. 主持人主要是主持会议、引导提问；发言人主要是主旨发言、答复提问。 2. 主持人与发言人必须保持一致的口径	40分
语言艺术	简明扼要，生动灵活，温文尔雅。	1. 条理清楚、重点集中。 2. 在讲话中善于表达自己的独到见解。 3. 适当地采用一些幽默风趣的语言、巧妙的典故。 4. 对于尖锐而棘手的问题，发言人能答则答，不能答则巧妙地避实就虚。	40分
		合计	100分

表6-6 新闻发布会礼仪规范评分表

评价项目	评价标准	分值	得分	评语
外表的修饰	端庄大方	20分		
相互的配合	配合默契，互不拆台	40分		
语言艺术	简明扼要，生动灵活，温文尔雅。	40分		
合计		100分		

<任务三> 情景模拟：完成一次展销会的初步组织工作

表6-7 展销会初步组织工作评分标准

评价项目	评价标准	操作规范	分值
展会主题	主题鲜明	1. 展销会的主题要通过其名称准确地反映出来。 2. 名称一般包括三个方面的内容：基本部分、限定部分和行业标识。	15分
时间、地点	符合展会性质及预期效果。	1. 展馆的成本符合会议预算要求；展期安排是否符合己方的要求。 2. 展馆本身的设施和服务良好，交通、住宿方便、辅助设施齐全。 3. 时间长短符合展会性质，一般是3~5天。 4. 展会时间与商品的淡、旺季相匹配。	15分
参展单位	恰当选择，以恰当的方式邀请。	1. 邀请方式主要为刊登广告、寄发邀请函、召开新闻发布会、发布网上公告等等。 2. 邀请函或广告中要明确展销会的时间和地点、报名参展的具体时间和地点、咨询有关问题的联络方法、参展单位要负责的基本费用等。 3. 主办单位对报名参展的单位进行必要的审核。	10分
展会内容宣传	广泛、有效	1. 设计好展销会的会徽、会标及相关的宣传标语，对展销会的主题、内容、时间、地点做广泛的宣传。 2. 主办单位成立一个专门的新闻发布组织。	15分
布展制作	烘托展会主题，引人注目，并然有序。	1. 采用照明系统。 2. 成立主题式展览摊位。 3. 整齐化展览，展出的物品合理搭配、互相衬托。 4. 选用少量且较大的图片。 5. 将图片置放在视线以上。	20分
辅助服务	全面、便利	1. 展品的运输、安装与保险措施。 2. 车票、船票、机票的订购。 3. 通讯、联络设施的准备。 4. 举行商务会议或休息时所使用的适当场所。 5. 餐饮及有关展览时使用的零配件的提供。 6. 供参展单位选用的礼仪、讲解、翻译、推销等方面的工作人员等。	15分

（续表）

评价项目	评价标准	操作规范	分值
计划编制	全面、准确	1. 展会进度计划 2. 现场管理计划 3. 相关活动计划	10分
合计			100分

表6-8 展销会初步组织工作评分表

评价项目	评价标准	分值	得分	评语
展会主题	主题鲜明。	15分		
时间、地点	符合展会性质及预期效果。	15分		
参展单位	恰当选择，以恰当的方式邀请。	10分		
展会内容宣传	广泛、有效。	15分		
布展制作	烘托展会主题，引人注目，井然有序。	20分		
辅助服务	全面、便利	15分		
计划编制	全面、准确	10分		
合计		100分		

<任务四> 情景模拟：完成一次茶话会的筹备工作。

表6-9 茶话会筹备工作评分标准

评价项目	评价标准	操作规范	分值
会议主题	符合主办单位意图。	1. 联谊：联络友谊。 2. 娱乐：活跃气氛。 3. 专题：探讨专门问题。	15分
来宾	围绕主题邀请，邀请方式恰当。	1. 来宾可以是本单位的顾问、社会知名人士、合作伙伴等各方面人士。 2. 以请柬的形式向对方提出正式邀请。按惯例，茶话会的请柬应在半个月之前被送达或寄达被邀请者。	25分
时间、地点	时机良好，时间合适，地点适合茶话会的要求。	1. 辞旧迎新、周年庆典、重大决策前后、遭遇危难挫折的时候，都是召开茶话会的良机。 2. 按照惯例，举行茶话会的最佳时间是下午四点钟左右。有些时候，也可以安排在上午十点钟左右。 3. 时间选择还应该以与会者特别是主要与会者的方便与否以及当地人的生活习惯为准。 4. 餐厅、歌厅、酒吧等地方，不合适举办茶话会。 5. 茶话会还应同时兼顾与会人数、支出费用、周边环境、交通安全、服务质量、档次名声等问题。	25分

（续表）

评价项目	评价标准	操作规范	分值
茶点	精心准备	1. 茶叶、茶具尽量挑选上等品，要注意照顾与会者的不同口味。 2. 最好选用陶瓷茶具，并且讲究茶杯、茶碗、茶壶成套。所有的茶具一定要清洗干净，并完好无损。 3. 在茶话会上向与会者所供应的点心、水果或地方风味小吃，品种要适合、数量要充足，并要方便拿，同时还要配上擦手巾。	20分
座次	与会议主题相适应。	茶话会的座次方法有环绕式、散座式、圆桌式。	15分
合计			100分

表6-10 茶话会筹备工作评分表

评价项目	评价标准	分值	得分	评语
会议主题	符合主办单位意图。	15分		
来宾	围绕主题邀请，邀请方式恰当。	25分		
时间、地点	时机良好，时间合适，地点适合茶话会的要求。	25分		
茶点	精心准备。	20分		
座次	与会议主题相适应。	15分		
合计		100分		

技能训练

仿真练习：根据案例背景进行相关礼仪规范练习。

1. 背景资料

可口可乐收购汇源果汁

（1）公司简介。

北京汇源饮料食品集团有限公司于1992年创立于山东省，1994年将总部迁至北京市顺义区，1998年开始向全国发展。近12年来，在全国各地建立了24处现代化工厂，形成了220多万吨年设计生产能力。建立了270个销售公司和500多个中心专卖店，形成了覆盖全国的营销网络。拥有49亿元总资产和万名从业人员。主要生产水果原浆、浓缩汁、果汁、蔬菜汁、果蔬汁饮料、含乳饮料、茶饮料、婴儿食品等，累计研发、生产、销售了400多个品种的产品。水果原浆、浓缩汁出口德国、瑞士、俄国、日本、韩国、美国等十几个国家和地区，累计创汇一亿多美元。2003

年实现销售收入 29 亿元，利税 5.7 亿元，累计实现销售收入 96 亿元，缴纳税金 8 亿多元，扶持赞助社会公益事业投放现金、物资折合 4000 多万元。"汇源"商标被认定为中国"驰名商标"。汇源产品被认定为"安全饮品"、"中国消费者放心购物质量可信产品"、"中国农产品市场畅销品牌"。汇源集团公司被授予"农业产业化国家重点龙头企业"、五连冠"中国饮料工业 10 强"、2003 年度"中国农产品加工企业 50 强"、"中国食品工业（饮料制造业）100 强企业"、"全国食品安全示范单位"、"全国轻工业质量效益型先进企业"、"中国成长企业 100 强"、"中国最具革新力企业"等称号，荣获"全国五一劳动奖状"。

1886 年美国人约翰．彭伯顿发明了可口可乐。至今"可口可乐"商标是世界上最为人熟知的商标，并在全世界近两百个国家和地区销售。可口可乐公司在中国的合资伙伴是中国轻工业总会及其联系机构、中国粮油进出口公司、中国国际投资公司、嘉里集团和太古公司，共同建立了二十七家装瓶厂，可口可乐中国至今已在中国投资达 11 亿美元，员工 15000 人。可口可乐已连续七年被评为中国市场最受欢迎的饮料。而雪碧亦是最受欢迎的柠檬型饮料。可口可乐系列产品有：可口可乐、健怡可口可乐、芬达、雪碧、阳光、醒目、天与地、津美等。特别是在 1996 年推出首次为中国市场研制的果汁饮料"天与地"后，接着又成功推出矿泉水和茶产品。亦于 1997 年 8 月推出果味的碳酸饮料品牌"醒目"。可口可乐系统十分关注社会效益。作为良好的企业公民，可口可乐全国各地装瓶厂与各地有关部门合作，积极支持和帮助教育、体育事业的发展，回馈本地社区及做出贡献。

（2）收购方案。

汇源果汁于 2008 年 9 月 3 日发布公告称，荷银将代表可口可乐公司全资附属公司 Atlantic Industries 以约 179.2 亿港元收购汇源果汁集团有限公司股本中的全部已发行股份及全部未行使可换股债券，可口可乐提出的每股现金作价为 12.2 港元。

根据规定，如果此次交易完成，汇源果汁将成为 Atlantic Industries 的全资附属公司，并将撤销汇源股份的上市地位。公告称，倘收购建议完成，可口可乐公司有意让汇源继续经营其现有业务，并做出重大承诺，依靠汇源的现有品牌及业务模式壮大业务、提高其固定资产的利用率，并为汇源雇员提供更多发展空间。

（3）谁是赢家。

可口可乐：赢在收购优质企业，有助产品结构改善

作为这场交易的收购方，可口可乐应该是做了一笔合算的买卖。如果收购成功，可口可乐便增加了一个包括果汁成品罐装以及销售的经营实体，拥有了一个在中国饮料业具有相当影响力的品牌。

众所周知，可口可乐是今天全球饮料业的强者。但可口可乐目前也面临重大的挑战。以可乐类为主的碳酸饮料主要成分为糖、色素、香料及碳酸水等，含有大量糖分，过多摄入易致肥胖症。另外，由于常饮碳酸饮料不利于人体骨骼发育健康，目前美国大部分中小学的自动售卖机里已经禁止销售可乐类饮料。这些问题使可口可乐在美国本土的销售增长率呈逐年下降趋势，数据显示，过去几年可口可乐在欧洲和美洲地区年销售增长率从9%降到了2%，其美国本土已下滑为1.5%。

可口可乐必须调整产品结构以应对这一问题。有数据表明，在美国超市所出售的饮料中，超过2/3是果汁饮料，其中100%纯果汁因为营养丰富最受欢迎。可口可乐把目光投向果汁饮料、投向中国的汇源，是一件非常自然的事。

作为在香港上市的"中国汇源果汁集团有限公司"的第一大股东，北京汇源饮料食品集团有限公司在此次交易中得到的实惠也是明显的。可口可乐对"中国汇源果汁"的全资收购出资达到25亿美元，折合约189亿元港币。相当于收购公告发布前一天"中国汇源果汁"市值的3倍，为其上市发行价的2倍，如果此项交易能够成功，汇源集团借助股权交易将获得其中的74亿元港币。汇源集团不仅借助溢价出售旗下经营部门获利，还借此与可口可乐公司商定就果汁原料采购与配送方面进行合作，着力于实现借助可口可乐的全球物流配送体系，扩大果汁原料、成品果汁的生产规模和覆盖地域，全面融入全球饮料市场的战略目标。如果说，可口可乐是赢在对中国市场的进入方面，是赢在未来；汇源集团所赢得的则是摆在眼前的现金流量和资本收益，已经赢在了现在，同时又谋求借助可口可乐全球运营体系的辅助进入国外市场，着眼于把握未来的发展机遇。应该说，在与跨国企业的经营博弈中，中国本土企业汇源集团不仅没有落于下风，在整体的布局谋篇上似乎还略胜一筹，原因其实很简单——它在果汁饮料市场中的能力。

（4）公众反映。

新浪网调查显示，有近80%的网民反对此次收购，认为汇源被收购是在消灭民族品牌，作为企业家，朱新礼这一行为是不负责任的。应该说，网友们对国家经济和民族品牌的关心是值得敬佩的，但在这一过程中，有一误解必须澄清，现在的舆论普遍认为"汇源集团被完全收购了，朱新礼拿着一大笔钱财走了"。实际情况是：总部设在北京的汇源集团还在，朱新礼还执掌着汇源集团经营发展的舵轮。而汇源集团借助出售所控股的香港上市公司中国汇源果汁的股权，获得了较好的投资收益，回笼了充足的资金，以支持集团的整体发展。

（资料来源：新浪财经）

2. 训练项目

（1）假定可口可乐与汇源果汁要就收购方案进行洽谈，请同学们进一步查阅背景资料，分为两组分别代表谈判一方进行模拟洽谈，训练过程中要注意商务洽谈的仪表、仪态的礼仪规范要求，洽谈环境的礼仪规范及商务洽谈应注意的事项，包括礼敬于人、坚持客观标准、互惠互利、平等协商、人事分开。

（2）假定近期内汇源果汁要就这次并购召开新闻发布会，请同学们作为汇源的工作人员，进一步查阅背景资料，为此次新闻发布会进行筹备，并模拟召开新闻发布会，做好会中和会后工作。训练内容包括媒体的邀请，会议时间、地点的选择，与会人员的确定，会议材料的准备，会议进行中主持人与发言人的外表修饰、互相配合、会议气氛的掌控、语言艺术的应用及会后了解新闻界的反应、整理保存会议资料等工作。

（3）假定近期内要举办一届夏季饮料展销会，请同学们进行分组，每组代表一个饮料公司作为参展单位参加展销会，具体代表哪个公司由同学们自由选择并查阅背景资料，同时邀请部分同学作为观众参加展销会。具体训练内容包括展台的设计、参展人员的礼仪规范要求及观众的礼仪规范。

项目 7

商务宴请礼仪

引导案例

某城市接待了一位来投资考察的美国外商。考察进行得比较顺利，双方达成了初步的合作意向。这天接待方设宴款待这位外商，宴会的菜肴非常丰盛，主客双方交谈得很愉快。这时席间上来了一道特色菜，为表示我方的热情，一位接待方领导便为这位美国外商夹了一筷子菜放到他的碟子里。这位外商当即面露不悦之色，也不再继续用餐，双方都很尴尬。

请问：这位外商为什么面露不悦之色？接待方应该如何表示热情之意？

（资料来源：黄琳主编. 商务礼仪. 机械工业出版社.）

项目任务

1. 制订中式或西式宴会的招待预案。
2. 制订参加宴请活动预案。
3. 将制订好的预案制作成 PPT 演示文稿，并进行展示。

学习目标

1. 掌握不同形式宴会的礼仪规范。
2. 掌握中餐、西餐等的礼仪知识。
3. 能够根据不同商务客人的饮食习惯安排适合客人特点的商务宴请。
4. 具有举办不同形式宴会的组织接待能力。

相关知识

7.1 宴请的类型

7.1.1 宴会

宴会,指比较正式、隆重的设宴招待,宾主在一起饮酒、吃饭的聚会。宴会是正餐,出席者按主人安排的席位入座进餐,由服务员按设计好的菜单依次上菜。宴会可在早、中、晚餐举行,而以晚宴最为隆重。宴会按规格又分为国宴、正式宴会、便宴及家宴。

1. 国宴

国宴是指国家元首或政府为招待外国元首、政府首脑或其他贵宾来访或在重要节日为招待各界人士而举行的正式宴会,是宴会中规格最高的。按规定,举行国宴的宴会厅内应悬挂两国国旗,安排乐队演奏两国国歌及席间乐,席间宾主双方要致词、祝酒。

国宴讲究排场,对出席者的入场仪式及客人的服装都有规定,以示国宴的隆重与正式。此外,国宴对宴会厅的陈设、菜肴的道数,以及服务员的仪态都有严格的要求。

2. 正式宴会

正式宴会是为宴请专人而精心安排的,在较为高档的餐馆,或是其他特定的地点举行的,讲究排场、气氛的隆重正规的宴请活动。正式宴会对于到场的人数、穿着、席位排列、菜肴数目、音乐演奏、宾主致辞等,都有十分严谨的要求。

3. 便宴

便宴是一种非正式宴会,其最大特点是简便、灵活,可不排席位、不作正式讲话,菜肴也可丰可俭。便宴的气氛随便、亲切,便于日常的交往和友好往来。便宴一般不发请柬,可电话或口头邀请,通常在餐馆举行。

4. 家宴

家宴即在家中所举行的宴会，是由主人以某种名义，在自己的私人居所内举行的，招待自己的亲朋好友的一种非正式宴会。家宴通常由主人亲自掌勺，家人共同招待，气氛亲切、自然、温馨，宾主双方轻松、随意，利于增进交流，加深了解，促进信任。

7.1.2 招待会

招待会是只备一些食品和饮料，不备正餐，不安排座次的一种较为灵活而简便的宴请方式。常见的有冷餐会、鸡尾酒会等。

1. 冷餐会（自助餐）

冷餐会的菜肴以冷食为主，有时也备一定数量的热菜。这种宴请形式不排座次，菜肴连同餐具放置在餐台上，由服务人员端送到客人面前，客人可自由活动，自取食物及饮料，便于交际与相互谈话。

参加冷餐会的宾客在自由选取食物时，应注意以下礼仪：

（1）按顺序选取食物，不要抢先。

（2）取食后可找适当的位置坐下慢慢进食，也可站着与人边交谈边进食。

（3）所取食物最好吃完，不喜欢吃就不要取好了。

（4）第一次进食时不要取得太多，以免吃不完；若需要再添食，可以再次或多次到餐桌上去自由添取。

（5）如用刀叉、第一次取食时应用餐巾裹住刀叉，拿在碟子底下，以手夹住。第二次去取食时，则可将刀叉一并放在碟上，用大拇指按住。

冷餐会可在室内，也可在花园等室外场地举行；可设桌椅自由入座，也可站立进餐；应邀人数可多可少。

2. 酒会

酒会又称鸡尾酒会，这是因为招待宾客的酒水常用鸡尾酒，即用多种酒按一定比例混合成的酒，并配以果汁，在一些特殊场合中，最上等的是香槟鸡尾酒。调鸡尾酒的器具须包括鸡尾酒搅拌器、用以切柠檬或柳橙的刀、过滤器、冰、兑酒用的玻璃棒等。

酒会是一种便利交往的招待形式，比较活泼、随便。招待品以酒水为主，略备小吃，如三明治、面包、小香肠、炸春卷等，不设桌椅，仅备小茶几摆放牙签；酒会举行的时间比较灵活，中午、下午及晚上均可。请柬上往往注明整个活动的时间和延续时间，宾客可在此时间内任何时间到达和退席，来去自由，但若到达太迟或到达不久即离去，则有对主人不敬之嫌。

鸡尾酒会允许来宾半途离开正在与他谈话的客人，而去跟别的朋友会面，但态度应讲究一些，免得使人有突兀之感。中途离开的客人，应向主人道别。由于主人在酒会上往往需跟许多来宾接触，所以不要求主人一一送客。

鸡尾酒会是一种比较自由轻松的酒会，赴会者在衣着方面不用过于讲究，只要穿着整洁便可以了。

7.1.3 茶会

茶会是一种更为简便的招待方式，一般在下午4点左右或上午10点左右举行。茶会通常在客厅、会议室等场所举行、厅内设茶几、座椅，不排席位。如果是为某贵宾举行的活动，入座时主宾被安排与主人坐在一起，其他人随意就座。茶会主要招待品是茶，因此，对茶叶、茶具的选择比较讲究，一般用陶、瓷茶具，不用玻璃杯和热水瓶；茶会上可备点心和风味小吃，但要便于食用，也有选用咖啡做主饮料的。

7.1.4 工作餐

工作餐是现代国际交往中常用的一种非正式的宴请形式，有时还必须参加者自己负担进餐费用，工作餐按就餐时间分为工作早餐、工作午餐、工作晚餐等。工作餐参加者利用共同进餐的时间边吃边谈，互相探讨问题。在代表团访问中，有时因活动日程安排太紧而采用这种形式，它一般只请与工作有关的人员，不请配偶。双边工作进餐往往排席位，可以用长桌便于谈话。

7.2 宴请的礼仪

7.2.1 宴请准备的礼仪

宴请活动准备是否周详，是整个宴请活动能否成功的基础，那么在宴请前的准备工作中，要求做到以下几点：

1. 列出名单

在宴请活动之前，应按照宴请所要达到的目的，认真列出被邀请宾客的名单，将主宾、次主宾以及陪客，一一列清。每次宴请的目的一般只有一个，如洽谈项目、签订合同、接风迎客、饯行话别等等。应特别注意不要把毫不相干的两批客人合在一起宴请，更不要把平时有矛盾的客人请到一起吃饭、饮酒，以免出现不愉快的尴尬场面。

2. 确定时间

宴请时间的确定，原则上以适应多数宾客能来参加宴会为准则，尤其应以主宾最合适的时间来确定，而不能只迁就主人的心意。有时也可随其他因素而决定，如，企业开张可按主人主观来安排；接风送行，则由客人的行期而定。

3. 选好场所

宴请场所的选择，充分体现出主人对宴请活动的精心安排以及主人对客人的敬意。应该选择那些交通方便、环境幽雅、食品卫生、菜肴精美、价格公道、服务优良的饭店作为宴请的场所。

4. 发出邀请

举办宴请活动的东道主无一例外都会发出邀请，邀请的形式一般有书面邀请、电话邀请和口头邀请。较正式的宴请要提前一周左右发请柬，已经口头约妥的活动，仍应补送请柬；如果是非正式的宴请活动，邀请一般都以口头方式当面邀请或通过电话发出的；如便宴和工作进餐，一般提前二、三天，但也可以书信请柬形式发出。

【学习笔记】

请柬书写技巧

请柬发给每一个被邀请人。请柬中上部写宴请的活动形式，举行的时间、地点，左中下写敬请光临，右下写主人或主办单位的名字。

请柬行文不用标点符号，所提到的人名、单位名、节日名称等均用全称。中文请柬行文中一般不提被邀请者的姓名，其姓名写在请柬信封上，主人姓名放在落款处。请柬可以印刷，也可手写，但手写字迹要美观、清晰。请柬信封上被邀请人的姓名、职务要写准确。

不管是口头邀请、打电话邀请还是写信邀请，主动邀请者必须用客气商量的口吻，不能用断然性的口气要求对方。在决定地点和时间时，要征求对方的意见，双方同意后，方能决定。

5. 安排菜单

宴会菜单的确定，应根据宴会的规格、客人的身份以及宴请的目的来确定。基本原则是：有冷有热，荤素搭配，有主有次，主次分明，丰俭得当。整桌菜中的主菜是用来显示菜的规格的，而一般菜可以用来调剂客人的口味。

【现场指导】

制订菜单应注意禁忌

菜单的确定，还应以适合多数客人口味爱好为前提，尤其是特别照顾主宾的饮食习惯及禁忌。

（1）宗教禁忌。在所有的饮食禁忌之中，宗教方面的饮食禁忌最为严格，而且绝对不允许有丝毫违犯。

（2）地域差异。在不同的地区，人们的饮食偏好往往有不同。对于这一点，在安排菜单时，也应予以兼顾。比如，西方人通常不吃宠物、稀有动物、动物内脏、动物的头部和脚爪，美国人不吃羊肉和大蒜，俄罗斯人不吃海参、海蜇、墨鱼、木耳，法国人不吃无鳞鱼，德国人不吃核桃等等。另外吃相难看、吃法复杂的东西也不要点，西方人习惯了餐桌上的鱼没有刺没有骨头，太复杂的食物他们也不会吃。

（3）职业禁忌。有些职业，出于某种原因，在餐饮方面往往有各自不同的禁忌。例如，驾驶员在工作期间，不得饮酒。要是忽略了这一点，不仅是对对方不尊重，而且还有可能使其因此而犯错误，惹麻烦。

（4）个人禁忌。有些人，由于种种因素的制约，在饮食上往往会有一些与众不同的特殊要求。比如说，有人不吃肉，有的人不吃鱼，有的人不吃蛋，等等。对于这类人的饮食禁忌，亦应充分予以照顾。

【学习笔记】

各国宴请习惯趣闻

美国人爱请客，但主随客便是一大特色。往往在电话里先征求客人意见，以便有针对性地准备。一般晚宴，宴前是糕点、奶酪、点心；宴中只是烧牛排或烤乳猪之类一两道主菜，传着让大家各取所需。再就是面包薄片，自抹黄油奶酪辅助。最后是甜点、水果之类的。至于饮酒更是随意，不劝酒、不猜拳，

"干杯"只是意思意思。

德国人宴请，陪客要自掏腰包。如大学宴请来宾，只有校长不付钱，其他应邀的作陪者都要自己付钱。假如有谁吃完了嘴巴一抹屁股一拍，一走了之，账单就会送至财务处，从工资里扣除，一点也不含糊。

乌干达的国宴定有香蕉饭。客人光临，先敬一杯香蕉酒，再品尝流着糖胶的烤蕉点心。正餐家宴主食就是香蕉饭。这种饭做法十分考究：把香蕉去皮稍蒸，捣成蕉泥，拌以红豆汁、花生酱、红烧鸡块或咖喱牛肉等配料。

爱斯基摩人好客，但串门不用敲门，走进去，食物随便吃。有时，谁家有特色美味，还特地花钱出广告，愿者可事先打个招呼，前往品尝鉴赏。

西班牙的莫洛尔几纳地区每年的1月17日，是当地的"口福节"。每村的人不分男女老幼，从晚餐开始，每家带一份自己烹制的食品来到篝火旁交换品尝；半夜，围着篝火吃淡米饭，然后喝鳗鱼汤、吃鳗鱼肉馅饼；凌晨，大家在篝火堆烤香肠。围火堆一圈有多长，香肠就有多长。天亮，太阳初升，大家一同捧香肠在手上享用，象征美好的生活地久天长。

（资料来源：世界经理人.）

6. 排定座次

（1）桌次安排。

目前的中式宴会一般多用较大的圆桌，桌上习惯放转台，一般设8～12个席位，也有的主桌设14～20个席位。人数多时则平均分为几桌，桌次的安排以主桌位置为准，在摆设中，除了要考虑宴会厅的形状外，主要是把主桌放在面对正门，背向厅壁的显赫位置。按照国际惯例，其他桌次按照主桌近为高，远为低，右为高，左为低的原则安排。桌次较多时，要摆桌次牌。

桌次安排的原则：

① 以远为上。当餐桌距离餐厅正门有远近之分时，以距门远者为上（如图7-1所示）。

② 以右为上。当餐桌并列有左右之分时，以居右者为上（如图7-2所示）。

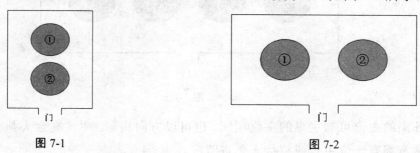

图7-1　　　　　　　　　　　图7-2

③ 居中为上。多张餐桌并列时，以居于中央者为上（如图7-3、图7-4所示）。

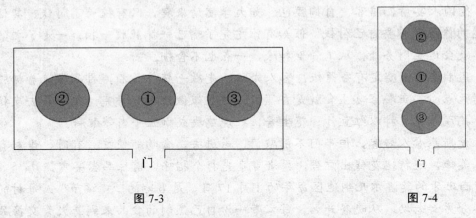

图 7-3　　　　　　　　　　　　　　图 7-4

④ 在桌次较多的情况下，上述排列常规往往交叉使用（如图7-5、图7-6、图7-7所示）。

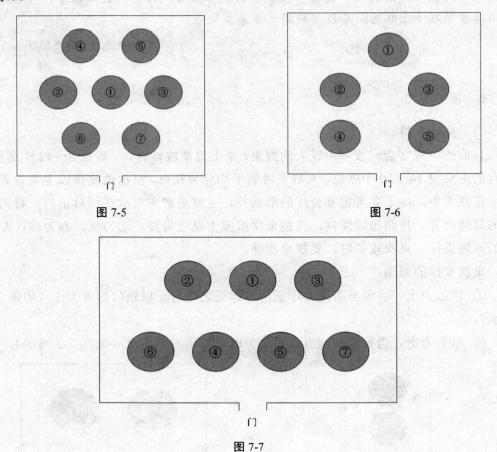

图 7-5　　　　　　　　　　　　　　图 7-6

图 7-7

各桌的主位可与主桌的主位相同，也可以方向相对。中式宴会大都会使用圆桌，每桌通常都有一位主人或招待人负责照应。

（2）席位安排。

席位的安排具有很强的礼节性，如果安排不当，会直接影响宾主用餐的气氛。在客人对象明确以后，根据礼仪要求，在用餐前，按照客人的职位、年龄、性别或特定要求加以排列，并在席面上标明每位客人应坐的位置，以便客人落座。

① 中式宴会的席位安排

中式宴会的席位安排通常遵循以下原则：

一是面门为上，即主人面对餐厅正门。有多位主人时，双方可交叉排列。

二是以近为上，各桌之上位次的尊卑，以距离该桌主人的远近而定，离主位越近地位越尊。

三是以右为上，以该桌主人座位为准，主人的右手方向为上，其左为下。

四是观景为佳，一些高档酒店，在餐厅内外往往有优美的景致或高雅的演出，可供客人在用餐时观赏。此时，应以观赏角度最佳的位置为上座。

五是临墙为上，在餐厅的大厅内用餐时，为了防止过往侍者或其他食客的干扰，通常以靠墙之处为上座，以靠过道之处为下座。

根据以上五条原则，我们可采用以下的方法安排座次。

方法一：每桌一个主位的排列方法（如图7-8所示）。

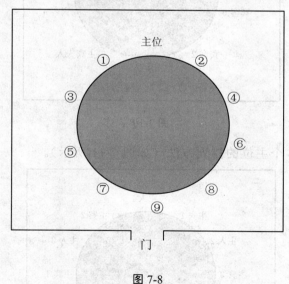

图7-8

方法二：每桌两个主位的排列方法（如图7-9所示）。

在涉外活动中，如果外宾带有翻译，应将翻译安排在一宾右侧、二宾的左侧，即五、六席上。

如果是夫妻两人请客，则副主人即为女主人，主宾携夫人前来，通常将女方排在一起，即主宾坐男主人右上方，其夫人坐女主人右上方（如图7-10所示）。

现代商务礼仪

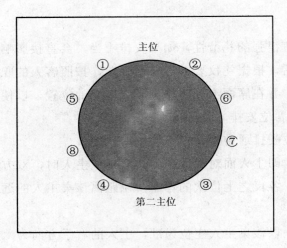

图 7-9

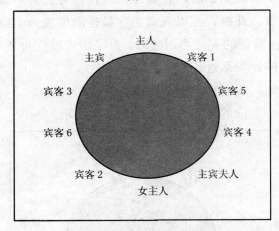

图 7-10

方法三：每桌多个主位的排列方法（如图 7-11 所示）。

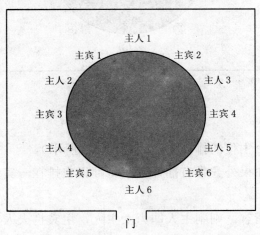

图 7-11

由于我国地域广大，民族众多，风俗习惯和礼仪要求有着明显的区别，在宴客席位安排上各自有着各自的特点。我国民间普遍有着以"左"为上的传统观念，主要用于民间聚饮和公事交往中的下级宴请上级。这类席位的安排，根据宴客对象，本着主宾相对，以左为上的原则。

方法一：宴请一位主要客人时席位排法（如图7-12所示）。

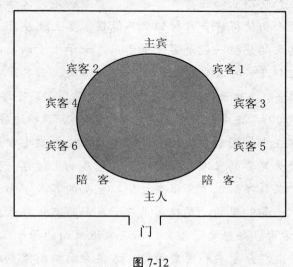

图 7-12

方法二：宴请两位主要客人时席位排法（如图7-13所示）。

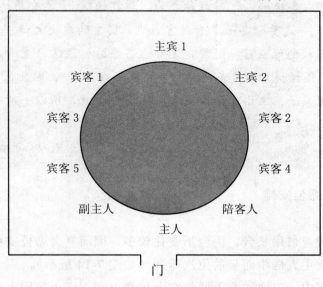

图 7-13

【学习笔记】 古代宴席的席位安排礼仪

我国古代饮食中的礼仪,上行下效,由宫廷、贵族逐渐影响到民间。如宴会排座次,民间至今仍以长幼、尊卑、亲疏、贵贱而定。又如古代的"男女不同席"这一礼仪至今仍使得许多农村妇女不能在家宴上就座。

清代以前,宴席的座位一般是男子坐于东,女子坐于西,以北为上座,席首坐亲戚,席次坐邻友,再次坐宗族。有一亲、二友、三本家之说。

席位的种类很多,丰城一带流行的就有"梅花席"、"品字席"和"龙口席"。梅花席是在堂屋(客厅)正中放一张圆桌,称"梅花芯"。四边各斜放一张方桌,似梅花瓣。梅花席正中的圆桌,坐的都是上等客人。方桌中靠近梅花芯的八个位子为大,坐着较为显要的客人。品字席是在堂屋的上边摆一张桌子,下边摆两张桌子,形成"品"字。上边那张桌子坐较重要的客人,而东边那个席位的首席,是客人中"上尊"坐的。龙口席是在堂屋里摆四张桌子(或六张、八张桌子),成两个长方形。每张桌子朝大门而又靠近里面的两个位子为上席。

我国民间的餐桌,分方桌和圆桌两种。方桌桌面四周镶宽边的俗称"八仙桌",这是传统的宴席用桌。八仙桌通常坐八人,俗称"正座",除八名正座之外,每个桌角可以各坐一人,苏北称之为"抱拐的"。方桌有严格的座次规矩,尤其是"首席",一定要让年长尊贵的客人坐。圆桌的座次大体可参照方桌,但灵活性较大。摆放的地点可以随便,不分上下左右。通常每桌十人,也可坐十二人至十四人,俗话说"圆桌不讲究"、"圆桌不分上下",因此,民间宴客,年轻人更乐意坐圆桌子。又由于圆桌更合"团圆"之意,所以一般家宴也喜欢用圆桌。

(资料来源:朱鹰. 礼仪. 中国社会出版社.)

② 西式宴会席位安排

a. 长台

西餐宴会一般习惯用长台,因台形变化较多,因而宴会席位安排也略有变化。

方法一:男女主人居中而坐的位次排列(如图7-14所示)。

此排法谈话集中,但要注意不要将客人排在末端,应由陪同人员坐末端。

方法二:男女主人分坐于两侧时的位次排列(如图7-15所示)。

此种排法可以避免客人坐在末端,可提供两个谈话中心。

方法三:以长桌所拼成的餐桌上的位次排列(如图7-16所示)。

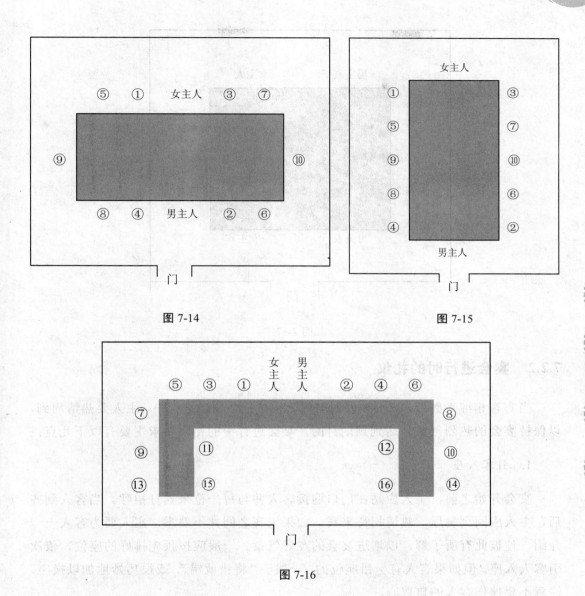

图 7-14

图 7-15

图 7-16

b. 方台

使用方台时，就坐于餐桌四面的人数应当相等。在一般情况下，一桌共坐 8 人，每侧各坐两人的情况比较多见。在安排座次时，应使男、女主人与男、女主宾对面而坐，所有人均各自与自己的配偶或恋人坐成对角线（如图 7-17 所示）。

在以上各种席位安排当中，有时也可按椅子档次定，高靠背或有扶手的为主位，无靠背的为次位。现在一般的宴会都有口布（餐布）拉花，也可根据口布拉花的形状来判断主位、次位。如用孔雀开屏表示主宾席位，用双叶扇屏表示副主宾席位，用和平飞鸽表示主人席位等。

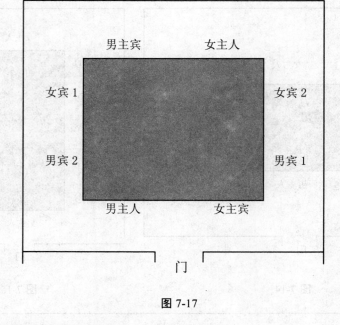

图 7-17

7.2.2 宴会进行时的礼仪

当宾客相继来到后,宴会要及时开席,并在整个宴会进程中,主人要热情周到,以保持宴会的热烈气氛,达到预期目的。宴会进行中的礼仪要求主要有以下几点:

1. 引客入座

宴会开始之前,主人应站在门口迎接客人并与每一位来宾打招呼。当客人到齐后,主人应回到餐厅,热情招待来宾。如果来宾之间并不熟悉,主人要为客人一一介绍,使彼此有所了解,以增进宴会的友好气氛。一般应按预先排好的座位,依次引客人入座。但如果客人有坐错座位的,一般应"将错就错",或很巧妙地加以换座,注意不要挫伤客人的自尊心。

2. 准时开席

来宾入座后,主人应准时开席。不能因个别客人误时而影响整个宴会的进行。如果是主宾或是重要客人到开席时尚未到达,应尽快取得联系,在弄清原因后,根据情况采取应急措施,并向其他客人表示歉意。宴会开席延误一般应控制在 10~15 分钟,万不得已时最多不能超过 30 分钟,否则将冲淡宾客的兴致,影响宴会的气氛。

3. 致辞敬酒

宴会开始时,主人应起身向全体宾客敬酒,并致以简短的祝酒辞。祝酒辞的内容随宴会的性质而定。

4. 介绍菜肴

当第一道热菜（主菜）上桌时，一般由饭店服务员报菜名，并介绍这道菜色、香、味、形方面的特色。此时主人应举筷请众宾客品尝。当客人互相谦让、不肯下箸时，主人可站起来用公筷、公匙为客人分菜。分菜时注意先分主宾或长者，并注意分得均匀，以免有厚此薄彼，不一视同仁之嫌。

如果是家宴，主人可以亲自下厨，精心制作几道拿手菜。当这些菜上桌时，不仅要报菜名，还要简单介绍制作要领。请大家品尝后，还要认真征求宾客的意见。在上菜中，应注意将新上的菜放在主宾面前或偏向主宾，观赏面朝向主宾，以示尊重。

【现场指导】

席中上菜的风俗礼节

上菜中还要注意风俗礼节，例如，上整鸡、整鸭、整鱼时，一般礼俗是"鸡不献头，鸭不献掌，鱼不献脊"，最肥嫩的一面朝向上首席，头部多朝向主宾，横摆于席面上。吃过的菜不能朝向首席推，而应朝对首席或两侧撤。在吃整鱼中，有两种不同的习俗，一种较为正式的是吃完一面后不翻动，而是将鱼刺拿掉继续吃另外一面。而另外一种吃法是两面翻动，当吃完一面后，将鱼翻过来再吃另一方。但在说法上却不说"翻"字，而是说"正过来"，"划过来"等，只是图个吉利。总之，作为主人在餐案上的礼节要周到。

（资料来源：李柳缤. 商务礼仪. 中国商业出版社.）

5. 适时敬酒

在宴会进行过程中，主人一般要依次向所有宾客敬酒。敬酒时，要起身而立，上身挺直，双脚站稳，以双手举起酒杯，并向对方微微点头示礼，也可说一、二句简短友好的祝酒辞，态度要稳重、热情、大方。需要干杯时，应按礼宾顺序由主人与主宾首先干杯。干杯时，同样要起身而立，目视对方，要注意态度从容，有礼，碰杯时，为表示对对方的尊重，杯沿应比对方的杯沿低；干杯后，应点头示礼。在宾客较多的场合下，主人可提议大家一起干杯，这时主人只要举杯示意即可，不必一一碰杯。

在让酒、劝酒当中，主人要尊重宾客的意愿，把让酒、劝酒的礼节变成了一种强迫，也就破坏了宴会热烈、友好的气氛。这一点尤其要注意。

中式宴会在进行过程中，有时主人会亲自给客人斟酒，常用的有三种酒，即白酒、葡萄酒、啤酒。在斟酒时注意，一般白酒斟四分之三；葡萄酒三分之二；啤酒二分之一。另外还有不含酒精的饮料，如果汁、矿泉水等。

【学习笔记】 　　　**西餐宴会中酒水的种类**

西餐宴会中的酒水一般分三大类型，即餐前酒、佐餐酒、餐后酒。

（1）餐前酒。又称开胃酒、饭前酒。一般是吃主菜之前喝的，或在吃开胃菜的时候喝的。一般味比较淡，或者味道比较酸甜爽口。西方人一般比较喜欢喝的餐前酒有鸡尾酒、香槟酒、威士忌酒等。

西方人祝贺的酒唯有香槟酒。另外，开业、剪彩、签字仪式、新船下水等表示祝贺时都喜欢用香槟酒。

（2）佐餐酒。一般吃主菜，吃肉吃鱼时喝的酒，就是所谓的佐餐酒。其实佐餐酒就是红白两种葡萄酒。西餐讲究不同的食物搭配不同的酒。一般是红肉（牛、羊、猪等）搭配红酒，而白肉（鸭、鸡、鱼、海鲜等）搭配白酒。

（3）餐后酒。用餐后，需要化解油腻。喝红茶也行，喝黑咖啡也行，当然也可以喝酒。常用来作餐后酒的有白兰地酒、威士忌酒等。

在非正式聚会时，啤酒也是很受欢迎的饮料，适合较不拘礼的场合。除酒类外，西餐宴会中通常还有其他非酒精饮料可供选择，如果汁、汽水、可乐等。

（资料来源：全细珍，黄颖. 职场礼仪实训教程. 北京：北京交通大学出版社.）

6. 亲切交谈

宴会进行过程中，主宾双方应就彼此都感兴趣的话题，亲切交谈。交谈的范围不妨广一些，一切从增进友谊来考虑。对一些要达到一定目的的宴会，宴会中不宜深入谈判具体的、实质性的问题。要做到"只叙友情，不谈工作"，切不可把餐桌变成谈判桌，以免陷入僵局，使双方不快。另外，对一方避讳的话题，特别是涉及个人隐私，切不可在酒席间谈起。

【学习笔记】

西餐便餐的标准菜序

通常,一顿西餐便餐的标准菜序应当是方便从简,由下列五道菜肴构成:

(1)开胃菜

(2)汤

(3)主菜

(4)甜品

(5)咖啡

(资料来源:金正昆. 社交礼仪教程. 北京:中国人民大学出版社.)

7.2.3 宴会结束时的礼仪

1. 适时结束

宴会结束的最佳时机,应是宴会最高潮时,主人选择此时宣布宴会到此结束,会给大家留下最美好回忆。一般宴会应掌握在 90 分钟左右,最多以不超过两小时为宜。时间过短,会使客人感到不尽兴,甚至对主人的诚意表示怀疑;时间过长,则主宾双方都感到疲劳,反而会冲淡宴会的气氛。在宴会结束前,要征求多数客人的意见,以使他们尽兴为宜。

2. 话别送客

众宾客离开饭店或家庭时,主人应亲自送客出门或送至楼下。临分别前,往往要以依依不舍的心情亲切话别。话别时,主人要真诚感谢众宾客的光临。

7.3 参加宴会的礼仪

7.3.1 参加宴会前的准备

1. 及时答复

被邀请人在接到邀请后,应及时答复对方是否应邀,以便主人作必要的安排和调整。

当接到正式请柬或邀请信时,要在三天之内作出答复。接受邀请的书面答复一般包含三个方面内容:首先感谢对方的邀请,然后表示接受对方的邀请,最后表示一下期待应邀赴约的心情。谢绝邀请的书面答复包括以下几方面内容,首先感谢对方的盛情邀请,并对不能应邀表示遗憾;然后简单陈述一下不能应邀的原因,最后表示一下希望以后有机会见面或委托他人赴邀,并向邀请人致以问候。

谢绝邀请时要注意礼节、礼貌,婉转而真诚表明自己的态度,同时说明原因,并向对方表示歉意。不可含糊其辞,吞吞吐吐。

接受邀请后要准时赴约。无论是到旅馆赴宴还是去家中做客,都应准时,一般以提前二、三分钟或准时到达为宜。

2. 注重仪表

在出席宴会前应注意仪容仪表、服饰打扮,使仪表符合宴请场合的要求。按国际惯例,较为正式的宴请活动,往往在请柬上注明着装要求。一般宴请活动虽然没有具体要求,但作为应邀者也应着适合时令的整洁衣服。如果是夫妇一同赴宴,还要注意服装在式样和颜色上相协调。

在仪容上,女宾要根据宴会的正式程度适当化妆,并做出合适的发型;男宾事先理发、修面等。总之,在仪容仪表上要做到端庄大方,容光焕发、精神饱满。这样不仅使自己的形象显得庄重美观,也是对主人和其他客人的尊重。

3. 准时到达

出席宴请活动,一定要按照主人约定的时间,准时到场。抵达时间是否适合,在一定程度上反映了对主人的尊重程度。

到达时间不宜过早,过早主人还没有准备好,会让主人措手不及,给主人增添麻烦。当然也不宜过迟,过迟是对主人的不尊重,同时也会使其他客人空耗时间,是对其他客人的不尊重。一般情况下,客人以准时或略提早 1~2 分钟到达为宜。如因特殊原因迟到了,要向主人和其他客人微笑打招呼,说明理由,并表示抱歉。

7.3.2 宴会间的礼仪

1. 礼貌入座

入座时应有优雅的风度和良好的仪态。应听候主人或招待人员的安排,如未指定座位,应由尊长、主人坐上位,待长辈、女士坐定,自己再找适当的座位坐下,不能过于随便。入座时应注意椅子与桌子之间的距离适当。男士应注意首先为同行

项目 7 商务宴请礼仪

女士移动椅子，协助女士入座，待女士坐稳后，方可入座。坐下后要注意坐姿端正，双腿靠拢，两足平放在地面上，后背与椅背应留有空隙。注意不宜将两腿交叠，双手不宜放在邻座的椅背上，或把手搁在桌上，更不要把两肘撑在餐桌上，这样既不雅观，也是失礼的。

2．使用餐巾

入座后，客人可取餐桌前的白色餐巾（也称口布）铺在膝上，这是用来避免进食时弄脏衣服的。不宜用餐巾擦拭杯、筷，这样做对主人有失信任和尊重。如果是大餐巾，可对折使用，铺在膝上，同时将对折口向外；餐巾对折后开口的一边的内侧是餐中用来拭嘴的。如今席间餐巾纸使用非常普遍，一般是用来拭嘴和擦手的。席间如果有事需临时离座，应该将餐巾搭放在椅背上。用餐结束时，大餐巾应叠整齐放在餐桌上，印有标志的白色小餐巾是留作纪念带走的。

【学习笔记】

西餐中餐巾的暗示作用

在西餐中，餐巾除了有为服装保洁、用来揩拭口部和掩口遮羞外，还可用以进行多种特殊暗示。最常见的暗示又分三种：

（1）暗示用餐开始。西餐大都以女主人为"带路人"。当女主人铺开餐巾时，就等于是在宣布可以开始用餐了。

（2）暗示用餐结束。当主人，尤其是女主人把餐巾放到餐桌上时，意在宣告用餐结束，请各位告退。其他用餐者吃完了的话，亦可以此法示意。

（3）暗示暂时离开。若中途暂时离开，一会儿还要去而复返，继续用餐，可将餐巾放置于本人座椅的椅面上。见到这种暗示，侍者就不会马上动手"撤席"，而会维持现状不变。

（资料来源：金正昆．社交礼仪教程．北京：中国人民大学出版社．）

3．表情愉快

宴会过程中，应保持表情愉快。为表示对主人的尊重，无论主人请客人吃什么，客人都应表现出高兴的样子，即使主菜不对口味，也应吃上一些，而不能面露不悦，皱眉拒绝。而席间心事重重、漫不经心，则是对主人和其他宾客的不礼貌。

4．适度交谈

如今，宴请已成为社会交际、联络感情的重要手段。宴会进行当中，主客双方可以就彼此感兴趣的话题亲切交谈,以使宴会席上的气氛自由轻松。且不可一言不发,低头只顾自己进食。交谈面应广一些,不要只与一、两个人谈话,这样容易使人产生对他人不感兴趣的印象,也是失礼的。

【现场指导】

餐桌交谈禁忌

(1)交谈的内容要有所选择,不宜涉及黄色、暴力等内容,影响宴会气氛;

(2)急于和近旁的人交谈时,不要先用手碰人家一下;

(3)两人交谈时,不要隔着别人交谈,更不要大声与餐桌对面的人谈话;

(4)同时与两旁的人说话时,注意不要把背向着其中一人;

(5)嘴里有食物时不要交谈。如有人跟你说话时,应等嘴里的食物咽下后再开口;

(6)不要过分地向旁边的女士劝菜,为动员她多吃而讲个不停会惹人讨厌;

(7)不要对宴席上的菜肴烹调评论挑剔,也不要抱怨服务员的工作。如果是家宴,则可适当地称赞餐食美味可口,感谢女主人手艺高超;

(8)如因健康或习俗等原因不能食用某道菜时,不要明显地表示拒绝或厌恶,更不要做太多解释,尤其不要谈及自己的疾病。

(9)与近旁人说话,不宜高声也不宜耳语。如果不便公开讲,则应另选适合的场合再谈;

(10)切记不要打断别人说话,也不要打听餐桌上别人谈话的内容;

(11)宴席间说话不宜过多,口若悬河或长篇大论都会让人厌烦的。也不要因观点不同而与对方发生争执或显得不高兴,这是没有修养的表现。

5. 举止得体

(1)入座后,可与同席的随便交谈,不可旁若无人。等待用餐时,不宜用手玩弄餐具。如,敲筷子、耍勺子等。

【学习笔记】　　　**西餐刀叉的使用方法**

使用刀叉,一般有两种常规方法可供借鉴。

① 英国式。它要求在进餐时,始终右手持刀,左手持叉,一边切割,一边

叉而食之。通常认为，此种方式较为文雅。

②美国式。它的具体做法是，先是右刀左叉，一口气把餐盘里要吃的东西全部切割好，然后把右手里的餐刀斜放在餐盘前方，将左手中的餐叉换到右手里，右手持叉将盘中的食物吃尽。这种方式的好处，据说是比较省事。

（资料来源：金正昆. 社交礼仪教程. 北京：中国人民大学出版社.）

（2）待主人示意开始时，才可用餐。夹菜时，应夹盘中临近自己一方的菜，切不可在盘中挑来拣去，只夹自己喜欢吃的菜肴。进餐时要细嚼慢咽，决不可低头狼吞虎咽，一幅贪婪之像。

（3）用餐的动作要文雅，夹菜时动作要轻，要小心不要碰到邻座。一次夹菜不宜太多，尽量注意不要将菜汁滴到桌上，或把汤碰洒。如果不小心将饭菜掉在桌上，应尽快用餐巾纸等清理掉，或请服务员帮忙处理，切不可再将其夹入盘内。

（4）吃东西时不要发出声响，闭嘴咀嚼，特别是喝汤时不要发出"咕噜咕噜"的声响。如果汤太热，如汤、菜太热，可稍待凉后再吃，切勿用嘴吹。这样既不卫生，又不雅观。

（5）席间，主人斟酒时，要起身或俯身作扶杯状，以示恭敬和谢意。主人敬酒时，要立即起身，双手接过酒杯，并向主人致谢和其他客人致意后再饮。当主人盛情劝酒时，不宜直语地拒绝，可以婉言谢绝，或用饮料，茶水代酒。饮酒不能无度，即使酒量较大，也不宜足饮，以免醉酒失态。一般宴请场合，应控制在自己酒量的三分之一为宜。

（6）席间，可以借花献佛，即用主人的酒回敬主人一杯酒，态度要恭敬诚恳。但切不可抢在主人前面先敬酒，应为回敬。席间也可以向其他客人祝酒，以活跃席上欢快气氛，增进感情。但不能自斟自饮，不管他人，这是很不礼貌的。

（7）嘴内的鱼刺、骨头不要直接吐到餐桌上，应用餐巾掩嘴，用手（吃中餐可用筷子）取出，或轻轻吐在叉上，放在菜盘内。

古人的进餐礼仪

我国古人在进餐时有严格的礼仪规范。按《礼记·曲礼》的记载，客人不能大口喝汤，进食时口中不要发出声响，不要把咬过的鱼肉放回盘中，不要啃骨头，不要把骨头扔给狗吃，不要在餐桌上拨弄牙齿等等。如有违犯，就是失礼，会惹得主人反感、生厌。直到今天，民间宴客依然讲究礼节。一些民谚、俗语，道出了这种种"礼"："主不喝，客不饮"、"先喝为敬"、"舍命陪君子"，

指的是宴席上饮酒之礼；"来客不筛茶，不是好人家"、"饭要盛满，茶要斟浅"、"一杯苦、二杯补、三杯洗肠肚"，说的是来客斟茶之礼，"办酒容易请客难，请客容易款客难"，说的是请客之难；"坐有坐相，吃有吃相"，说的是做客也不易；汉语中的"客气"一词，如今被广为运用，但追根溯源，当是古代请客做客都不敢透大气的简称或缩写。

（资料来源：朱鹰. 礼仪. 中国社会出版社.）

6. 巧用餐具

中餐的餐具主要有杯子、碗、碟、筷、匙几种。在正式宴会上，水杯放在菜盘上方，酒杯放在右下方，筷子和汤匙最好放在专用的筷子架和汤匙架上。在外宾座前，应备刀叉、以便外宾在必要时使用。

（1）筷子是中餐餐具，用筷时、一旦夹上食物，应立即放入口中，不应停留时间过长。

（2）端碗时，拇指扣住碗口，食指、中指、无名指扣住碗底，手心空着，切记不可伏在桌上就着碗吃。如果碗中盛上了饭，不要将筷子插在碗中或放在碗上，应该理顺放在碗边。

（3）在用餐过程中，如果餐具如筷子掉到地上，注意不能拾起擦擦再用，应向服务人员或主人要备用筷使用。

（4）餐毕，筷子整齐地搁在靠近碗右边的桌上，并应等众人都放筷子后，在主人示意散席时方可离座。

【现场指导】 **西餐餐具使用技巧**

西餐的餐具主要的酒杯、刀、叉、盘子等。刀叉的使用是右手持刀，左手持叉。就餐时按刀叉顺序由外往里取用，将食物切成小块，然后用叉送入嘴中。欧洲人用刀叉时不换手，即从切割到送食均以左手持叉。美国人则切割后，把刀放下，右手持叉送食入口。

（1）每道菜吃完后，将刀叉并拢排放盘内，以示吃完。如未吃完，则摆成八字或交叉摆，刀刃应向内。

（2）吃鸡、龙虾时，经主人示意，可以用手撕开吃，否则可用刀叉把肉割下，切成小块吃。

（3）切带骨头或硬壳的肉食，叉子一定要把肉叉牢，刀紧贴叉边下切，以免滑开。

（4）切菜时，注意不要用力过猛撞击盘子而发出声音。不容易叉的食品，可用刀把它轻轻推上叉。

（5）除喝汤外，不用汤匙进食。汤用深盘或小碗盛放，喝时用汤匙由内往外舀起送入嘴，即将喝尽，可将盘向外略托起。

（6）吃带有腥味的食品，如鱼、虾、野味等均配有柠檬，可用手将汁挤出滴在食品上，以去腥味。

宴会进行中，由于不慎，发生异常情况，例如用力过猛，使刀叉撞击盘子，发出声响，或餐具摔落地上，或打翻酒水等等，应沉着不必着急。餐具碰出声音，可轻轻向邻座（或向主人）说一声"对不起"。餐具掉落可请招待员再送一副来。酒水打翻溅到邻座客人身上，应表示歉意，协助擦干；如对方是女士，只要把干净餐巾或手帕递上即可，由她自己擦干。

7.3.3 告别

在宴会结束时，应热情与主人话别，也要和其他客人道别。同时客人还应对主人的盛情款待表示感谢。有时为使礼节周到，可在宴会后打电话或发出致谢信，最好是第二天就发出，一般有一个星期的宽限。电话或致谢信中应再次对主人的盛情表示感谢，特别是应把自己愉快的心情表达出来。这样做会使主人感到非常高兴。

一般情况下不要中途退席，确有急事，应向主人说明，表示歉意，不可一溜烟便不见了。

【现场指导】

中途离席时应注意的问题

（1）为避免引起众人一哄而散，使主办人尴尬的后果，当你要中途离开时，千万别和谈话圈里的每一个人一一告别，更不要询问每一位所认识的人要不要一起走，只要悄悄地和身边的两三个人打个招呼，然后离去便可。

（2）和主人打过招呼，应该马上就走，不要拉着主人在大门口聊个没完。因为当天对方要做的事很多，现场也还有许多客人等待主人去招呼，你占了主人太多时间，会造成主人在其他客人面前失礼。

实施步骤

1. 确定项目任务

（1）根据引导案例，教师布置项目：商务宴请礼仪。

（2）教师提出项目任务设想，学生根据教师提出的项目设想进行讨论，最终确定具体的项目任务。

① 制订中式或西式宴会的招待预案

a．根据案例确定宴请类型

b．列出宴请嘉宾名单并排定桌次及座次；

c．制作邀请信样稿；

d．制订菜单

e．对主人及陪同接待人员的仪容及举止做出具体规定。

② 制订参加宴请活动预案

a．对参加宴请活动人员的仪表做出具体规定；

b．对席间的举止做出规范要求。

③ 将制订好的预案制作成 PPT 演示文稿，并进行展示。

a．各小组将设计好的预案制作 PPT 演示文稿，要求配有图片和图示。

b．每组选派一名发言人，对预案进行发布。

教师可以根据具体的课时及教学条件选择适合的项目任务。

2. 明确学习目标

学生根据具体的项目任务，与教师一起讨论本项目的学习目标。

（1）掌握不同形式宴会的礼仪规范。

（2）掌握中餐、西餐等的礼仪知识。

（3）能够根据不同商务客人的饮食习惯安排适合客人特点的商务宴请。

（4）具有举办不同形式宴会的组织接待能力。

3. 相关知识学习

学生与教师一起讨论要达到学习目标，所需的相关知识点。由学生对已学过的旧知识进行总结回顾，教师对学生尚未掌握的新知识进行讲授。

教师在相关知识学习的过程中应该成为学生选择学习内容的导航者。

4. 制订工作计划

建议本项目采用小组学习方式。由学生制订项目工作计划，确定工作步骤和程序，并最终得到教师的认可。

此步操作中，教师要指导学生填写项目计划书（项目计划书样表参见附录）。

5. 实施工作计划

学生确定各自在小组中的分工以及合作的形式，然后按照已确立的工作步骤和程序工作。

在实施工作计划的过程中，教师是学习过程的咨询者和参谋。教师应从讲台上走下来，成为学生的学习伙伴，解除不同特点的学生在学习遇到的困难和疑惑并提出学习建议。

项目实施过程中，教师要指导学生填写小组工作日志（小组工作日志样表参见附录）。

6. 成果检查评估

（1）学生提交小组工作日志及 PPT 演示文稿的电子稿。

（2）教师根据学生的 PPT 演示文稿及发布情况进行评价。

（3）学生对其他小组的发布情况进行评价。

（4）教师将评价结果反馈给学生，并与学生共同查找项目完成过程中及项目成果存在的不足，讨论解决办法。

项目评价

表 7-1　PPT 演示文稿评价表

评价项目	评价指标	评价标准	分值	得分
PPT 内容	科学规范	预案内容完整，科学严谨，文字、符号等规范标准。知识点运用准确熟练。	15	
	可操作性	预案设计合理，可操作性强，易于实施。	10	
	内容编排	内容清晰，重点突出，逻辑合理。	10	
制作技术	素材质量	图片视频清晰，音效质量高，动画生动准确。	10	
	画面设计	画面设计简洁美观，布局合理，风格统一，色彩协调，重点突出，搭配得当。	10	
	操作使用	操作准确，使用熟练，演示效果好。	10	

（续表）

评价项目	评价指标	评价标准	分值	得分
讲解效果	讲解内容	内容全面准确，能熟练运用PPT生动、形象、清晰地将本组的预案展示给大家。	15	
讲解效果	语言表达	能使用普通话，声音洪亮，表达生动，能吸引同学。	10	
综合评价	总体印象	预案设计科学，展示精彩，流畅。	10	
总分			100	
评价等级	优秀：100~90分，良好：89~80分，一般：79~60分，差：59~0分			
教师评语（特点及不足）				

技能训练

1. 训练项目：手势的训练。
2. 训练目的：掌握商务人员在工作场合手势的规范动作并能熟练运用。
3. 训练内容及方法：

（1）训练介绍某人，为某人指示方向，请坐、让路、送客的手势。

（2）练习行进中迎客、送客"请"的手势。还可以通过小品表演，进行走姿、坐姿、鞠躬、接物送物、手势等的综合练习。

项目 8

商务仪式礼仪

引导案例

某公司新近开设了一家露天水上游乐场,开业之日,其浩大的声势引起人们的瞩目。公司安排了十余辆造型逼真的彩车,在市区主要街道巡游。彩车上"去夏威夷太远,请来水上世界"的横幅标语,令人跃跃欲试;音响中播送着动听的乐曲和水上游乐场的介绍。不同的彩车还分别安排了军乐队演奏、泳装模特表演、歌舞演出等项目,吸引了无数行人驻足观看。彩车途经市区几处广场时还停下来集中进行节目表演并由礼仪小姐发放宣传资料、赠送招待券。给市民留下了良好的印象。这天,当地多家新闻媒体报道了水上大世界开业的消息,从不同角度对其开业仪式的规模和所提供的服务进行宣传和介绍。

请问:本案例中的开业仪式与一般的开业典礼有什么不同?从商务礼仪的角度分析这种做法的优缺点。

(资料来源:孙保水. 公共关系基础练习册. 高等教育出版社. 2006年.)

项目任务

小组合作完成一项商务仪式活动策划方案。

学习目标

1. 了解商务活动中的常用仪式,掌握商务活动中的仪式礼仪规范与一般要求。
2. 熟悉商务仪式的主要内容、基本程序,掌握商务人员在仪式礼仪中的操作规范。
3. 具备选择恰当的商务仪式,策划与执行具体商务仪式方案的实际操作能力。

8.1 签约仪式礼仪

签约仪式，也称签字仪式，是签约双方或多方，在某项达成的协议或订立的合同上签字的一种庄严而又隆重的仪式。

8.1.1 签约仪式的准备工作

在商务活动中，人们在举行签约仪式之前，应做好以下几个步骤的准备工作。

1. 布置签字厅

签字厅有常设专用的，也有临时以会议厅、会客厅来代替的。布置的总原则是：庄重、整洁、清静。

按照仪式礼仪的规范，签字桌应当横放于室内。在其后，可摆放适量的座椅。签署双边性合同时，可放置两张座椅，供签字人就座，签署多边合同时，可以仅放一张座椅，供各方签字人签字时轮流就座；也可以为每位签字人都各自提供一张座椅。签字人在就座时，一般应当面对正门。在签字桌上，按例应事先安放好待签的合同文本以及签字笔、吸墨器等等签字时所用的文具。与外商签署涉外商务合同时还需在签字桌上插放有关各方面的国旗。插放国旗时，在其位置与顺序上，必须按照礼宾序列而行。例如，签署双边性涉外商务合同时，有关各方面的国旗须插放在该方签字人座椅的正前方。

【现场指导】

国旗摆放的位次礼仪

国旗摆放的位次排列原则为：

当国旗与其他旗帜悬挂时，按照中华人民共和国国旗法及其使用的有关规定，我国国旗代表国家，所以必须居于尊贵位置。所谓尊贵位置是指：第一，居前为上，当国旗跟其他旗帜有前有后时国旗居前；第二，以右为上，

项目 8 商务仪式礼仪

当国旗与其他旗帜分左右排列时国旗居右;第三,居中为上,当国旗与其他旗帜有中间与两侧之分时,中央高于两侧;第四,以大为上,当国旗与其他旗帜有大小之别时,国旗不能够小于其他旗帜;第五,以高为上,当国旗升挂位置与其他旗帜升挂位置有高低之分时,国旗为高。

当我国国旗与其他国家国旗同时摆放时,如果活动以我方为主,即我方扮演主人的角色时,客人应该受到尊重,因此其他国家的国旗应挂于上位;如果活动以外方为主,即由外方扮演主人的角色,则我国国旗应该处于尊贵位置。

(资料来源:金正昆. 商务礼仪. 北京:北京大学出版社.)

2. 安排签字时的座次

在正式签署合同时,各方代表对于礼遇均非常在意,因而商务人员对于在签字仪式上最能体现礼遇高低的座次问题,应当认真对待。签字时各方代表的座次,是由主方代为先期排定的。(如图 8-1、图 8-2、图 8-3 所示)

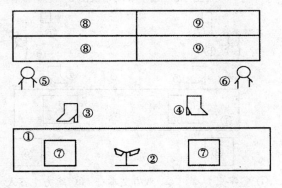

①签字桌　②双方国旗　③客方主签人
④主方主签人　⑤客方助签人　⑥主方助签人
⑦双方文本　⑧客方陪签人　⑨主方陪签人

图 8-1　签字现场布置图 1

在签署双边性合同时,应请客方签字人在签字桌右侧就座,主方签字人则应同时就座于签字桌左侧。双方各自的助签人,应分别站立于各自一方签字人的外侧,以便随时对签字人提供帮助。双方其他的随员,可以按照一定的顺序在己方签字人的正对面就座。也可以依照取位的高低,依次自左至右(客方)或是自右至左(主方)地列成一行,站立于己方签字人的身后。当一行站不完时,可以按照以上顺序并遵照"前高后低"的惯例,排成两行、三行或四行。原则上,双方随员人数,应大体上相近。在签署多边性合同时,一般仅设一个签字椅。各方签字人签字时,须依照有关各方事先同意的先后顺序，依次上前签字。他们的助签人，应随之一同行动。在助签时，依"右高左低"的规矩，助签人应站立于签字人的左侧。与此同时，有关各方的随员，应按照一定的序列，面对签字桌就座或站立。

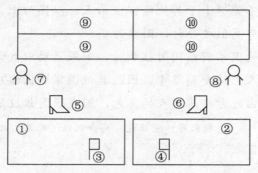

① 客方签字桌　② 主方签字桌　③ 客方国旗
④ 主方国旗　　⑤ 客方主签人　⑥ 主方主签人
⑦ 客方主签人　⑧ 主方助签人　⑨ 客方陪签人
⑩ 主方陪签人

图 8-2　签字现场布置图 2

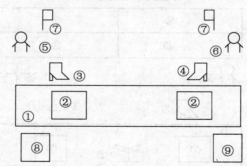

① 签字桌　　　② 双方文本　　③ 客方主签人
④ 主方主签人　⑤ 客方助签人　⑥ 主方助签人
⑦ 双方国旗　　⑧ 客方陪签人　⑨ 主方陪签人

图 8-3　签字现场布置图 3

3. 预备待签的合同文本

依照商界的习惯，在正式签署合同之前，应由举行签字仪式的主方负责准备待签合同的正式文本。在决定正式签署合同时，就应当拟定合同的最终文本。负责为签字仪式提供待签的合同文本的主方，应会同有关各方一道指定专人，共同负责合同的定稿、校对、印刷与装订。按常规，应为在合同上正式签字的有关各方，均提供一份待签的合同文本，必要时，还可再向各方提供一份副本。签署涉外商务合同时，比照国际惯例，待签的合同文本，应同时使用有关各方法定的官方语言，或是使用国际上通行的英文。此外，亦可同时并用有关各方法定的官方语言与英文。使用外文撰写时，应反复推敲，字斟句酌，不要望文生义或不解其意而乱用词汇。

4. 规范签字人员的服饰

按照规定，签字人、助签人以及随员出席签字仪式应当穿着具有礼服性质的深色西装套装或中山装套装，配以白色衬衫与深色皮鞋。男士还必须系上单色领带，以示正规。在签字仪式上露面的礼仪人员、接待人员，可以穿自己的工作制服，或是旗袍一类的礼仪性服装。

8.1.2 签约仪式的程序

签字过程是仪式的重点，它的时间不长，但程序规范、庄重而热烈。签约仪式的正式程序一共分为四项，它们分别是：

1. 签字仪式正式开始

有关各方人员进入签字厅，在既定的位次上各就各位。

2. 签字人正式签署合同文本

通常的做法，是首先签署己方保存的合同文本，然后签署他方保存的合同文本。商务礼仪规定：每个签字人在由己方保留的合同文本上签字时，按惯例应当名列首位。因此，每个签字人均应首先签署己方保存的合同文本，然后再交由他方签字人签字。这一做法，在礼仪上称为"轮换制"。它的含义，通过轮流，使在位次排列上，有关各方均有机会居于首位一次，以显示机会均等，各方平等。

3. 签字人交换有关各方均正式签署过的合同文本

各方签字人握手，互致祝贺。同时，可相互交换各自一方刚才使用过的签字笔，以示纪念。在场全体人员鼓掌，表示祝贺。

4. 共饮香槟酒互相道贺

交换已签的合同文本后，有关人员，尤其是签字人开启香槟以示祝贺。这是国际上通行的用以增添喜庆色彩的做法。商务合同在签署后，提交有关方面进行公证，才正式生效。

据心理学家分析，代表公司与客户进行业务洽谈时，黑色西装最具有说服力，深蓝色和铁灰色次之。黑西装要配白衬衫。如果衬衫有条纹，则场合越正规，衬衫

现代商务礼仪

的条纹应越细。领带的颜色深为成熟，浅意味着有活力，可根据需要去选择领带。如果有图案，最好选用有规律排列的，给人以实在、公正的感觉。西服袖口的纽扣一定要悉数扣牢。此外，公文包、笔记本、手表、手机等细节也不能忽视，这些物品都会影响到对手对你风格的认识。

[学习笔记]

签约仪式主持词

尊敬的各位领导、各位来宾、女士们、先生们：

四月的中原大地，春风送暖，百花盛开。美丽的漯河迎来了一个让世界关注的重要时刻，××集团与××集团5000万只肉鸡项目合资签约仪式，将在这里隆重地举行，这标志着中日两国肉类行业的两位巨人再度携手，共创未来。

首先，我向大家介绍出席本次签约仪式的各级领导：中共漯河市委书记××先生，市委副书记、市长××先生，市委副书记××先生，市人大主任××先生，市政协主席××先生……；出席签约仪式的日方代表有：日本××集团社长××先生……；参加签约仪式的中方代表有：××集团××董事长及集团所有高层领导。出席签约仪式的还有漯河市发改委、市大项目办公室、商务局、国土局、畜牧局、农业局、环保局……的负责同志。以及在本项目实施过程中，给予我们大力支持的源汇区、召陵区、郾城区区委、区政府的主要负责同志，临颍县、舞阳县县委、县政府的主要领导同志等。光临签约仪式的新闻媒体有：河南电视台、河南日报、河南广播电台、漯河电视台、漯河有线电视台、漯河日报社……等省市新闻媒体的记者朋友们；还有与我们精诚合作、共谋发展的漯河电力公司、漯河联通公司、漯河市农行的朋友们。让我们用热烈的掌声对出席签约仪式的各级领导、各位来宾和各位朋友表示诚挚的欢迎和衷心的感谢！

今天签约仪式共有四项议程：

下面进行第一项：有请××集团董事长××先生致辞；

现在，会议进行第二项，有请日本××集团社长××先生致辞；

现在，会议进行第三项，有请漯河市委常委、副市长××先生做重要讲话。

各位领导、各位来宾、朋友们：××集团××董事长向我们介绍了项目规划情况以及肉鸡产业的发展前景；××社长表达了与××合作的良好愿望和信心，××市长代表市政府对中日双方的项目合作寄予了厚望，表达了美好的祝愿。我们相信，有漯河市委、市政府的大力支持，有合资双方的强强联手，5000万只肉鸡合资项目必将取得圆满成功！

现在，会议进行第四项，中日双方代表签署合资协议。有请市委书记××

书记、××市长到主席台见证签字。

有请××集团××董事长、日本××集团××社长到主席台签字。

各位领导、各位来宾、朋友们：今天，我们共同见证了这一激动人心的时刻，它将永载双汇史册、永载日本××集团的史册、永载漯河市社会经济发展的史册。让我们举起喜庆的酒杯，共同祝贺××集团和日本××集团再次合作成功！

（合影留念）

尊敬的各位领导、各位嘉宾、朋友们：再次感谢大家百忙之中莅临××集团，参加我们与日本××集团5000万只肉鸡项目合资签约仪式！××集团将在漯河市委、市政府和各级部门的大力支持下，在××董事长的带领下，奋勇拼搏、开拓创新，以良好的经济效益和社会效益回报社会、回报漯河人民和各界朋友的关心和厚爱！

现在，我宣布：××集团与日本××集团5000万只肉鸡项目合资签约仪式到此结束！

再一次衷心感谢大家的光临，谢谢！

（资料来源：http://hi.baidu.com/hao1960223/blog/item/deed433a9355a7e214cecb05.html）.

【学习笔记】

签约仪式致辞

××集团总裁在××购物广场进驻××山庄签约仪式上的致辞

尊敬的各位领导、各位来宾，女士们、先生们：

下午好！

今天，阳光灿烂，秋风习习，我们在这里隆重举行××购物广场进驻××山庄的签约仪式。借此机会，我谨代表××集团有限公司对各位的光临表示最热烈的欢迎。××山庄商业广场是我们××集团投资兴建的大型商业项目，总投资达1.2亿元人民币。占地面积20800平方米，建筑面积30500平方米，楼高五层。规划设计有大型购物广场、酒店餐饮、娱乐休闲等多种功能，配套设施完善，营运方式灵活。是集餐饮娱乐、购物休闲于一体的综合性大型商业项目。

商业广场采取项目合作制，引入专业的商业管理模式，由开发商与营运商共同打造并保持该地区的商业核心地位，××集团经过10多年的努力，已经成长为一家以房地产开发、经营为主业，并涉足购物连锁、物业管理、幼儿教育等业务的企业。1993年，开始投资开发了××山庄，如今它已成为小金口地区知名的运动休闲生态社区。××山庄依山傍水，人杰地灵，伴随××山庄商业广场的拔地而起，孕育的无限商机和蕴藏发展潜力的××山庄将焕发勃勃生机，迎来××集团事业发展的春天，掀起新一轮小金经济腾飞的浪潮。

"同事同志同命运，共创共享共发展"，这是××人孜孜追求、共同进步的真实写照。勤劳奋进的××人向来以开放的思想，敞开的胸怀从容面对市场的挑战，热情迎接四方朋友的合作参与。今天，我们和××购物广场在这里隆重举行签约仪式，这为××的发展、壮大、辉煌又添上了锦绣的一笔。

让我们携起手来，共创××山庄商业广场的辉煌，共享事业成功的喜悦。

最后，预祝本次签约仪式取得圆满成功！

（资料来源：http://blog.soufun.com/7644564/177294/articledetail.htm.）

8.2 开业仪式

开业仪式，是指在单位创建、开业，项目完工、落成，某一建筑物正式启用，或是某项工程正式开始之际，为了表示庆贺或纪念，而按照一定的程序举行的专门仪式。

8.2.1 开业仪式的筹备

1. 舆论宣传

举办开业仪式的主旨在于塑造本单位的良好形象，以吸引社会各界对自己的注意，争取社会公众对自己的认可或接受。为此要做的常规工作有：一是选择有效的大众传播媒介，进行集中性的广告宣传。其内容多为：开业仪式举行的日期、开业仪式举行的地点、开业之际对顾客的优惠、开业单位的经营特色等。二是邀请有关的大众传播界人士在开业仪式举行之时到场进行采访、报告，以便对本单位进行进一步的正面宣传。

2. 约请来宾

开业仪式影响的大小，往往取决于来宾身份的高低和其数量的多少。在力所能及的条件下，要力争多邀请一些来宾参加开业仪式。地方领导、上级主管部门与地方职能管理部门的领导、合作单位与同行单位的领导、社会团体的负责人、社会贤达、媒体人员,都是邀请时应予优先考虑的重点。

3. 场地布置

开业仪式多在开业现场举行,其场地可以是正门之外的广场,也可以是正门之内的大厅。

按惯例,举行开业仪式时宾主一律站立,故一般不布置主席台或座椅。为显示隆重与敬客,可在来宾尤其是贵宾站立之处铺设红色地毯,并在场地四周悬挂横幅、标语、气球、彩带、宫灯。此外,还应当在醒目之处摆放来宾赠送的花篮、牌匾。来宾的签到簿、本单位的宣传材料、待客的饮料等。对于音响、照明设备,以及开业仪式举行之时所需使用的用具、设备,必须事先认真进行检查、调试,以防其在使用时出现差错。

4. 接待服务

在举行开业仪式的现场,要有专人负责来宾的接待服务工作。每一个环节均需有专人负责。如,签到、引领、停车、饮食、住宿等。在接待贵宾时,需由本单位主要负责人亲自出面。

5. 礼品馈赠

举行开业仪式时赠予来宾的礼品,一般属于宣传性传播媒介的范畴之内。若能选择得当,必定会产生良好的效果。

【现场指导】

开业仪式的礼品选择

根据常规,向来宾赠送的礼品,应具有如下三大特征。其一,是宣传性。可选用本单位的产品,也可在礼品及其包包装上印有本单位的企业标志、广告用语、产品图案、开业日期,等等。其二,荣誉性。要使之具有一定的纪念意义,并且使拥有者对其珍惜、重视,并为之感到光荣和自豪。其三,独特性。它应当与众不同,具有本单位的鲜明特色,使人一目了然,并且可以令人过目不忘。

6. 拟定仪式程序

从总体上来看,开业仪式大都由开场、过程、结局三大基本程序所构成。开场,即奏乐,邀请来宾就位,宣布仪式正式开始,介绍主要来宾。过程,是开业仪式的核心内容,它通常包括本单位负责人讲话,来宾代表致辞,启动某项开业标志,等等。结局,则包括开业仪式结束后,宾主一起进行现场参观、联欢、座谈等等。它是开业仪式必不可少的尾声。为使开业仪式顺利进行,在筹备之时,必须要认真草拟仪式的程序,并选定好称职的仪式主持人。

请柬的基本格式

【学习笔记】

① 请柬的正文由以下几部分组成:注明被邀请人的姓名、被邀参加活动的名称、活动时间、地点、注意事项等。

② 请柬中所有的名称应使用全称或通用简称。

③ 打印好的有正规格式的请柬,行文中不能有标点符号,若是以信函形式发出的请柬,句子中间可以用标点符号。

④ 请柬语言力求雅致、优美、自然。

请柬的格式

```
×××先生(女士):
    兹订于×月×日(星期×)上午×时,在××处举行××××××开业
典礼。
敬请光临。
            此致
敬礼!
                                        ×××敬启
                                  ××××年××月××日
```

筹备开业仪式,首先在指导思想上要遵循"热烈"、"节俭"与"缜密"三原则。

(1)热烈。在开业仪式的进行过程中应营造出一种欢快、喜庆、隆重而令人激动的氛围,而不应令其过于沉闷、乏味。有一位曾在商界叱咤风云多年的人士说过:"开业仪式理应删繁就简,但却不可以缺少热烈、隆重。与其平平淡淡、草草了事,或是偃旗息鼓、灰溜溜地走上一个过场,反倒不如索性将其略去不搞。"

（2）节俭。在举办开业仪式以及为其进行筹备工作的整个过程中，在经费的支出方面量力而行，节制、俭省。反对铺张浪费，该花的钱要花，不该花的钱千万不要白花。

（3）缜密。主办单位在筹备开业仪式之时，既要遵行礼仪惯例，又要具体情况具体分析，认真策划，注重细节，分工负责，一丝不苟。力求周密、细致，严防百密一疏，临场出错。

筹备开业仪式时，对于舆论宣传、来宾约请、场地布置、接待服务、礼品馈赠、程序拟定等六个方面的工作，需要事先作好认真安排。

8.2.2 开业仪式程序

开业仪式主要包括开幕仪式、开工仪式、奠基仪式、破土仪式、竣工仪式、下水仪式、通车仪式、通航仪式，等等。它们的共同点都是要以热烈而隆重的仪式，来为本单位的发展创造一个良好的开端。但是在仪式的具体运作上也存在着不少的差异，现介绍如下。

1. 揭幕仪式

揭幕仪式是指公司、企业、宾馆、商店、银行正式启用之前，或是各类商品的展示会、博览会、订货会正式开始之前，所正式举行的相关仪式。揭幕仪式结束之后，公司、企业、宾馆、商店、银行将正式营业，有关商品的展示会、博览会、订货会将正式接待顾客与观众。

举行揭幕式一般会选择在门前广场、展厅门前、室内大厅等较为宽敞的空间内举行。

揭幕仪式的主要程序为：

（1）主持人宣布仪式正式开始，介绍来宾。

（2）邀请专人揭幕。

揭幕的具体作法是：揭幕人行至彩幕前恭立，礼仪小姐双手将开启彩幕的彩索递交揭幕人。揭幕人随之目视彩幕，双手拉启彩索，彩幕随之展开。全场目视彩幕，鼓掌并奏乐。

（3）在主人的亲自引导下，全体到场者依次进入幕门。

（4）主人致答谢词。

（5）来宾代表致贺辞。

（6）主人陪同来宾进行参观。

（7）仪式结束。开始正式接待顾客或观众，对外营业或对外展览宣告开始。

2. 开工仪式

开工仪式，即工厂准备正式开始生产产品、矿山准备正式开采矿石、建筑工程准备正式开工时，所专门举行的庆祝性、纪念性活动。

开工仪式大都选择在生产现场举行。即以工厂的主要生产车间、矿山的主要矿井、建筑工地现场等处，作为举行开工仪式的场所。除主持人及嘉宾着礼服之外，参与仪式的全体职工均应穿着干净而整洁的工作服出席仪式。

开工仪式的常规程序主要有：

（1）主持人宣布仪式正式开始，奏乐。

（2）介绍来宾。

（3）正式开工。

礼宾人员应请本单位职工代表或来宾代表来到机器开关或电闸旁，首先对其躬身施礼，然后再动手启动机器或合上电闸。全体人员此刻应鼓掌祝贺，并奏乐。

（4）全体职工各就各位，上岗进行操作。

（5）在主人的带领下，全体来宾参观生产现场。

3. 奠基仪式

奠基仪式，通常是一些重要的建筑物，比如大厦、场馆、亭台、楼阁、园林、纪念碑等等，在动工修建之初，所正式举行的庆贺性活动。

奠基仪式举行的地点，一般应选择在建筑工程的施工现场。具体地点，应选在建筑物正门的右侧。在奠基仪式的举行现场应设立彩棚，安放该建筑物的模型或设计图、效果图，并使各种建筑机械就位待命。

用以奠基的奠基石应为一块完整无损、外观精美的长方形石料。在奠基石上，右上款，应刻有建筑物的正式名称。在其正中央，应刻有"奠基"两个大字。左下款，则应刻有奠基单位的全称以及举行奠基仪式的具体年月日。奠基石上的文字应当竖写，其字体，大都讲究以楷体字刻写，并且最好是白底金字或黑字。

在奠基石的下方或一侧，还应安放一只密闭完好的铁盒，内装与该建筑物相关的各项资料以及奠基人的姓名。它将同奠基石一道被奠基人等培土掩埋于地下，留作纪念。

奠基仪式的程序为：

（1）主持人宣布仪式正式开始，介绍来宾；

（2）全体肃立，奏国歌；

（3）主人对该建筑物的功能以及规划设计进行简介；

（4）来宾致贺辞；

（5）正式进行奠基，演奏喜庆乐曲或敲锣打鼓。

首先由奠基人双手持握系有红绸的新锹为奠基石培土。随后，由主人与其他嘉宾依次为之培土，直至将其埋没为止。

【现场指导】

破 土 仪 式

破土仪式，也称破土动工。它是指在道路、河道、水库、桥梁、电站、厂房、机场、码头、车站等等正式开工之际，所专门为此而举行的动工仪式。

破土仪式举行的地点，大多应当选择在工地的中央或其某一侧。举行仪式的现场，务必要事先进行认真的清扫、平整、装饰。要防止出现道路坎坷泥泞、飞沙走石，或者蚊蝇扑面的状况。

如果来宾较多，尤其是当高龄来宾较多时，最好在现场附近临时搭建供休息的帐篷或活动房屋，使来宾得以稍事休息，并免受风吹、日晒、雨淋。

破土仪式的具体程序为：

（1）主持人宣布仪式正式开始，介绍来宾。

（2）全体肃立，奏国歌。

（3）主人致辞。以介绍和感谢为其发言的重点。

（4）来宾致辞祝贺。

（5）正式破土动工。

其常规的做法是：首先由众人环绕于破土之处的周围肃立；并且目视破土者，以示尊重。接下来，破土者须双手执系有红绸的新锹垦土三次，以示良好的开端。最后，全体在场者一道鼓掌，并演奏喜庆音乐，或敲锣打鼓。

（资料来源：金正昆．商务礼仪教程．北京：中国人民大学出版社．）

一般而言，奠基仪式与破土仪式在具体程序方面大同小异，而其适用范围亦大体相近。故此，这两种仪式不宜同时举行于一处。

4．竣工仪式

竣工仪式，又称落成仪式。它是指本单位所属的某一建筑物或某项设施建设、安装工作完成之后，或者是某一纪念性、标志性建筑物，诸如纪念碑、纪念塔、纪念堂、纪念像等等，建成之后，以及某种意义特别重大的产品生产成功之后，所专

门举行的庆贺性活动。

举行竣工仪式的地点，应选择在施工现场或工作现场。例如，新建成的厂区之内、新落成的建筑物之外，以及刚刚建成的纪念碑、纪念塔、纪念堂、纪念像的旁边等等。

竣工仪式的基本程序为：

（1）仪式宣布开始，介绍来宾。

（2）全体肃立，奏国歌。

（3）主人发言，以介绍、回顾、感谢为主要内容。

（4）进行揭幕或剪彩。

（5）全体人员向刚刚竣工或落成的建筑物，郑重其事地恭行注目礼。

（6）来宾致辞。

（7）进行参观。

5. 通车仪式

通车仪式，是指在重要的交通建筑，如公路、铁路、地铁以及重要的桥梁、隧道等，完工并验收合格之后，在正式交付使用之前，所举行的以示祝贺的启用仪式。

举行通车仪式的地点，一般会选择在公路、铁路、地铁新线路的某一端，新建桥梁的某一头，或者新建隧道的某一侧。在现场附近，以及沿线两旁，应当适量地插上彩旗、挂上彩带，并悬挂横幅。在通车仪式上，被装饰的重点，应当是用以进行首次通行的汽车、火车或地铁列车。在车头之上，一般应系上由红绸结成的大红花。在车身两侧，可酌情装饰上彩旗或彩带，并且悬挂上醒目的大幅宣传性标语。

通车仪式的主要程序有：

（1）主持人宣布仪式正式开始，介绍来宾。

（2）全体肃立，奏国歌。

（3）主人致辞。

其主要内容是，介绍即将通车的新线路、新桥梁或新隧道的基本情况，并向有关方面谨致谢意。

（4）来宾代表致贺辞。

（5）正式剪彩。

（6）首次正式通行车辆。

主人邀请嘉宾及群众代表应一起登车而行。一般由主人所乘坐的车辆行进在最前方开路。

通航仪式，又称首航仪式。它所指的是飞机或轮船在正式开通某一条新航线之际，所正式举行的庆祝性活动。一般而言，通航仪式除去主要的角色为飞机或轮船之外，在其他方面，尤其是在具体程序的操作上，与通车仪式大同小异。对其进行实际操作时，可参照通车仪式的具体作法进行。

【现场指导】

下 水 仪 式

下水仪式，是指造船厂在吨位较大的轮船建造完成、验收完毕、交付使用之际，为其正式下水起航而特意为之举行的庆祝性活动。

按照国际上目前所通行的作法，下水仪式基本上都是在新船码头上举行的。现场要进行一定程度的美化。如，在船坞门口与干道两侧，应饰有彩旗、彩带。在新船所在的码头附近，应设置专供来宾观礼或休息之用的彩棚。

对下水仪式的"主角"新船，必须认真进行装扮。一般的讲究，是要在船头上扎上由红绸结成的大红花，并且在新船的两侧船舷上扎上彩旗，系上彩带。

下水仪式的主要程序共有五项：

（1）主持人宣布仪式正式开始，介绍来宾，乐队演奏喜庆乐曲，或敲锣打鼓。

（2）全体肃立，奏国歌。

（3）由主人简单介绍新船的基本状况。例如，船名、吨位、马力、长度、高度、吃水、载重、用途、工价，等等。

（4）由特邀掷瓶人行掷瓶礼。砍断缆绳，新船正式下水。

行掷瓶礼，是下水仪式上独具特色的一个节目。它在国外由来已久，并已传入我国。它的目的，是要渲染出喜庆的气氛。具体作法是，由身着礼服的特邀嘉宾双手持握一瓶正宗的香槟酒，用力将瓶身向新船的船头投掷，使瓶破之后酒沫飞溅，酒香四溢。在嘉宾掷瓶以后，全体到场者面向新船行注目礼，并随即热烈鼓掌。此时，现场可再度奏乐或演奏锣鼓，施放气球，放飞信鸽，并且在新船上撒彩花，落彩带。

（5）来宾代表致贺辞。

（资料来源：金正昆．商务礼仪教程．北京：中国人民大学出版社．）

【现场指导】

"海角红楼利都度假酒店"开业仪式方案

一、活动构思

1. 以剪彩揭幕、奠基典礼为主线，通过大厅剪彩揭幕、工地奠基典礼、馈赠礼品、庆祝酒会来完成活动目的。

2. 通过活动传播开始内部认购的信息，使潜在消费者获得信息。

3. 通过活动的间接影响，使更多的潜在消费者对"海角红楼利都度假酒店"有一个基本的了解，进而吸引既定的目标人群。

4. 通过活动的各种新闻传播，让既定目标人群确认自己了解的楼盘信息，较其他方式更为客观。

二、整体气氛布置

整个会场将配合大厅剪彩揭幕和奠基典礼的主题，以剪彩揭幕、奠基典礼的热烈喜庆和庄重气氛为基调，工地四个空飘气球悬挂空中作呼应，并输出"海角红楼利都度假酒店"的信息。内以红、黄、蓝相间的气球链造型装点一新。主干道及工地入口布置有"海角红楼利都度假酒店"标志的彩旗，内墙布置展板，保证做到气氛庄重热烈。

1. 布置

（1）在主干道两侧插上路旗及指示牌。

（2）悬挂"海角红楼利都度假酒店开业庆典"横幅。

内容："海角红楼利都度假酒店开业庆典"

颜色：字（中黄色）底色（红色）

字体：圆黑色

（3）充气拱形门一个，其内容、颜色、字体同（2）

（4）门口铺红色地毯，摆花篮和鲜花盆景。

（5）内四壁挂满红、黄、蓝相间的气球。

（6）门匾罩红绸布。

2. 奠基现场（工地）布置

奠基现场四个空飘气球悬挂空中，文字"热烈祝贺海角红楼利都度假酒店奠基典礼开业庆典顺利举行"或"欢迎您参加海角红楼利都度假酒店开业庆典"。

在奠基现场放置一块青石碑，若干把扎有红绸带的铁铲。

3. 主会场区

（1）在主会场区的入口处设置一签到处，摆放一铺红布的长木桌，引导嘉宾签到和控制入场秩序。

（2）会场周围设置两只大音箱和有架话筒，便于主持和有关人员发言讲话。

（3）乐队和舞龙队位于主会场主持区一侧。

三、活动程序设置

作为一个庆典活动，欢庆的气氛应浓烈，我们计划用一部分欢庆活动来起到调动会场情绪的作用。由舞龙活动来制造喜庆气氛，也是为以后的项目打气助兴做准备。由于它费用低、收益大、最容易制造气氛和场面。故而，以舞龙活动作为开业仪式上的一个组成部分最为合理。另外，应当由司仪主持庆典活动全过程，由司仪来穿针引线，才能使会场井然有序。

具体活动程序设置：

09:00　迎宾（礼仪小姐引导嘉宾签名和派发数据）。

09:20　礼仪小姐请嘉宾、记者到主会场。

09:30　乐队奏曲和司仪亮相，宣布海角红楼利都度假酒店开业庆典开始。并向嘉宾介绍庆典活动简况，逐一介绍到场领导及嘉宾。

09:50　为尔公司方总致词（致词内容主要是感谢各级领导在百忙之中抽空前来参加海角红楼利都度假酒店的开业仪式。并对为尔公司及本项目进行简短介绍。

10:00　市领导讲话（内容主要为祝贺词）。

10:20　剪彩仪式。

10:30　揭幕仪式。

10:40　为两只龙头点睛（方总、陈总、市领导）。

10:42　舞龙表演。

10:50　司仪请嘉宾随舞龙队的引领进入奠基现场。

11:00　燃放鞭炮，乐队乐曲再次响起。（礼仪小姐为嘉宾派发铁铲）

11:10　嘉宾手持铁铲参加奠基活动。

11:20　邀请嘉宾前往参观和稍作休息（这时应有专人派发礼品）。

12:00　××酒店，庆祝酒会开始（酒会可以以西式自助餐形式，气氛融洽又高雅）。

四、活动配合

1. 活动总负责——总务组：负责活动总体进展，确定嘉宾名单。人员配置：暂定1人。

2. 现场总协调——会场组：协调现场各工序间工作。人员配置：暂定1人。

3. 道具准备——后勤组：负责购买活动所需材料及用品，活动结束的清理会场。人员配置：暂定2人。

4. 对外联络——公关组：负责派送请柬，联系乐队、舞龙队、司仪、新闻媒体、酒店等。人员配置：暂定4人。

5. 宾客接待——接待组：负责嘉宾签到处，发放资料，为嘉宾佩戴贵宾花，引导车辆停放，活动结束后，负责送客。人员配置：暂定4人。

五、媒体配合

"海角红楼利都度假酒店"元月15日的开业仪式是"海角红楼利都度假酒店"的首次亮相。这次关键性的亮相将影响到今后整个"海角红楼利都度假酒店"定位。所以本阶段广告宣传以塑造企业形象和建立品牌知名度为目标，从而尽快奠定"海角红楼利都度假酒店"在人们心目中的档次和形象。本阶段我们将主要采用报纸、电视、宣传单页和条幅等传播媒体和传播方式，以大量的硬性广告来宣传项目。

1. 在《羊城晚报》、《广州日报》、《信息时报》、《南方都市报》上刊登

时间：《羊城晚报》元月8日-12日的一期1/4版。

《广州日报》选择11日、12日、13日连续3天刊登，1/4版。

文案：横排："元月十五日"

横排黑体小字：海角红楼利都度假酒店。元月15日开业之际，凡持本报莅临者均有精美礼品赠送。

另：在版面上还应把海角红楼利都度假酒店标志和广告语"海角红楼利都度假酒店，一生的、幸福的"都标注上，标志图案要显眼，广告语字体要有别于文案字体。

     地址：   电话：

2. 制作宣传单页，派销售员到各繁华地段及居民区散发。

时间：元月8日-元月11日三天

文案：A页：（参照报纸广告）；B页：（项目概况）

六、费用预算

1. 报纸广告刊登费用：

2. 条幅9条：60元/条
3. 请柬：100张，1.00元/张
4. 司仪：
5. 礼仪小姐：10人
6. 乐队：1280元
7. 充气拱形门：一座×200元/天
8. 路旗：7元×50面
9. 指示牌
10. 花篮：60元/个×20个
11. 嘉宾胸花：4.00元/束
12. 鞭炮：200元
13. 装饰品购买费：
14. 宣传单页制作费：
15. 石碑购买费：
16. 铁铲购买费：8把
17. 空飘气球租赁费：
18. 舞龙队：1280元：
19. 音响、话筒租用费：
20. 签名用文具购买费：
21. 剪彩、揭幕用红绸购买费：
22. 礼品：

（资料来源：http://blog.sina.com.cn/s/blog_60b972de0100eyxg.html.）

8.3 剪彩仪式

剪彩仪式，严格地讲，指的是商界的有关单位，为了庆贺公司的设立、企业的开工、宾馆的落成、商店的开张、银行的开业、大型建筑物的启用、道路或航线的开通、展销会或博览会的开幕等，而举行的一项礼仪性程序。因其主要活动内容。是邀请专人使用剪刀剪断被称之为"彩"的红色缎带，故此被人们称为剪彩。

现代商务礼仪

【学习笔记】

剪彩仪式的由来

据历史记载,剪彩的头一次亮相是在1912年,地点是美国圣安东尼奥州的华狄密镇。一次,在这个美国的乡间小镇上,有家商店即将开业,店主的名字叫威尔斯。威尔斯为了阻止闻讯之后蜂拥而至的顾客在正式营业前闯入店内,便随便找来一条布带子拴在门框上。谁曾料到这项临时性的措施竟然更加激发起了挤在店门之外的人们的好奇心,促使他们更想早一点进入店内,对行将出售的商品先睹为快。

事也凑巧,正当店门之外的人们的好奇心上升到极点,显得有些迫不及待的时候,店主的小女儿牵着一条小狗突然从店里跑了出来,那条"不谙世事"的可爱的小狗若无其事地将拴在店门上的布带子碰落在地。店外不明真相的人们于是立即一拥而入,大肆抢购。让威尔斯转怒为喜的是,他的这家小店在开业之日的生意居然红火得令人难以想象。

向来有些迷信的威尔斯便追根溯源地对此进行了一番"反思",最后他认定,自己的好运气全是由那条被小女儿的小狗碰落在地的布带子所带来的。因此,此后在威尔斯旗下的几家"连锁店"陆续开业时,他便将错就错地如法加以炮制。久而久之,威尔斯的小女儿和小狗无意之中的"发明创造",经过威尔斯和后人不断地"提炼升华",逐渐成为一整套的仪式。它先是在全美,后是在全世界广为流传开来。在流传的过程中,仪式本身也被人们赋予了一个极其响亮的名字——剪彩。

剪彩,在从一次偶发的"事故"演化为一项隆重而热烈的仪式的过程之中,其自身也在不断地吐故纳新,有所发展,有所变化。例如,剪彩者先是由专人牵着一条小狗来充当,让小狗故意去碰落店门上所拴着的布带子。接下来,改由儿童担任,让他单独去撞断门上所拴着的一条丝线。再后来,剪彩者又变成了千娇百媚、闭月羞花的妙龄少女。她的标准动作,就是要勇往直前地去当众撞落拴在门口上的大红缎带。到了最后,也就是现在,剪彩则被定型为邀请社会贤达和本地官员,持剪刀剪断由花容月貌的众多佳丽们手中所持的大红缎带。

时至今日,了解这一切的人不一定很多,可是知道剪彩仪式的人却肯定不会太少。

(资料来源:金正昆. 商务礼仪教程. 北京:中国人民大学出版社.)

8.3.1 剪彩的准备

在一般情况下，在各式各样的开业仪式中，剪彩都是一项极其重要的、不可或缺的程序。尽管它也可以被单独地分离出来，独立成项，但是在更多的时候，它是附属于开业仪式的。这是剪彩仪式的重要特征之一。剪彩仪式上有众多的惯例、规则必须遵守，其具体的程序亦有一定的要求。剪彩的礼仪，就是对此所进行的基本规范。

剪彩仪式的准备工作主要涉及场地的布置、环境的卫生、灯光与音响的准备、媒体的邀请、人员的培训等。具体的有：

1. 红色缎带

红色缎带即剪彩仪式中的"彩"。按照传统作法，它应当由一整匹未曾使用过的红色绸缎，在中间结成数朵花团而成。目前，有些单位为了厉行节约。而代之以长度为两米左右的细窄的红色缎带，或者以红布条、红线绳、红纸条作为其变通，也是可行的。一般来说，红色缎带上所结的花团，数目有两类模式可依。其一，是花团的数目较现场剪彩者的人数多上一个。其二，是花团的数目较现场剪彩者的人数少上一个。前者可使每位剪彩者总是处于两朵花团之间，尤显正式。后者则不同常规，亦有新意。

2. 新剪刀

专供剪彩者在剪彩仪式上正式剪彩时所使用的。它必须是每位现场剪彩者人手一把，而且必须崭新、锋利而顺手。在剪彩仪式结束后，主办方可将每位剪彩者所使用的剪刀经过包装之后，送给对方以示纪念。

3. 托盘

在剪彩仪式上所使用的托盘通常首选银色的不锈钢制品。为了显示正规，可在使用时上铺红色绒布或绸布。在剪彩时，可以一只托盘依次向各位剪彩者提供剪刀与手套，并同时盛放红色缎带；也可以为每一位剪彩者配置一只专为其服务的托盘。

4. 红色地毯

主要用于铺设在剪彩者正式剪彩时的站立之处。其长度可视剪彩者人数的多寡而定，其宽度应在一米以上。

8.3.2 剪彩人员

剪彩人员主要是由剪彩者与助剪者两个主要部分的人员所构成。

1. 剪彩者

即在剪彩仪式上持剪刀剪彩之人。根据惯例，剪彩者可以是一个人，也可以是几个人，但是一般不应多于五人。剪彩仪式档次的高低，往往也同剪彩者的身份密切相关。通常，剪彩者多由上级领导、合作伙伴、社会名流、员工代表或客户代表所担任。

应该在剪彩仪式正式举行之前确定剪彩者名单，并应尽早告知对方，使其有所准备。在一般情况下，确定剪彩者时，必须尊重对方的个人意见，切忌勉强对方。如果安排多人同时担任剪彩者时，应分别告知每位剪彩者届时他将与何人同担此任。这是对剪彩者的一种尊重。不要"临阵点将"，在剪彩开始前才强拉硬拽，临时找人凑数。必要时，可在剪彩仪式举行前，将剪彩者集中在一起，告之对方有关的注意事项，并稍加训练。

按照常规，剪彩者应穿套装、套裙或制服，将头发梳理整齐。不允许穿着便装，也不允许戴帽子，或者戴墨镜。剪彩者要仪态端庄，精神饱满，给人以稳健、干练的印象。

2. 助剪者

即在剪彩者剪彩的一系列过程中从旁协助的人员，又称为礼仪小姐。她们的基本条件是：相貌较好、身材修长、年轻健康、气质高雅、音色甜美、反应敏捷、机智灵活、善于交际。

礼仪小姐的穿着打扮必须尽可能地整齐划一。她们的最佳装束应为：淡妆盘发，穿式样、面料、色彩统一的单色旗袍或深色和单色的套裙，配肉色连裤丝袜、黑色高跟皮鞋。除戒指、耳环或耳钉外，不佩戴其他任何首饰。

【现场指导】

礼仪小姐的具体分工

岗 位	托 盘 者	人 数
迎宾者	在活动现场负责迎来送往	不止一人
引导者	在进行剪彩时负责带领剪彩者登台或退场	既可以是一个人，也可以为每位剪彩者各配一人
服务者	为来宾尤其是剪彩者提供饮料，安排休息之处	多人
拉彩者	在剪彩时展开，拉直红色缎带	通常应为两人
捧花者	在剪彩时手托花团	视花团的具体数目而定，一花一人
托盘者	为剪彩者提供剪刀、手套等剪彩用品	可以为一人，亦可以为每位剪彩者各配一人

8.3.3 剪彩仪式的程序

剪彩既可以是开业仪式中的一项具体程序，也可以独立出来，由其自身的一系列程序所组成。独立的剪彩仪式，通常应包含以下六项基本程序：

1. 来宾就位

在剪彩仪式上，通常只为剪彩者、来宾和本单位的负责人安排坐席。在剪彩仪式开始时，请大家在已排好顺序的座位上就座。在一般情况下，剪彩者应就座于前排。剪彩者为一人以上时，则应使之按照剪彩时的具体顺序就座。

2. 仪式开始

在指定的时间，主持人宣布仪式开始，乐队演奏音乐，主持人向全体到场者介绍重要来宾。

3. 奏国歌

此刻须全场起立。必要时，亦可随之演奏本单位标志性歌曲。

4. 致辞讲话

发言者依次为东道主单位的代表、上级主管部门的代表、地方政府的代表、合作单位的代表等。其内容应言简意赅，每人不超过三分钟，重点分别应为介绍、道谢与致贺。

【学习笔记】

中国奶业协会副秘书长张书义在河南佳源乳业股份有限公司开工剪彩仪式上的致辞

尊敬的贾彦红董事长、张新涛总经理、各位领导、各位来宾：大家上午好！

我受中国奶业协会魏克佳秘书长委托，代表农业部畜牧业司和中国奶业协会，向河南佳源乳业有限公司开工剪彩表示热烈的祝贺！

河南佳源乳业的成立，标志着中原大地即将诞生一个崭新的现代乳品企业，意味着中国奶业大家庭中又增添了极具活力和实力的新成员。她的成立必将带动当地农牧业，特别是奶牛养殖业的快速发展，对科学利用本地资源、改善农村环境、增加农民收入、加快农村经济发展、促进社会主义新农村建设、繁荣

现代商务礼仪

乳品消费市场、改善群众饮食习惯、构建和谐社会具有重要意义。佳源乳业采用公司+基地+农户的合作形式，更加符合我国现代奶业的发展方向和特点，使企业更具竞争力和活力，形成了牢固的利益共同体与经济联盟，为企业健康发展奠定了坚实基础。

我们相信，在各级政府和广大农户大力支持与合作下，在贾彦红董事长正确领导下，佳源乳业一定会继续发扬"实干兴企、虚心进取"的丰麟精神，瞄准现代奶业发展方向，自主创新，打造品牌，坚定不移地走"循环型、节约型、效益型"发展道路。我们随时愿为佳源乳业提供全方位技术服务与支持，帮助佳源发展壮大。

最后，希望河南佳源乳业早日竣工投产，早日奉献社会，早日造福一方！预祝佳源乳业兴旺发达！

（资料来源：http://henan.mofcom.gov.cn/sjlingdaojh/sjlingdaojh.html.）

5. 剪彩

主持人宣布开始剪彩时，向全体到场者介绍剪彩者。进行剪彩时，全体应热烈鼓掌，同时还可奏乐或燃放鞭炮。

【现场指导】

剪彩的具体操作程序

（1）主持人宣布进行剪彩，礼仪小姐率先登场。

在上场时，礼仪小姐应排成一行行进。从两侧同时登台，或是从右侧登台均可。登台之后，拉彩者与捧花者应当站成一行，拉彩者处于两端拉直红色缎带，捧花者各自双手手捧一朵花团。托盘者须站立在拉彩者与捧花者身后一米左右，并且自成一行。

（2）剪彩者登场。

在剪彩者登台时，引导者应在其左前方进行引导，使之各就各位。剪彩者登台时，宜从右侧出场。当剪彩者均已到达既定位置之后，托盘者应前行一步，到达前者的右后侧，以便为其递上剪刀、手套。

剪彩者若不止一人，则其登台时应该列成一行，主剪者应走在最前面。在主持人向全体到场者介绍剪彩者时，剪彩者应面含微笑向大家欠身或点头致意。

剪彩者行至既定位置之后，应向拉彩者、捧花者含笑致意。当托盘者递上剪刀、手套，亦应微笑着向对方道谢。

（3）正式剪彩。

在正式剪彩前，剪彩者应首先向拉彩者、捧花者示意，待其有所准备后，集中精力，右手持剪刀，表情庄重地将红色缎带一刀剪断。若多名剪彩者同时剪彩时，其他剪彩者应注意主剪者的动作，与其主动协调一致，力争大家同时将红色缎带剪断。剪彩以后，红色花团应准确无误地落入托盘者手中的托盘里，而切勿使之坠地。为此，需要捧花者与托盘者的合作。剪彩者在剪彩成功后，可以右手举起剪刀，面向全体到场者致意。然后放下剪刀、手套于托盘之内，举手鼓掌。接下来，可依次与主人握手道喜。

（4）退场。

剪彩者在引导者的引导下列队退场。退场时，一般宜从右侧下台。待剪彩者退场后，其他礼仪小姐方可列队由右侧退场。

不管是剪彩者还是助剪者在上下场时，都要注意井然有序、步履稳健、神态自然。在剪彩过程中，更是要表现得不卑不亢、落落大方。

（资料来源：金正昆. 商务礼仪教程. 北京：中国人民大学出版社.）

6. 参观

剪彩结束之后，主人陪同来宾参观。仪式至此宣告结束。随后东道主单位可向来宾赠送纪念性礼品，亦可设宴款待来宾。

8.4 交接仪式

交接仪式，在商界一般是指施工单位依照合同将已经建设、安装完成的工程项目或大型设备，例如厂房、商厦、宾馆、办公楼、机场、码口、车站，或飞机、轮船、火车、机械、物资等，经验收合格后正式移交给使用单位之时，专门举行的庆祝典礼。举行交接仪式的重要意义在于，它既是商务伙伴们对于所进行过的成功合作的庆贺，是对给予过自己关怀、支持、帮助和理解的社会各界的答谢，又是接收单位与施工、安装单位巧妙地利用时机，为双方各自提高知名度和美誉度而进行的一种公共宣传活动。交接的礼仪，一般是指在举行交接仪式时所须遵守的有关规范。

8.4.1 交接仪式的准备

1. 邀请来宾

一般应由交接仪式的东道主——施工、安装单位负责。在具体拟定来宾名单时，施工、安装单位亦应主动征求自己的合作伙伴——接收单位的意见。具体来讲，在确定参加者的总人数时，要兼顾场地条件与接待能力。交接仪式的出席人员应当包括：施工、安装单位的有关人员；接收单位的有关人员；上级主管部门的有关人员；当地政府的有关人员；行业组织、社会团体的有关人员；各界知名人士、新闻界人士，以及协作单位的有关人员等。仪式开始前，对于邀请的来宾均应提前送达或寄达正式的书面邀请，以示对对方的尊重之意。若邀请海外的媒体人员参加交接仪式，则必须认真遵守有关的外事规则与外事纪律，事先履行必要的报批手续。

2. 布置现场

交接仪式的举行地点可安排在已经建设、安装完成并已验收合格的工程项目或大型设备所在地的现场。有时，亦可将其酌情安排在东道主单位本部的会议厅，或者由施工、安装单位与接收单位双方共同认可的其他场所。无论现场设置在何处，都要取得各方的首肯和配合。

交接仪式的现场，可临时搭建一处主席台。在其上铺设一块红地毯。同时准备够来宾使用的桌椅。在主席台上方，应悬挂一条红色巨型横幅，上书交接仪式的具体名称，如"某某工程交接仪式"，或"热烈庆祝某某工程正式交付使用"。在举行交接仪式的现场四周，尤其是在正门入口之处、干道两侧、交接物四周，可酌情悬挂一定数量的彩带、彩旗、彩球，并放置一些色泽艳丽、花朵硕大的盆花，用以美化环境。

3. 准备使用物品

首先，必不可少的，是作为交接象征之物的有关物品。它们主要有：验收文档、一览表、钥匙，等等。验收文档，此处是指已经公证的由交接双方正式签署的接收证明性文档。一览表，是指交付给接收单位的全部物资、设备或其他物品的名称、数量明细表。钥匙，则是指用来开启被交接的建筑物或机械设备的钥匙。在一般情况下，因其具有象征性意味，故预备一把即可。除此之外，主办交接仪式的单位，还需为交接仪式的现场准备一些用以烘托喜庆气氛的物品，并为来宾略备一份薄礼。

在交接仪式上用以赠送给来宾的礼品，应突出其纪念性、宣传性。被交接的工程项目、大型设备的微缩模型，或以其为主角的画册、明信片、纪念章、领带针、钥匙扣等等，皆为上佳之选。

8.4.2 交接仪式的程序

1. 仪式开始

主持人邀请有关各方人士在主席台上就座，并宣布交接仪式正式开始，掌声祝贺。

2. 奏国歌或演奏东道主单位的标志性歌曲

全体与会者必须肃立。安排这一程序，往往会使交接仪式显得更为庄严而隆重。

3. 交接

由施工、安装单位的代表，将有关工程项目、大型设备的验收文档、一览表或者钥匙等等象征性物品，双手递交给接收单位的代表，并握手，表示祝贺。

4. 各方代表发言

按惯例，在交接仪式上，须由有关各方的代表进行发言。他们依次应为：施工、安装单位的代表，接收单位的代表，来宾的代表，等等。这些发言，一般均为礼节性的，并以喜气洋洋为主要特征。它们通常宜短忌长，只需要点到为止的寥寥数语即可。原则上来讲，每个人的此类发言应以三分钟为限。

【学习笔记】

中港船舶首制船交接仪式上的讲话

尊敬的各位来宾，女士们、先生们，朋友们：

今年2月26日，也就是农历的"龙抬头"，我们在这里举行了"宁海拖6001"下水仪式，今天，我们有幸再次共同见证"宁海拖"的交接仪式，感到非常骄傲和自豪。在此，我代表秦皇岛市委、市政府，向中港船舶公司、江苏泛洲船务有限公司表示热烈的祝贺！

"宁海拖"的交付使用，是我市船舶产业发展史上的一件大事，它结束了我市多年没有造船产能的历史，填补了我省造船产业的一项空白，也标志着我市向船舶制造强市迈出了坚实的一步，同时也昭示了秦皇岛造船厂改制重组的正确抉择。

中港船舶公司并购秦皇岛造船厂以来，秉承建设国际一流海洋工程船舶造修基地发展理念，克服种种困难，坚持一手抓建设，一手抓生产，在不到两年的时间里，完成了津秦两地资源整合和先期投资建设，按大造船生产管理模式运作的、现代化分段制造流水线初具规模，企业市场竞争力显著增强。在船舶市场尚未回暖的今天，企业依靠精湛的技术和过硬的质量，不仅赢得了国内外客商的信赖，也为今后发展奠定了坚实基础。

今年以来，为妥善应对国际金融危机影响，我市以奋发有为的姿态，以"保增长、扩内需、调结构、惠民生"为发展主线，认真落实国家和省各项政策措施，主动出击，克服困难，化解矛盾，成功扭转了部分指标下滑态势，经济运行出现了积极变化，主要指标呈现企稳回升态势。上半年全市生产总值和规模以上工业增加值分别增长7.2%和4.0%，且后续增长动力仍在加大。全社会固定资产投资以增长50.4%的速度强力支撑了经济运行回暖。但我们也清醒地认识到，我市经济运行中出现的积极变化只是初步的，基础仍不稳固，必须做好长期作战的准备。今后，我们将以更大的力度狠抓项目建设，更强的措施支持企业发展，努力实现经济平稳较快发展。

"宁海拖"的交接只是一个好的开端，面对复杂严峻的形势和激烈的船舶市场竞争，中港船舶需要做的工作还很多，需要面对的困难还很大，希望公司在今后发展中，苦练内功，科学管理，狠抓船舶建造质量，不断壮大研发能力，积极开拓市场，把企业尽快做大做强，市委市政府和全市各级相关部门，衷心和公司携手努力，并肩奋进，共同开创我市船舶工业的美好明天！

最后，祝各位来宾身体健康！工作顺利！祝首制船"宁海拖6001"交接仪式圆满成功！

（资料来源：http://www.yi-cheng.com.cn/sons_b2.html.）

5. 宣告交接仪式正式结束

按照仪式礼仪的总体要求，交接仪式同其他仪式一样，在所耗费的时间上也是贵短不贵长的。在正常情况下，每一次交接仪式从头至尾所用的时间，大体上不应当超过一个小时。参观、观看文娱表演等，均被视为正式仪式结束之后所进行的辅助性活动而另行安排。

项目8 商务仪式礼仪

8.4.3 参加交接仪式的礼仪

1. 东道主的礼仪

东道主参加交接仪式的人员要仪表整洁。妆容规范，举止大方。应当自觉地树立起主人翁意识。

【现场指导】

东道主礼仪规范

（1）仪表修洁。

东道主一方参加交接仪式的人员，不仅应当是"精兵强将"、"有功之臣"，而且还应当使之能够代表本单位的形象。为此，必须要求他们妆容规范、服饰得体、举止有方。

（2）保持风度。

在交接仪式举行期间，不允许东道主一方的人员东游西逛、交头接耳、打打闹闹。在为发言者鼓掌时，不允许厚此薄彼。当来宾向自己道喜时，喜形于色无可厚非，但切勿嚣张放肆、得意忘形。

（3）待人友好。

不管自己是否专门负责接待、陪同或解说工作，东道主一方的全体人员都应当自觉地树立起主人翁意识。一旦来宾提出问题或需要帮助时，都要鼎力相助。不允许一问三不知、借故推脱、拒绝帮忙，甚至胡言乱语、大说风凉话。如果遇到自己不能解决的问题，要向对方说明原因，并且及时向有关方面进行反映。

（资料来源：金正昆. 商务礼仪教程. 中国人民大学出版社.）

2. 来宾的表现

（1）表示祝贺。

接到正式邀请后，被邀请者即应尽早以单位或个人的名义发出贺电或贺信，向东道主表示热烈祝贺。有时，被邀请者在出席交接仪式时将贺电或贺信面交东道主，也是可行的。不仅如此，被邀请者在参加仪式时，还须郑重其事地与东道主一方的主要负责人一一握手，再次口头道贺。

（2）赠送贺礼。

为表示祝贺之意，可向东道主一方赠送一些贺礼，如花篮、牌匾、贺幛等。目前，以赠送花篮最为流行。花篮一般需要在花店订制，用各色鲜花插装而成；同时还应在其两侧悬挂特制的红色缎带，右书"恭贺某某交接仪式隆重举行"，左书本单位的正式全称。它既可由花店代为先期送达，亦可由来宾在抵达现场时面交主人。

（3）预备贺词。

如被邀请代表来宾发言，应准备一份书面贺词。其内容应当简明扼要，主要是向东道主一方道喜祝贺。

（4）准点到场。

正点抵达庆典现场。若不能出席则应尽早通知东道主。

8.5 庆典仪式

庆典，是各种庆祝典礼仪式的统称。就内容而论，在商界所举行的庆祝仪式大致可以分为四类：第一类，本单位成立周年庆典。第二类，本单位荣获某项荣誉的庆典。第三，本单位取得重大业绩的庆典。第四类，本单位取得显著发展的庆典。庆典的宗旨——塑造本单位的形象，显示本单位的实力，扩大本单位的影响。

8.5.1 拟定出席庆典人员名单

确定庆典的出席者名单时，始终应当以庆典的宗旨为指导思想。一般来说，庆典的出席者通常应包括如下人士：

1. 上级领导

地方党政领导、上级主管部门的领导，大都对单位的发展给予过关心、指导。邀请他们参加，主要是为了表示感激之心。

2. 社会名流

根据公共关系学中的"名人效应"原理，社会各界的名人对于公众最有吸引力，能够请到他们，将有助于更好地提高本单位的知名度。

3. 大众传媒

在现代社会中，报纸、杂志、电视、广播等大众媒介，被称为仅次于立法、行政、司法三权的社会"第四权力"。邀请它们，并主动与它们合作，将有助于它们公正地介绍本单位的成就，进而有助于加深社会对本单位的了解和认同。

4. 合作伙伴

在商务活动中，合作伙伴经常是彼此同呼吸、共命运的。请他们来与自己一起分享成功的喜悦，是完全应该的，而且也是绝对必要的。

5. 社区公众

它们是指那些与本单位共居于同一区域、对本单位具有种种制约作用的社会实体。例如，本单位周围的居民委员会、街道办事处、医院、学校、幼儿园、养老院、商店以及其他单位，等等。请它们参加本单位的庆典，会使对方进一步了解本单位、尊重本单位、支持本单位，或是给予本单位更多的方便。

6. 单位员工

员工是本单位的主人，本单位每一项成就的取得，都离不开他们的努力。所以在组织庆典时，应邀请员工参加，以增强他们的归属感。

以上人员的具体名单一旦确定，就应尽早发出邀请或通知。

8.5.2 庆典的基本程序

1. 宣布庆典正式开始

全体起立，奏国歌，唱本单位之歌

2. 本单位主要负责人致辞

其内容是，对来宾表示感谢，介绍此次庆典的缘由，等等，其重点应是报捷以及庆典的可"庆"之处。

3. 邀请嘉宾讲话

出席此次的上级主要领导、协作单位及小区关系单位，均应有代表讲话或致贺辞。对外来的贺电、贺信等等，可不必一一宣读，但对其署名单位或个人应当公布。在进行公布时，可依照其"先来后到"为序，或是按照其具体名称的汉字笔画的多少进行排列。

4. 安排文艺演出

这项程序可有可无,如果准备安排,应当慎选内容,注意不要有悖于庆典的主旨。

5. 邀请来宾进行参观

如有可能,可安排来宾参观本单位的有关展览或车间等等。当然,此项程序有时亦可省略。

【学习笔记】

"瞬间的记忆 永恒的辉煌"
——北京奥运周年庆典活动方案

一、活动背景

2008年8月24日在"鸟巢"上空熊熊燃烧了16天的奥运圣火缓缓熄灭,标志着北京奥运会顺利圆满结束。北京奥运会的顺利举办揭开了中华民族发展历程崭新的一页,成为中国现代化进程中具有里程碑意义的事件。

隆重而热烈的奥运会的背后,有无数的中国人为奥运会筹办做出了贡献。在北京奥运会走过一周年的同时也迎来了共和国建国60周年华诞,在2008年北京奥运会上的收获,也正是60年中国的经济变化和奥运会给中国带来的宝贵财富。今天的我们肩负着新的历史使命。要将北京"绿色奥运、科技奥运、人文奥运"三大理念转变为"绿色北京、科技北京、人文北京"和"绿色中国、科技中国、人文中国"视为一个新的起点。同时也为社会进步提供全面、协调、可持续发展的精神动力。并将这种奥运精神发扬光大,使得中国人梦想百年的奥运精神得以后续延伸。为此,特举办"瞬间的记忆 永恒的辉煌——北京奥运周年庆典活动"。

二、活动时间:2009年8月24日

三、活动地址:(暂定)人民大会堂、中央电视台演播厅

四、指导单位:中华人民共和国文化部、国家体育总局、中共北京市委、市政府、中国奥林匹克委员会

五、主办:北京奥运经济研究会

   协办:中央电视台CCTV、国家旅游局、搜狐网

项目8 商务仪式礼仪

六、支持单位：中华海峡两岸交流促进会
　　　　　　　国际奥林匹克艺术工程委员会
　　　　　　　中国人民大学人文奥运研究中心
　　　　　　　北京联合大学奥林匹克文化研究中心
　　　　　　　中国艺术家交流中心
　　　　　　　华夏名人艺术书画院

七、承办单位：北京奥运周年庆典活动组委会

八、媒体支持：中央电视台、北京电视台、凤凰卫视、旅游卫视、新华社、中新社、人民日报、光明日报、中国青年报、每日文娱播报、中国电影报道、影视同期声、娱乐无极限、娱乐现场、北京青年报、京华时报、北京广播电视报、新京报、北京晚报、北京日报、北京晨报、中国艺术报、中国文化报、中国文艺家杂志社、中国电视报、百姓生活杂志社、北京娱乐信报等；中央人民广播电台、国际广播电台、海峡之声广播电台、北京音乐台、央视国际、搜狐网、新浪网、新华网、中国文化网、华韵创意网、千龙新闻网、焦点中国网、法制中国网等。

九、特邀嘉宾（暂定）：萨马兰奇、刘延东、刘淇、刘鹏、蔡武、郭金龙、蒋效愚、邵琪伟、高占祥、袁伟民、何振梁、李志坚、蔡振华、李富荣、邓亚萍、许海峰、李永波、魏纪中及国家领导各国驻华大使官员、国际组织驻华机构负责人、世界各国历届奥运冠军代表、国际品牌企业代表、奥运赞助商代表等；

十、特邀演员嘉宾（暂定）：成　龙、刘　欢　等

十一、主持人：（拟定）朱军、董卿、春妮、曹涤非

十二、活动内容：

1. 奥运艺术展

展出60个奥运艺术产品，以它们代表对中华人民共和国60岁华诞的祝福。

2. "奥运财富与中国发展"论坛

时间：2009年8月24日　13:30—17:00

地点：人民大会堂

3. 北京奥运周年盛典颁奖晚会

时间：2009年8月24日　19:30—21:30

地点：中央电视台演播厅

北京奥运周年庆典活动组委会
二〇〇九年七月九日

（资料来源：http://www.binzhi.com/activityInfo.html?activityId=807#none.）

8.5.3 参加庆典仪式的礼仪

参加庆典仪式的宾客也要注意自己的礼貌礼节，尽量做到以下几方面：

（1）参加庆典仪式的宾客要准时，为主办方捧场。如有特殊情况不能到场，应尽早通知主办方，不要辜负主人的一番好意。

（2）参加庆典仪式的宾客仪容要整洁。仪容应做适当修饰。男士应理发剃须，女士可适当化妆，不能因企业人员的不整给企业造成形象损失。

（3）参加庆典仪式的宾客着装要规范。穿着礼仪性服装，大方、庄重、整洁，一般不宜任其自然随意着装。

（4）宾客参加庆典仪式时，可送些贺礼。如花篮、镜匾、楹联等以表示对对方的祝贺，并在贺礼上写明庆贺对象、庆贺缘由、贺词及祝贺单位。

（5）参加庆典仪式的宾客见到主人应向其表示祝贺，并说一些祝顺利、发财、兴旺的吉利话。入座后应礼貌地与邻座打招呼，可通过自我介绍、互换名片等方式结识更多的朋友。

（6）参加庆典仪式的宾客在典礼上致贺词时，要简短精练，不能随意发挥，拖延时间，而且要表现得沉着冷静、心平气和，注意文明用语，少用含义不明的手势。

（7）在典礼过程中，宾客要根据典礼的进展情况，做一些礼节性的附和，如鼓掌、跟随参观、写留言等。

【学习笔记】

华东船舶工业学院庆典贺礼别致

今天，华东船舶工业学院迎来建校70周年庆典。连日来，来自全国各地的校友和"联姻"单位向学院捐资赠礼，为该校建设添砖加瓦。一些礼品别有新意。

1. 自家产品赠母校

不少昔日的船院学子如今已经拥有了自己的公司。淮安某厂一位校友将自己厂里生产的20箱洗手液赠送给老师，祝愿老师永远健康。

2. 礼物与"船"有关

一位校友特地带来了一套价值10万元的"船舶与海洋工程"学习软件送给学校。中国人民解放军海军东海舰队赠送了一艘潜艇模型。中船重工集团捐赠了一艘导弹驱逐舰模型。

3. 学术报告作贺礼

本月20日以来，船院的学术报告厅就没有"休息"过，学校邀请了不少知名教授、专家来讲学，他们之中就有曾在船院攻读过的学生。校友们表示，要把自己的知识传播给现在的船院学生。

4. 出资建实验室

汾西机械厂、平阳机械厂、江淮机械厂共出资 90 万元在船院建立实验室，为让更多的学生有动手实践的机会。

（资料来源：京江晚报.）

实施步骤

1. 确定项目任务

（1）根据引导案例，教师提出项目名称：根据教材，为你们所熟悉的一项庆典活动作一个策划方案。

（2）教师提出项目任务设想，学生根据教师提出的项目设想进行讨论，最终确定具体的项目任务。

2. 明确学习目标

学生根据具体的项目任务，与教师一起讨论本项目的学习目标。

（1）了解商务活动中的常用仪式，掌握商务活动中的仪式礼仪规范与一般要求。

（2）熟悉商务仪式的主要内容、基本程序，掌握商务人员在仪式礼仪中的操作规范。

（3）具备选择恰当的商务仪式，策划与执行具体商务仪式方案的实际操作能力。

3. 相关知识学习

学生与教师一起讨论要达到学习目标，所需的相关知识点。由学生对已学过的旧知识进行总结回顾，教师对学生尚未掌握的新知识进行讲授。

教师在相关知识学习的过程中应该成为学生选择学习内容的导航者。

4. 制订工作计划

建议本项目采用小组工作方式。由学生制订项目工作计划，确定工作步骤和程序，并最终得到教师的认可。

此步操作中，教师要指导学生填写项目计划书（项目计划书样表参见附录）。

5. 实施工作计划

学生确定各自在小组中的分工以及合作的形式，然后按照已确立的工作步骤和程序工作。

在实施工作计划的过程中，教师是学习过程的咨询者和参谋。教师应从讲台上走下来，成为学生的学习伙伴，解除不同特点的学生在学习遇到的困难和疑惑并提出学习建议。

项目实施过程中，教师要指导学生填写小组工作日志（小组工作日志样表参见附录）。

6. 成果检查评估

先由学生对自己的工作结果进行自我评估，再由教师进行检查评分。师生共同讨论、评判项目工作中出现的问题、学生解决问题的方法以及学习行动和特征。通过对比师生评价结果，找出造成结果差异的原因。

项目评价

<任务> 为你们所熟悉的一项庆典活动作一个策划方案

表 8-1 评价标准

评价项目	评价标准	操作规范	分值
小组成员合作	内部团结 分工合理	有分工、有计划，无成员游离于小组之外。证据：小组工作计划、个人工作总结。	30 分
题目选择	选题恰当 调查充分	选择的题目要有实际意义，经过充分的调查搜集资料，将搜集到的资料进行书面整理。	30 分
书面方案	有一定的意义与可操作性	策划方案要有创意、书面材料规范，重点突出，语句通顺，条理清晰。用 A4 纸打印。	40 分
合计			100 分

表 8-2 评分表

评价项目	评价标准	分值	得分	评语
小组成员合作	内部团结 分工合理	30 分		
题目选择	选题恰当 调查充分	30 分		

（续表）

评价项目	评价标准	分值	得分	评语
书面方案	有一定的实际意义与可操作性	40 分		
总　　　分				

 技能训练

1．为你相对熟悉的一家特定企业拟定一份剪彩仪式程序。

2．为一特定的庆典活动拟定邀请的嘉宾。并设计具有特色的请帖一份，并正确规范书写请帖。

附录 1

现代商务礼仪项目计划书

项目名称：＿＿＿＿＿＿＿＿＿＿

班　　级：＿＿＿＿＿＿＿＿＿＿

组　　别：＿＿＿＿＿＿＿＿＿＿

项目负责人：＿＿＿＿＿＿＿＿＿＿

小组成员：＿＿＿＿＿＿＿＿＿＿

日　　期：＿＿＿＿＿＿＿＿＿＿

项目名称	
项目任务： （1） （2） （3） （4） （5）	
需要收集的资料及收集方法 需要收集的资料： （1） （2） （3） （4） （5） （6） 收集资料的方法： （1） （2） （3） （4） （5） （6）	
需要利用的资源及获取途径 资源名称： （1） （2） （3） （4） （5） （6） 获取资源途径及方法： （1） （2） （3） （4） （5） （6）	

附 录 1

项目任务计划表：

项目任务	负责人	具体工作	完成时间
（1）			
（2）			
（3）			
（4）			
（5）			

对项目任务计划的说明：

经费预算：

所需物品名称	规格	单价（元）	数量	总价（元）	备注
合计（元）					

现代商务礼仪

预期成果及展示形式：

预期成果	成果展示形式
（1）	（1）
（2）	（2）
（3）	（3）
（4）	（4）
（5）	（5）

教师审核意见

教师签名：

年　月　日

附录 2

现代商务礼仪小组工作日志

项目名称：_____

班　　级：_____

组　　别：_____

项目负责人：_____

小组成员：_____

填写日期：_____

项目名称	

当日计划完成的项目任务及完成情况

项目工作任务	完成情况	负责人及参与者
（1）		
（2）		
（3）		
（4）		
（5）		
（6）		
（7）		
（8）		

未完成的工作任务	未完成原因	解决办法	负责人及参与者
（1）			
（2）			
（3）			
（4）			
（5）			
（6）			

当日工作中遇到的困难

（1）_____

（2）_____

（3）_____

（4）_____

对困难的解决办法：

（1）_____

（2）_____

（3）_____

（4）_____

项目负责人签字：

年　月　日

附 录 2

项目工作总结

项目负责人签名：

年　月　日

参 考 文 献

[1] 杨眉. 现代商务礼仪[M]. 大连：东北财经大学出版社，2000.

[2] 金正昆. 商务礼仪[M]. 北京：北京大学出版社，2004.

[3] 金正昆. 服务礼仪教程[M]. 北京：中国人民大学出版社，2001.

[4] 朱鹰. 礼仪[M]. 北京：中国社会出版社，2005.

[5] 金正昆. 社交礼仪教程[M]. 北京：中国人民大学出版社，1998.

[6] 国英. 公共关系与现代礼仪案例[M]. 北京：机械工业出版社．2005.

[7] 李欣，司福亭. 现代交际礼仪[M]. 北京：北京交通大学出版社．2009.

[8] 国英. 现代礼仪[M]. 北京：机械工业出版社．2008.

[9] 东方晓雪. 服务礼仪[M]. 河南：中原农民出版社．2005.

[10] 金正昆. 社交礼仪教程（第二版）[M]. 北京：中国人民大学出版社，2005.

[11] 金正昆. 服务礼仪教程（第二版）[M]. 北京：中国人民大学出版社，2005.

[12] 唐树伶，王炎. 服务礼仪[M]. 北京：清华大学出版社、北京交通大学出版社，2006.

[13] 金正昆. 商务礼仪教程[M]. 北京：中国人民大学出版社，1999.

[14] 全细珍，黄颖. 职场礼仪实训教程[M]. 北京：北京交通大学出版社，2009.

[15] 黄琳. 商务礼仪[M]. 北京：机械工业出版社，2007.

[16] 李柳斌. 商务礼仪[M]. 北京：中国商业出版社，1996.

[17] 郑务广，陈静和. 社交礼仪与服务礼宾艺术[M]. 厦门：厦门大学出版社，2002.

[18] 任之. 教你学礼仪[M]. 北京：当代世界出版社，2003.

[19] 徐汉文. 商务礼仪[M]. 北京：人民出版社，2005.

[20] 韦克俭. 现代礼仪教程[M]. 北京：清华大学出版社，2006.

[21] 现代礼仪规范编写组现代礼仪规范手册[M]. 北京：中国致公出版社，2005.

[22] 金正昆. 涉外礼仪教程[M]. 北京：中国人民大学出版社，1999.

[23] 高曾伟，卢晓. 旅游资源学[M]. 上海：上海交通大学出版社，2002.

[24] 黄玉萍，王丽娟. 现代礼仪实务教程[M]. 北京：北京交通大学出版社，2008.

[25] 王春雷，陈震. 展览会策划与管理[M]. 北京：中国旅游出版社，2005.

[26] 陈平. 商务礼仪[M]. 北京：中国电影出版社，2005.

[27] 金正昆. 商务礼仪[M]. 北京：中国人民大学出版社，2007.

[28] 未来之舟. 商务礼仪[M]. 北京：中国经济出版社，2006.

[29] 曾文旭著. 员工培训操作大全[M]. 广州：南方日报出版社，2003.

[30] 北京市教育委员会编. 礼仪[M]. 北京：同心出版社，2003.

[31] 徐爱玉. 现代商务礼仪[M]. 杭州：浙江大学出版社，2006.

[32] 孙保水．公共关系基础练习册[M]．北京：高等教育出版社，2006．

[33] 杨文明．高职项目教学理论与行动研究[M]．北京：科学出版社，2008．

[34] http://zhidao.baidu.com/question/100936447.html

[35] http://www.dzwx.net/Article/2005/20050927005100.html

[36] http://zhidao.baidu.com/question/47989556.html

[37] http://www.cpi.com.cn/huicui/zh/990705-01.asp

[38] http://hi.baidu.com/hao1960223/blog/item/deed433a9355a7e214cecb05.html

[39] http://blog.soufun.com/7644564/177294/articledetail.htm

[40] http://blog.sina.com.cn/s/blog_60b972de0100eyxg.html

[41] http://henan.mofcom.gov.cn/sjlingdaojh/sjlingdaojh.html

[42] http://www.yi-cheng.com.cn/sons_b2.html

[43] http://www.binzhi.com/activityInfo.html?activityId=807#none

[44] 世界经理人．http://www.ceconline.com/

[45] 瑞丽女性网．http://news.qq.com/a/20090918/001061.htm．2006年01月13日．

[46] 京江晚报